CÓ-MO

leer y profundizar en

"EL CREDO

QUE CONFESAMOS"

SHEALTIEL DURÁN BADILLO

Editorial CLIE
www.clie.es

EDITORIAL CLIE
C/ Ferrocarril, 8
08232 Viladecavalls
(Barcelona) ESPAÑA
E-mail: clie@clie.es
http://www.clie.es

CÓMO LEER Y PROFUNDIZAR EN "EL CREDO QUE CONFESAMOS"
ISBN: 978-84-19055-33-0
Depósito Legal: B 23537-2022
Comentario bíblico
Nuevo Testamento - Jesús, los Evangelios y los Hechos
REL006800

Acerca del autor

SHEALTIEL DURÁN BADILLO es teólogo cristiano mexicano. Nació en 1982 en la Ciudad de México. Obtuvo su Licenciatura en Teología del Seminario Teológico Centroamericano (Guatemala, Guatemala), también posee una Licenciatura en Teología de la Universidad Madero (Puebla, México).

En 2009 instituyó Clases de Biblia & Teología, sirviendo desde entonces como director y docente. En 2010 fundó la revista teológica LEAN La Revista, siendo su editor y autor de algunos artículos.

Ha sido docente de asignaturas de Nuevo Testamento, Teología histórica y Griego, en diversas instituciones educativas, entre ellas: el Seminario Teológico Presbiteriano de México, el Seminario Metodista Gonzalo Báez Camargo y la Universidad Más Vida.

Se ha dedicado a la difusión del quehacer teológico como conferencista en diferentes lugares de la República Mexicana y, desde 2018, a través de la transmisión de programas en vivo semanales en su canal de YouTube: Creer, conocer, confesar.

A inicios de 2022 cofundó el Colegio Latinoamericano de Teología. Sirve en la pastoral y en la predicación en Sanctorum Communio Iglesia Cristiana.

Es autor de Manual para la interpretación bíblica (2020), y Traduttore, traditore? Nociones de traducción bíblica (2021), este último con prólogo de Edesio Sánchez Cetina.

Es esposo de su amada Marlen y padre de sus tres hermosos hijos, Ian, Lev y Zoé.

El lector puede consultar otros recursos del autor en:

YouTube y Telegram: Creer Conocer Confesar

Facebook e Instagram: Shealtiel Durán

Dedicatoria

*A mi padre, Joaquín, quien con su propia vida y en su muerte
me mostró el amor del Padre de Jesucristo,
y a mi madre, América Rebeca, quien me ha instruido
desde pequeño en el camino del Señor.*

CONTENIDO

Prólogo por Guillermo McKernon...................................... 11

Prólogo por Alfonso Ropero... 13
Prefacio.. 17

Introducción.. 21
    Significado de Símbolo.. 22
    Función del Símbolo.. 23
    Historia del Símbolo.. 28
    El Símbolo apostólico.. 32
    Para continuar la reflexión.. 33

1. **Creo en Dios Padre todopoderoso, creador
    del cielo y de la tierra**.. 35
    Creer... 35
    Dios Padre... 42
    Todopoderoso... 47
    Creador del cielo y de la tierra.................................... 48
    Herejías y errores.. 57
    Para continuar la reflexión.. 62

2. Y en Jesucristo, su Hijo unigénito, Señor nuestro 65

Jesucristo 65

Su Hijo unigénito 70

Señor nuestro 72

Herejías y errores 74

Para continuar la reflexión 76

3. Que fue concebido por el Espíritu Santo
y nació de la virgen María 77

Jesús en otras fuentes 77

Fue concebido por el Espíritu Santo y
nació de la virgen María 82

La encarnación de Dios en la historia 86

Herejías y errores 88

Para continuar la reflexión 91

4. Padeció bajo Poncio Pilato, fue crucificado,
muerto y sepultado 93

Padeció 94

Bajo Poncio Pilato 96

Fue crucificado 96

Muerto 97

Sepultado 101

Herejías y errores 103

Para continuar la reflexión 103

5. Descendió a los infiernos, al tercer día
resucitó de entre los muertos 105

Descendió a los infiernos 107

Al tercer día resucitó de entre los muertos 111

Herejías y errores 117

Para continuar la reflexión 122

6. **Ascendió a los cielos, está sentado**
   a la diestra del Padre todopoderoso 123
   Ascendió a los cielos 123
   Está sentado a la diestra del Padre todopoderoso 124
   Herejías y errores 128
   Para continuar la reflexión 130

7. **De ahí vendrá a juzgar vivos y muertos** 131
   De ahí vendrá a juzgar vivos y muertos 131
   Aclaraciones y precisiones respecto a la
        escatología cristiana (Durán, 2011, pp. 9-13) 132
   Herejías y errores 138
   Para continuar la reflexión 140

8. **Creo en el Espíritu Santo** 141
   El Espíritu y la Escritura 141
   El Espíritu en el Antiguo Testamento 147
   El Espíritu en el Nuevo Testamento 150
   Herejías y errores 163
   Para continuar la reflexión 166

9. **En la Santa Iglesia católica, la comunión**
   de los santos 169
   La santa Iglesia 169
   Católica 171
   La comunión de los santos 172
   Herejías y errores 175
   Para continuar la reflexión 177

10. **El perdón de pecados** 179
    El perdón de pecados 185
    Herejías y errores 191
    Para continuar la reflexión 194

11. La resurrección de la carne 197
    La resurrección 197
    ... de la carne 198
    La resurrección: cómo y cuándo 201
    La resurrección en el bautismo y en la eucaristía 202
    Herejías y errores 204
    Para continuar la reflexión 208

12. La vida eterna. Amén 211
    La vida eterna 211
    Amén 214
    Herejías y errores 215
    Para continuar la reflexión 215

Epílogo 217
Apéndices 219
    I. Revelación y dogma 219
    II. Otros símbolos cristianos 221
    III. Símbolos Apostólico y Romano 227
    IV. Dogma y ética 229
    V. Credos cristianos antiguos 233
    VI. El ser-Padre de Dios y sus implicaciones 237
    VII. Interpretaciones más importantes de la
        muerte de Jesús en el Nuevo Testamento
        (Adaptado de Karrer, 2002, p. 247): 241
    VIII. Confesar el Credo en tiempos de COVID-19 243

Abreviaturas usadas en el texto 247

Referencias 249

PRÓLOGO
GUILLERMO MCKERNON

Los cristianos siempre han sido pensadores. Desde los primeros años de la Iglesia Cristiana siempre han sido personas de reflexión teológica. El Señor Jesús no nos dejó nada de comentarios, nada de escritos teológicos; al mismo tiempo, nos ha dejado con un montón de dudas y preguntas que han sido debatidas a lo largo de los siglos. Por lo tanto, hemos tenido que reflexionar mucho, razonando nuestra fe, porque ciertamente es razonable.

El Espíritu Santo nos ha iluminado mucho y los primeros resultados de ello han sido los Credos de la Iglesia. Estos documentos encapsulan de forma cristalina lo que los cristianos creían en aquel entonces. Ellos escribieron los primeros documentos del pensamiento cristiano. El trabajo fue formidable, mostrando exactitud en la reflexión cristiana desde hace tantos siglos. Son documentos que encapsulan el dogma cristiano hasta el día moderno, tanto de la Iglesia Católica Romana como de la Iglesia Evangélica.

El autor de este libro ha intentado abrir el sentido de uno de estos documentos, el Símbolo Apostólico, con el fin de enriquecer nuestra fe y el entendimiento de ella. Debemos recordar que, por cierto, la fe nos salva, pero no nuestra fe. Es decir, la fe salvífica es la otorgada por el Espíritu Santo.

Por nuestra parte, tenemos el deber de educarnos a nosotros mismos en esa fe para que sea entonces una fe educada y fe razonada. Este libro apoya ese esfuerzo de la educación teológica. El que lee, piensa. El que piensa, pregunta. El que pregunta, se informa. El que se informa, se educa y luego informa a otros. Así avanzamos la fe mediante nuestra lectura.

Por tanto, se lo recomiendo al estudiante. Que el Señor Jesús mismo sea glorificado.

Guillermo McKernon
Auckland, Nueva Zelanda
Octubre, 2019

PRÓLOGO
ALFONSO ROPERO

Confesado por la Iglesia a lo largo de los siglos, el Credo Apostólico es el resumen más conocido, y casi memorizado, por millones de personas de la fe cristiana. En él se dice esencial y fundamentalmente todo lo que el creyente de todos los tiempos tiene que saber sobre su fe. La teología posterior, con toda su complejidad y extensión, sus postulados y discusiones, no es sino el desarrollo racional y argumentativo de lo contenido en esa confesión. Confesión que consiste en doce artículos breves, o afirmaciones sumarias de carácter doctrinal, que resumen las verdades principales del cristianismo expuestas con un gran espíritu sintético. No tiene nada de extraño pues, que gran número de teólogos del siglo XX, que han llenado nuestras bibliotecas con voluminosas obras de teología, hayan dedicado en algún momento de su producción una reflexión y explicación de este símbolo del cristianismo universal, aportando su visión particular a modo de resumen, o testamento, de su vasta obra teológica. Así Karl Barth, Emil Brunner, Hans Küng, Henri de Lubac, Theodor Schneider, Wolfhart Pannenberg y Eberhard Busch, entre otros.

Cuenta la leyenda, a la que hace referencia el autor de este libro, que el día de Pentecostés, mientras los apóstoles todavía estaban bajo la inspiración directa del Espíritu Santo, compusieron el Credo al que nos referimos, contribuyendo cada uno de los doce uno de los artículos. Con esto se quería refrendar la autoridad apostólica de esta ancestral confesión de fe, mediante la cual los cristianos podían reconocerse mutuamente como miembros de la Iglesia católica o universal, frente al resto de iglesias o grupos religiosos de carácter herético que apelaban a tradiciones secretas legadas por uno u otro apóstol para justificar sus ideas heréticas o desviadas de la gran tradición apostólica.

Aunque el cristianismo es básicamente algo aparentemente tan sencillo y elemental como un camino de salvación en Cristo como único Mediador entre Dios y los hombres, sabemos tanto por el mismo Nuevo Testamento como por el desarrollo posterior del cristianismo (a algunos les gusta hablar de *cristianismos*, en plural), que desde sus comienzos se vio envuelto en multitud de disputas de carácter doctrinal o teológico. ¿Tiene vigencia para los creyentes la Ley de Moisés y sus preceptos? ¿Es la circuncisión una señal obligatoria también para los creyentes gentiles? ¿Cuál es la relación entre la fe y las obras en relación con la salvación? Si solo hay un Dios, ¿hasta dónde se puede decir que Jesucristo también es Dios? ¿Cómo puede ser Dios y Hombre al mismo tiempo? Si era Dios, ¿cómo pudo sufrir y morir en la cruz? ¿Acaso Dios no es inmutable, sin pasiones? ¿Murió realmente o en apariencia? Así podríamos seguir hasta el infinito. Los manuales de historia de las doctrinas nos pueden dar una idea de ello.

Desde los días de la Reforma, la Iglesia, que también se ha escrito en plural, *iglesias*, han contado cada una con su credo particular, muy similares en los puntos centrales, pero diferentes en otros considerados de extrema importancia para sus redactores. De modo que, pese a confesar todas una misma fe en Cristo y su mensaje evangélico, mantienen desacuerdos históricos casi imposibles de vencer, y menos aún en aquellas que se consideran la expresión más correcta de la fe apostólica del Nuevo Testamento, tanto en sus doctrinas, como en su ética y modo de gobierno. ¿Cómo poner orden en medio de esta divergencia doctrinal? Algunos han postulado que las doctrinas no son relevantes para ser cristiano. Aquí nos tropezamos con la primera dificultad, porque lo cierto es que las doctrinas importan, y mucho, para guiar y acompañar la experiencia del creyente. La actitud correcta es preguntarnos cuáles son las doctrinas fundamentales y esenciales de la fe que garantizan la fe apostólica, bíblica. ¿Cómo podemos distinguir entre lo que es apostólico y lo que no es? Recurriendo a la Biblia, dirán muchos. Bueno eso es lo que pretendidamente afirman todos y dicen poner en práctica, sin que parezca que lleguen a un acuerdo. Por eso las iglesias de todos los tiempos han considerado conveniente redactar una confesión de fe lo suficientemente amplia, y precisa a la vez, que exprese con claridad el contenido básico de la fe cristiana revelada en las Escrituras para que sirva de punto de unión y comunión a los diversos integrantes de cada iglesia particular, tal como hizo la iglesia primitiva a la hora de legarnos el Credo Apostólico, cuyas aseveraciones pretenden recoger y destacar las doctrinas básicas diseminadas a lo largo del canon bíblico. Por esta razón, también en el mundo evangélico, sin renegar de su principio de la Biblia como la única y última autoridad en cuestiones de fe y práctica, se ha acogido de forma general este Credo Apostólico como un resumen correcto y autorizado de la fe cristiana universal. Pastores y predicadores de todas las denominaciones han escrito y predicado extensamente sobre todos y cada uno de los doce artículos del Credo.

En el caso presente, el profesor Shealtiel Durán nos introduce en la historia de la formación del Credo para pasar después a ir desgranando cada artículo en 12 lecciones magistrales donde expone una a una las doctrinas centrales de la fe, tal como las recoge el Credo, teniendo en cuenta, y esto es muy importante y original en este estudio, las herejías y errores que dieron origen a esta antiquísima profesión de fe, sobre cuyo fondo se esclarece mejor cada doctrina cristiana. Pues fueron los errores de carácter doctrinal y las herejías los que sirvieron a las iglesias como acicate para perfilar, de un modo más preciso y ajustado, a la Biblia sus creencias. Errores y herejías que de un modo u otro renacen en cada nueva generación con sus matices propios, pero igualmente nocivos para la supervivencia de la fe. Dado el carácter simple y a la vez complicado del cristianismo, las desviaciones de la fe no han quedado enclaustradas en el pasado, sino que aparecen con frecuencia en cada época, de modo que siguen vivas en nuestros días, apartando a muchos de la fe confesada por los apóstoles de Cristo. Esta fidelidad al Credo Apostólico no es una defensa del inmovilismo dogmático, del tradicionalismo recalcitrante, enemigo por naturaleza de cualquier acercamiento creativo y nuevo al viejo depósito de la fe, sino que es el criterio que nos garantiza que caminamos en las viejas sendas por más nuevas que deban ser hoy para nosotros.

Creo sinceramente que esta es una obra necesaria para pastores y creyentes que buscan formarse en su fe, redactada con evidente preocupación pedagógica que será muy útil para el estudio individual o en grupo. Una introducción magnífica a la riqueza del dogma cristiano que necesitamos como el calcio para nuestra osamenta espiritual y práctica.

Alfonso Ropero
España, abril 2022

PREFACIO

A las creencias que son esenciales dentro de una religión se les da el nombre de dogmas. Así, el cristianismo tiene sus propios dogmas que son la columna vertebral de su fe. Los creyentes aceptan estos dogmas para creerlos y vivir acorde a ellos. Como ya expresó Karl Barth, "la dogmática es tarea de la iglesia". Es responsabilidad de cada uno, en su comunidad eclesial y en su contexto social, el reflexionar sobre lo creído, en función de la predicación clara y puntual del mensaje cristiano. Lo cual requiere ser críticos con el fin de siempre someter lo creído a la Escritura, esto es, dejarnos moldear por el testimonio de la Palabra. Por eso es necesario que el cristiano conozca estos dogmas y tenga un estudio profundo de ellos. Sobre todo en la crisis actual en el ámbito evangélico, la cual ha dado lugar a doctrinas y prácticas extrañas que deforman la proclama cristiana por la carencia de una enseñanza arraigada en la Escritura.

Por lo tanto, el objetivo de la presente obra es acercar al cristiano a los fundamentos de su fe, aportar de algún modo a la misión expresada en Efesios 4:12-16:

perfeccionar a los santos para la obra del ministerio, para la edificación del cuerpo de Cristo, hasta que todos lleguemos a la unidad de la fe y del conocimiento del Hijo de Dios, a un varón perfecto, a la medida de la estatura de la plenitud de Cristo; para que ya no seamos niños fluctuantes, llevados por doquiera de todo viento de doctrina, por estratagema de hombres que para engañar emplean con astucia las artimañas del error, sino que siguiendo la verdad en amor, crezcamos en todo en aquel que es la cabeza, esto es Cristo, de quien todo el cuerpo, bien concertado y unido entre sí por todas las coyunturas que se ayudan mutuamente, según la actividad propia de cada miembro, recibe su crecimiento para ir edificándose en amor (todas las citas de la Escritura serán tomadas de la Revisión Reina-Valera 1960, a menos que se indique de manera distinta).

Así, se busca que el creyente conozca la dogmática con la finalidad de confrontar y/o reafirmar su fe, de tal forma que la preserve, sea animado a profundizar en ella, y sea capaz de compartir esta fe de manera precisa y efectiva en su propio contexto.

Para lograrlo, en este manual —siguiendo de cerca la exposición del Esbozo de dogmática de Karl Barth, aunque partiendo desde el cristianismo latinoamericano actual— la dogmática cristiana se aborda examinando bíblica y teológicamente los artículos del *Credo* o Símbolo apostólico, el cual es un resumen conciso de la fe cristiana expresado en doce enunciados. En la Introducción se presentará un panorama histórico del Símbolo, cómo es que surge y cuál es su pertinencia para la dogmática. Luego, cada enunciado del Símbolo se examinará capítulo a capítulo. Al final de cada capítulo se tendrá un apartado titulado "Herejías y errores", buscando clarificar conceptos y hacer frente a esas falsas doctrinas que han surgido a lo largo de la historia y que resurgen nuevamente de vez en cuando. Después de esa sección, el lector encontrará una guía de estudio, "Para continuar la reflexión", a fin de repasar la lección y reflexionar en torno a ella, podrá responder las preguntas o hacer las actividades individualmente o en grupo, provocando propuestas para su propio contexto eclesial y social. Otra característica editorial en esta obra es la inclusión de los textos bíblicos citados, elementales para la comprensión del dogma, pues suele suceder que la Biblia no se consulta, ya sea porque no se tiene a la mano o porque no se da el tiempo para hacerlo, al menos de esta manera podrá leer los versículos en cuestión en el cuerpo del escrito. Hacia el final se han incluido apéndices con esquemas visuales para aclarar conceptos clave, así como algunas reflexiones ulteriores.

La obra fue desarrollada teniendo en mente a todo creyente, ya sea que tenga un conocimiento básico de la fe cristiana o se encuentre avanzado en la misma. También está destinada a todo estudiante de teología que ha dedicado su tiempo y energía, esfuerzo y dedicación, a estudiar y comprender mejor su fe para servir al Señor en sus iglesias locales.

Deseo expresar mi agradecimiento a todos mis alumnos que he tenido en ya más de diez años de docencia, alumnos del Seminario Teológico Centroamericano (SETECA, Guatemala), donde realicé mis primeras prácticas impartiendo la clase de Historia de la Iglesia, a los pies de Guillermo McKernon, mi maestro, amigo y hermano; a mis alumnos de las Clases de Biblia & Teología, que cuestionan y me bombardean con preguntas interesantísimas; a los del pequeño seminario en Morelos, ahora ya extinto, quienes contra viento y marea buscaron concluir sus estudios; a mis estudiantes del Seminario Teológico Presbiteriano de México (STPM), en la Ciudad de México; a los del Instituto Bíblico Cristo por su mundo, en Baja California; a los del Seminario Bíblico Teológico de México; a los del Seminario Teológico Metodista "Gonzalo Báez-Camargo"; así como a los de la Universidad Más Vida. Pues debido a sus preguntas e inquietudes manifestadas en los distintos cursos que he podido impartirles, me han permitido precisar este texto.

Agradezco a mis padres, quienes me proveyeron de una educación bíblico teológica desde casa hasta el Seminario: mi padre me inculcó el gusto por la lectura, el servicio pastoral y el amor al Señor sobre todo y a pesar de todo. Mi madre me guio en el Camino, fomentando en mí tanto la memorización de la Escritura, como su comprensión y aplicación.

Especialmente agradezco a mi esposa maravillosa Delia Marlen, quien me ha apoyado, animado y respaldado al paso de los años y claramente durante la concentración en este escrito, quien también ha realizado varias lecturas editoriales del texto, así como a mis hijos Ian, Lev y Zoé: ustedes me motivan a comprender mejor la fe cristiana y vivirla día a día.

Para la actual edición agradezco a la Editorial Clie, a su presidente, don Eliseo Vila, quien habiendo leído el texto lo recomendó inmediatamente a Alfonso Ropero, director editorial. Ambos me han animado a continuar con el quehacer teológico, especialmente en este ministerio de la palabra escrita, a fin de comunicar por este medio lo que se estudia en las aulas de seminario. También don Eliseo Vila, con su gran intuición editorial me ha sugerido incluir un apartado abordando la relación entre el dogma y la ética, lo cual se presenta en uno de los siete apéndices, que también es novedad en este texto. De igual modo, agradezco a Alfonso Triviño, director ejecutivo, por su guía a lo largo de todo el proceso de publicación; y a la familia Vila, por la cordial atención que me ha brindado.

Gracia y paz de nuestro Señor Jesucristo.

Shealtiel Durán Badillo
Ciudad de México
Noviembre, 2022

INTRODUCCIÓN

Propiamente el dogma es una verdad ya dada en la Escritura. Se ha expresado que:

> ... hay por parte de los fieles una evolución en el *conocimiento* y en la *expresión* del dogma [...]. Este último progreso se ve claro en la historia de las fórmulas dogmáticas definidas por la Iglesia a medida que se ha penetrado y esclarecido el sentido de las verdades contenidas en las fuentes de la divina Revelación (Parente, Piolanti y Garofalo, 1955, p. 112).

Sin embargo, esta "evolución" en el conocimiento no quiere decir que el creyente contemporáneo comprenda mejor la fe que los primeros cristianos, como si aquellos no lo hubieran hecho, ya sea por falta de reflexión o de revelación, sino que esta comprensión está ligada al contexto en el que se vive. Esto es necesario dejarlo claro, puesto que muchas veces se piensa que el creyente de hoy comprende mejor la doctrina que los antiguos, siendo que el mismo Espíritu ha habitado en todos los creyentes desde el Pentecostés, proveyéndoles del conocimiento de las profundidades de Dios (1Co. 2:10). El dogma es la enunciación de esa comprensión, el cual está determinado por el momento histórico y el contexto. De ahí que haya sido necesaria

21

esa penetración y ese esclarecimiento constante. Como escribiría Hans Urs von Balthasar:

Para permanecer fiel a sí misma y a su misión, ella [la iglesia] debe incesantemente hacer un esfuerzo de invención creativa. Frente a los gentiles, que debían entrar en la iglesia heredera de la sinagoga, Pablo tuvo que inventar. Y otro tanto tuvieron que hacer los Padres griegos frente a la cultura helenística, así como santo Tomás frente a la filosofía y la ciencia árabes. Tampoco nosotros tenemos otra forma de hacer frente a los problemas de hoy (Citado en Gibellini, 1998, p. 255).

Es decir, se requiere una evolución del conocimiento y en la expresión del dogma acorde a las situaciones que se van presentando. Esto responde al cambio de los tiempos, de la cultura, del lenguaje, de las filosofías e ideologías, etc. Por eso el creyente necesita precisar su fe constantemente. De esta manera la dogmática es tarea de los creyentes:

Es una actividad humana, necesaria y continua. Es humana porque es la reflexión del hombre sobre la revelación atestiguada en la Escritura. Es necesaria porque todas las actividades de la iglesia deben ser puestas a prueba por la Palabra de Dios. Es continua porque ninguna formulación dogmática es idéntica con la Palabra de Dios. Por tanto, la tarea dogmática debe ser cometida una y otra vez (Ramm, 2008, p. 37).

De tal modo, se estudiará el Símbolo Apostólico, el cual, como se verá a continuación, históricamente ha probado su valor como expresión dogmática elemental, reflexionando en sus enunciados a la luz de la Escritura, aportando al creyente una comprensión profunda de su fe cristiana (como recurso esquemático, véanse las figuras del Apéndice I).

Significado de Símbolo

Se les llama Símbolo o Credo a las confesiones de fe (entre ellas: Símbolo Romano, Apostólico, Niceno, etc.). El Credo enuncia lo que se cree, *credere*, en latín. Así se tiene el Credo o Símbolo Apostólico. Existen varios Símbolos, de los cuales el más antiguo es el Romano (designado con una R). Lochman (1984), distingue:

Profundas y extensas investigaciones han demostrado que esta fórmula romana del Símbolo tiene que ser considerada como la madre de todos los Credos occidentales, así como también de nuestro Símbolo Apostólico... El Credo romano del siglo V difiere aun considerablemente del nuestro [Símbolo Apostólico], por cuanto no incluye las palabras *creatorem caeli et térrea – conceptus – passus – mortuus – descendit ad inferos – catholicam – sanctórum – communionem – vitam aeternam"* (p. 11).

También hay otros símbolos del arte paleocristiano (véase el Apéndice II). No obstante, el presente estudio se realizará siguiendo el Símbolo Apostólico. La palabra griega *symbolon* significa señal o signo de reconocimiento:

Primeramente, era un objeto que se cortaba en dos partes y se entregaba a dos huéspedes quienes eventualmente las transmitían a sus hijos; puestas en relación las dos partes, permitían que los que las llevaban se reconocieran entre ellos y probaran las relaciones de hospitalidad que les unían. De ahí, por extensión, toda señal de reconocimiento, todo acuerdo. Es una realidad significante, que introduce en un mundo de valores que ella expresa y al que pertenece: tal es la operación simbólica (León-Dufour, 2002, p. 543).

Función del Símbolo

De este modo, el *símbolo* o *Credo* pasaba de un cristiano a otro como un reconocimiento de pertenencia a la comunidad de fe. Solo lo podían conocer aquellos que eran verdaderos cristianos a través de un proceso de adoctrinamiento llamado catequesis, que en griego:

quiere decir 'hacer resonar en los oídos', de donde 'instruir'. Catequizar es enseñar los hechos esenciales de la vida de Jesús. Esta instrucción seguía al anuncio del Evangelio y preparaba al candidato para el bautismo (León-Dufour, 2002, p. 178).

Otro matiz se aprecia en la explicación realizada por San Agustín, quien dice "que al credo se le llamó símbolo por analogía con los pactos o acuerdos que unos negociantes hacen con otros" (Kelly, 1980, p. 74). De manera que el símbolo tendría la connotación de pacto, el cual a su vez está relacionado con el bautismo, pues es en este donde se manifiesta públicamente. Este, el bautismo, es el ámbito del Símbolo por excelencia. Allí se comunica la aceptación del nuevo pacto en presencia de testigos, al mismo tiempo la significación del bautismo solo es entendido cabalmente por sus participantes.

Por otro lado, la función del símbolo también puede comprenderse a la luz de las fórmulas o confesiones de fe expresadas en el Nuevo Testamento. Oscar Cullmann (1970, pp. 78-90) indica que los siguientes aspectos influyeron en la elaboración de dichas fórmulas:

Bautismo

Como ya se mencionó, es allí que se expresan estas afirmaciones breves sobre lo que se cree: *"Creo que Jesucristo es el Hijo de Dios"* (cf. Hch. 8:36-38; 1Pe. 3:18-22; Ef. 4:5). Al mismo tiempo el creyente es introducido a ese ámbito simbólico, emerge a esa nueva vida que le fue concedida.

La Iglesia católica apostólica romana considera el bautismo como un sacramento, es decir, un medio de gracia. Por su parte, la mayoría de evangélicos solo lo conciben como un símbolo o una representación. Pero aquí ya vamos viendo que el bautismo expresa una realidad espiritual en la cual el creyente es sumergido. Quizá por ello podamos entender la importancia que consciente o inconscientemente se le da al bautismo: hay creyentes que esperan con gran emoción bautizarse, mientras otros van postergando su bautizo por diferentes cuestiones; los unos y los otros atribuyen al bautismo un carácter mayor a la de un mero simbolismo. Y es que el acto del bautismo y la confesión de fe están estrechamente ligados.

El culto, la liturgia y la predicación

Por ejemplo, se sabe que la porción de la *kenosis* de Cristo, su abajamiento o despojamiento, descrito en Filipenses 2:5-11, es un himno con una cristología sumamente densa (Brown, Fitzmyer & Murphy, 2004; Légasse, 1981; Gourgues, 1993):

Haya, pues, en vosotros este sentir
que hubo también en Cristo Jesús,
el cual, siendo en forma de Dios,
no estimó el ser igual a Dios

como cosa a que aferrarse,
sino que se despojó a sí mismo,
tomando forma de siervo,
hecho semejante a los hombres;
y estando en la condición de hombre,
se humilló a sí mismo,
haciéndose obediente hasta la muerte,
y muerte de cruz.

Por lo cual Dios también le exaltó hasta lo sumo,
y le dio un nombre que es sobre todo nombre,
para que en el nombre de Jesús
se doble toda rodilla de los que están en los cielos,
y en la tierra,
y debajo de la tierra;
y toda lengua confiese que Jesucristo es el Señor,
para gloria de Dios Padre.

Esto debe llevarnos a evaluar los cánticos modernos que se entonan en nuestras iglesias. La mayoría de ellos carecen de contenido teológico y más bien apelan al emocionalismo. En los cantos se expresa la fe de la Iglesia, son un excelente indicador de la doctrina que se posee o se carece. Un curioso escándalo reciente da muestra de ello: la Iglesia Presbiteriana en Estados Unidos, deseando incluir el canto *In Christ alone* (Solo en Jesús) en una nueva edición de su himnario, solicitó a los compositores, Keith Getty y Stuart Townend, modificar una parte con el fin de "evitar controversia teológica" alguna; la propuesta era cambiar:

"Hasta esa cruz, al morir Jesús
Fue satisfecha la ira de Dios"

Por:

"Hasta esa cruz, al morir Jesús
Se magnificó el amor de Dios"
(traducción mía)

El énfasis pasaba de la ira al amor de Dios. Y es que en EE.UU. (y por consecuencia, también en nuestros países latinoamericanos importadores de sus modas y teologías), se ha visto esta tendencia en algunos círculos evangélicos a trivializar o minimizar los conceptos del pecado, la justicia, así como la ira de Dios que deriva de su santidad, por no ser "políticamente correctos". Ante ello, los compositores firmemente se negaron. La resolución denominacional: excluir el canto fuera del himnario (la letra original en inglés: *"Till on that cross as Jesus died/the wrath of God was satisfied"*, por: *"Till on that cross as Jesus died/ the love of God was magnified"*; Stocker, 2013). Se necesitan cristianos fieles a la Escritura que puedan componer cantos ricos en doctrina para nuestras congregaciones, a pesar de las presiones sociales e ideológicas que pueda haber, aun dentro de la comunidad eclesial.

Por otro lado, la evangelización también requiere ser evaluada, podrá hablarse de Dios y de su amor, pero ello no es en sí el Evangelio. La predicación específicamente del Evangelio es, de acuerdo con Pablo: *"… Qué Cristo murió por nuestros pecados, conforme a las Escrituras; y que fue sepultado, y que resucitó al tercer día, conforme a las Escrituras…"* (1Co. 15:3-4). La evangelización debe incluir estas premisas, de lo contrario se estará yendo por las ramas. Del mismo modo, la celebración del culto requiere ser evaluada constantemente a la luz de la Escritura: ¿qué se predica en la iglesia? ¿son temas de motivación meramente o se predica el texto bíblico con todas sus implicaciones éticas y morales, de amor sí, pero de justicia también?

Sanidades y exorcismos

En estos actos se reconoce la autoridad de Jesús como Hijo de Dios y se demuestra la confianza en él para el otorgamiento de sanidad y liberación (*"en el nombre de Jesucristo de Nazaret, levántate y anda"*, Hch. 3:6; cf. Mr. 1:24; 3:11; 5:7). En cuanto a la sanidad se puede resaltar que va de la mano con la salvación, el verbo griego σωζω (*sodzo*), significa tanto salvar como sanar; véase Marcos 2:1-12 y los pasajes paralelos, donde el perdón de pecados —salvación— está ligado a la sanidad del paralítico:

¿Qué es más fácil, decir al paralítico: tus pecados te son perdonados, o decirle: levántate, toma tu lecho y anda? Pues para que sepáis que el Hijo del Hombre tiene potestad en la tierra para perdonar pecados (dijo al paralítico): a ti te digo: levántate, toma tu lecho, y vete a tu casa (Mr. 2:9-11).

Y, si bien ahora ya se habla poco de la demonización de personas, la realidad sigue siendo la misma. El creyente, aunque no lo perciba, se halla en un combate contra las tinieblas: *"Porque no tenemos lucha contra sangre y carne, sino contra principados, contra potestades, contra los gobernadores de las tinieblas de este siglo, contra huestes espirituales de maldad en las regiones celestes"* (Ef. 6:12). En medio de esa lucha, el cristiano sabe que su Señor ha triunfado y le ha concedido libertad, salvación y sanidad.

Persecución

El creyente es perseguido a causa de la proclamación de Jesucristo. Esto se observa ya desde las advertencias de Jesús a sus discípulos respecto a que serían llevados ante las autoridades y padecerían como su Maestro:

> *He aquí, yo os envío como a ovejas en medio de lobos; sed, pues, prudentes como serpientes y sencillos como palomas. Y guardaos de los hombres, porque os entregarán a los concilios, y en sus sinagogas os azotarán; y aun ante gobernadores y reyes seréis llevados por causa de mí, para testimonio a ellos y a los gentiles* (Mt. 10:16-18).

Así, las primeras comunidades cristianas fueron vistas como amenaza al orden establecido, ante los judíos, primeramente, después ante el Imperio, pues la confesión "Jesucristo es Señor" era entendida como subversiva. Así se referían los judíos acerca de los cristianos: *"... Estos que trastornan el mundo entero también han venido acá... y todos estos contravienen los decretos del César, diciendo que hay otro rey, Jesús"* (Hch. 17:6b-7). Para el creyente el *Kurios*, el Señor, es Cristo, no el César (acerca de la confesión: 1Ti. 6:12-16; Ro. 10:9; 1Co. 12, 3). Del mismo modo, esto no ha cambiado: las noticias dan muestra de ello, sea en Siria o en Chiapas, hay una constante persecución de cristianos (para una noción de la actual persecución alrededor del Mundo, puede consultarse el sitio de la organización *The Voice of the Martyrs*, en: www.persecution.com). Ante la violenta opresión de este Imperio de las tinieblas, la voz que resuena es esa proclama victoriosa: ¡Jesús es Señor!

Polémica antiherética

Las breves fórmulas de fe responden concretamente a las herejías. En la Primera epístola de Juan leemos acerca de la primera herejía que se dio en la Iglesia: la negación de la humanidad de Jesucristo, por lo cual escribe:

> *Amados, no creáis a todo espíritu, sino probad los espíritus si son de Dios; porque muchos falsos profetas han salido por el mundo. En esto conoced el Espíritu de Dios: todo espíritu que confiesa que Jesucristo ha venido en carne es de Dios; y todo espíritu que no confiesa que Jesucristo ha venido en carne, no es de Dios; y este es el espíritu del anticristo, el cual vosotros habéis oído que viene y que ahora ya está en el mundo* (1Jn. 4:1-3).

Al momento de surgir herejías o errores doctrinales, la fe debe ser precisada, enunciada de tal manera que no dé lugar a dudas o ambigüedades que pudieran dar a entender conceptos errados. La expresión del dogma por eso también es cambiante.

En resumen, como se puede observar en estos pasajes, fueron varias las razones para el surgimiento de las fórmulas que se convertirían posteriormente en credos elaborados. Aunque la cuestión del bautismo y catecumenado tendrán una mayor influencia según la reiteración de las fuentes, los otros puntos arriba expuestos jugaron un papel fundamental. Una razón no anula a las otras, por el contrario, se complementan:

En el bautismo se expresa la fe que se ha creído. En el catecumenado, o adoctrinamiento, la fórmula sirve como método pedagógico. Las fórmulas de fe se proclaman en comunión como adoración en el culto regular. Las fórmulas son el fundamento o columna de la predicación (de otra manera, ya no se trata del Evangelio). Se invoca el poder de Jesucristo sobre los espíritus malignos por medio de una breve fórmula y se pide su intervención en la sanidad de las personas. En las persecuciones se da testimonio de Cristo delante de los acusadores que desean la apostasía del cristiano. Y contra los herejes se expresa la fe recibida en oposición a sus falsas doctrinas y tergiversadas enseñanzas.

Historia del Símbolo

El origen del credo es incierto en cuanto a fecha se refiere. El siglo V nos ofrece el documento más antiguo sobre el surgimiento del Credo

Apostólico, el autor, Tiranio Rufino, sacerdote de Aquileya, en el 404 d. C., indica que fueron los mismos Apóstoles quienes lo redactaron (*Comm. In symb. Apost.* 2; citado en Kelly, 1980, p. 6):

> Así, que, encontrándose a punto de despedirse unos de otros, lo primero que hicieron fue establecer una norma común para su futura predicación, de modo que cuando no pudieran encontrarse, por las distancias a que se hallarían, no dieran doctrinas diferentes a los pueblos que invitaran a creer en Cristo. Así que se reunieron en un lugar determinado y, llenos como estaban del Espíritu Santo, redactaron, como hemos dicho, el breve compendio de su predicación futura, aportando cada uno lo que consideraba conveniente. Y todos determinaron que había que considerar ese compendio como norma doctrinal para los creyentes.

Esta leyenda no es inventada por él, sino que ya circulaba y era conocida en Occidente. Tal explicación piadosa del origen del Símbolo, aunque carezca de credibilidad histórica, demuestra que se le asociaba con el contenido esencial del *kerigma*, la predicación cristiana —del mismo modo resumido que lo hace Pablo en 1 Corintios 15:1-5. Del siglo VIII se tiene esta leyenda completamente desarrollada en la serie de sermones *De símbolo* (Kelly, 1980, p. 17):

> A los diez días de la ascensión, estando reunidos los discípulos por miedo a los judíos, el Señor les envió el Paráclito prometido. A su venida se inflamaron como hierro candente y, llenos del conocimiento de todas las lenguas, compusieron el credo.
>
> Pedro dijo: "Creo en Dios Padre todopoderoso... creador del cielo y de la tierra".
>
> Andrés añadió: "Y en Jesucristo, su Hijo... nuestro único Señor"...
>
> Santiago siguió: "Que fue concebido por obra del Espíritu Santo..., nació de Santa María Virgen"...
>
> Juan continuó: "Padeció bajo Poncio Pilato..., fue crucificado, muerto y sepultado"...
>
> Tomás agregó: "descendió a los infiernos..., resucitó al tercer día de entre los muertos"...
>
> Santiago dijo: "subió a los cielos..., está sentado a la diestra de Dios Padre todopoderoso"...
>
> Felipe continuó: "desde allí ha de venir a juzgar a los vivos y a los muertos"...

Bartolomé agregó: "Creo en el Espíritu Santo"...
Mateo repuso: "y en la santa Iglesia católica..., la comunión de los santos"...
Simón prosiguió: "el perdón de los pecados"...
Tadeo dijo: "la resurrección de la carne"...
Matías añadió: "la vida eterna".

Como el testimonio anterior, este tampoco representa un hecho histórico, pero se entrevé en él la creencia de la inspiración divina del Credo. Es el Espíritu Santo el que "inflama" a los doce a pronunciar cada enunciado, los cuales se apegan a la Escritura.

Anterior a ello, el Símbolo Apostólico se menciona en una carta del Sínodo de Milán al Papa Siricio, atribuida a San Ambrosio (siglo IV; Pelikan, J. y Hotchkiss V. R., 2003, p. 669). En su *Commentarius in symbolum apostolorum*, Tiranio Rufino explica artículo por artículo, en él se encuentra la referencia más antigua del credo en latín. En lengua griega hacia el 340 d. C., Marcelo, obispo de Ancira en Capadocia, se defiende de las acusaciones hechas en su contra de ser sabeliano (o patripacionista: herejía que decía que el Padre era quien había sufrido en la cruz) declarando su ortodoxia nicena (325 d. C.) y, como parte de su apología, alude al Credo Romano (Kelly, 1980, pp. 128-129; véase el Apéndice III).

Esto no debe conducir a la suposición de que los credos datan de ese tiempo, más bien hace constar que para entonces ya eran bien conocidos. Del siglo III se tiene el *Interrogatio de fide* (Cullmann, 1970, p. 80):

¿Crees de todo corazón en Dios, omnipotente, Padre, Creador de todas las cosas, visibles e invisibles?
–Creo.
¿Y en Jesucristo, su Hijo?
–Creo.
¿Qué nació del Espíritu Santo y de la Virgen María?
–Creo.
¿Y en el Espíritu Santo, en la Iglesia, una, santa y católica; en el perdón de pecados y en la resurrección de la carne?
Y Pelmacio (el bautizado) exclamó emocionado hasta las lágrimas: 'Lo creo, Señor'.

Tertuliano menciona algunos artículos del Credo en varios de sus escritos en latín (200-211 d. C.); también Hipólito (198-217 d. C., aproximadamente) en su *Tradición*, en griego —aunque solo se tiene una traducción al latín—, tiene un credo muy parecido al romano, redactado a modo de preguntas catequéticas. Por lo que la fecha de redacción final del Credo Romano tal como se atestigua en Marcelo y Rufino llegó a establecerse en la segunda mitad del siglo II (Kelly, 1980, pp. 106-155). Aunque se ha sugerido que el Símbolo Apostólico.

... fue (*sic*) compuesto antes del año 100 por un sucesor de San Pedro, que tal vez fuera Evaristo. De Ahí se difundió a las provincias africanas y gálicas; llegó con Policarpo a Asia Menor y, a mitad del siglo III, con algunas añadiduras antiheréticas, a Siria y a Egipto (Kattenbusch, citado por Huber, 1949, p. 43).

El por qué no fue escrito antes, razón por la cual no se tienen textos más antiguos, es el siguiente: San Cirilo de Jerusalén escribe que no debía ser escrito en papel, "sino que en la memoria del corazón ha de ser grabado" (*Catequesis* V, 12; 348 d. C. aprox.), así también lo indica San Jerónimo (*Contra Johannem hierosolymitanum*, c.28; 360 d. C. aprox.):

El símbolo de nuestra fe y esperanza, transmitido por los Apóstoles, no se escribe en tinta sobre papel, sino sobre las tablas carnales de nuestro corazón: luego de confesar la Trinidad y la unidad de la Iglesia, concluye el sacramento (*misterio=símbolo*) general de la doctrina cristiana con la resurrección de la carne (Huber, 1949, pp. 41-42).

A propósito, ¡cuánto ha hecho falta la memorización de la Escritura en nuestras iglesias! Hoy por hoy es fácil tener acceso a cualquier forma del texto, ya sea en las diferentes versiones de la Biblia, en aplicaciones para celular, o simplemente en las diapositivas de *PowerPoint* usadas en algunas iglesias. Parece que entre mayor acceso se tenga a la Escritura, más se va dejando de lado su memorización: ¡En dependencia a las *apps*, ya ni siquiera se conocen cuales son los libros de la Biblia ni su ubicación! Eso es la punta del iceberg apenas, nos encontramos ante un problema grave de analfabetismo bíblico. Es necesario, por tanto, regresar a la práctica de aprender porciones bíblicas. Los juegos como "esgrima" o "maratón" bíblico pueden ser útiles herramientas para lograrlo, ya sea en casa con la familia o en la Iglesia.

En fin, siglos más tarde, Lutero catalogaría al Credo como "un excelente resumen breve y preciso de los artículos de fe", mientras

Calvino expresaría que es "el resumen, o por así decirlo, epítome de la fe" (Lochman, 1984, p. 9). Pelikan y Hotchkiss (2003) bien resaltan que todos los cristianos, protestantes, anglicanos, católicos, de oriente y occidente, lo han validado en organismos ecuménicos...

> ... tales como la Conferencia Mundial de Fe y Orden (Lausana 1917, y otra vez en Edinburgh 1937), donde fue aceptado, junto con el *Credo Niceno-constantinopolitano*, como declaración de fe de acuerdo con las enseñanzas de todos los participantes (p. 668).

En conclusión, el Símbolo ha sido parte del cristianismo por siglos. Presenta un claro compendio de la fe. Diversas iglesias, por el Espíritu, lo han aceptado. Tiene una función sumamente amplia por lo que es un deber para todo cristiano estudiarlo, conocerlo detalladamente, memorizarlo y aprehenderlo, considerando que expresa la doctrina hallada en la Escritura, siendo esta el testimonio que tenemos de nuestro Señor Jesucristo. ¡Por tanto, empecemos con nuestro estudio del dogma cristiano en el Símbolo!

El Símbolo apostólico

I. Creo en Dios Padre todopoderoso,
creador del cielo y de la tierra.
II. Y en Jesucristo, su Hijo unigénito,
Señor nuestro.
III. Que fue concebido por el Espíritu Santo
y nació de la virgen María.
IV. Padeció bajo Poncio Pilato, fue crucificado,
muerto y sepultado.
V. Descendió a los infiernos,
al tercer día resucitó de entre los muertos.
VI. Ascendió a los cielos,
está sentado a la diestra del Padre.
VII. De ahí vendrá a juzgar vivos y muertos.
VIII. Creo en el Espíritu Santo.
IX. La santa Iglesia católica,
la comunión de los santos.

X. El perdón de pecados.
XI. La resurrección de la carne.
XII. La vida eterna. Amén.

Para continuar la reflexión

1. Para iniciar, puedes escribir tu propio credo: haz una lista concisa de tus creencias doctrinales, por ejemplo: "Creo que Jesucristo es Dios". Luego entonces busca en la Biblia al menos 5 versículos o pasajes que sirvan de sustento, puedes usar una concordancia para encontrar palabras clave. Mantén tu mente abierta a la posibilidad de cambio en tus creencias a partir de lo estudiado en el texto bíblico; es decir, debes dejar que la Escritura efectivamente sea la fuente de tu doctrina, cuidando de no imponer tus presupuestos. No te preocupes en desarrollar un tratado de cada punto. Este es apenas el comienzo.

2. Si estás estudiando este libro en grupo, pueden hacer su credo juntos, ¡verán que es todo un ejercicio donde cada uno puede aportar muchísimo a la comprensión doctrinal de los demás!

3. Guarda tu credo y tenlo a la mano. Conforme avancemos puedes ir revisando tu escrito.

4. Generalmente, cada Iglesia posee un credo, le pueden llamar también "Estatuto doctrinal" o "Confesión de fe". En algunos sitios web de iglesias colocan la página: "En qué creemos". Consúltalo en donde te reúnes, pregunta a tu pastor o líder eclesial cuáles son los distintivos doctrinales de tu comunidad eclesial y compáralo con el credo que hiciste antes, seguramente te surgirán preguntas que podrás ir respondiendo conforme avancemos en este libro o con el grupo de estudio o Iglesia. Si tu Iglesia no tiene un credo, quizás puedas animar a los líderes y hermanos a establecerlo en conjunto.

CAPÍTULO 1

Creo en Dios Padre todopoderoso, creador del cielo y de la tierra

Creer

Una de las primeras críticas hechas al cristianismo fue expresada por el filósofo Celso en el siglo II. Él oponía la razón a la fe, acusando a los cristianos "de dejarse llevar por una fe que no se apoya en la razón y por una adhesión que no se fundamenta en el examen. Los cristianos únicamente 'creen'; de ahí también el nombre de 'creyentes'" (Vilanova, E. 1987, p. 52). Y aunque esta idea ha estado presente por siglos, y permanece hasta nuestros días, podemos decir junto con José Grau (1973) que "lo que es del todo inadmisible, desde el punto de vista bíblico, es la afirmación de que la fe sea ciega. La fe, bíblicamente entendida, tiene los ojos abiertos" (p. 52).

Así se ha comprendido la fe desde sus inicios, el Señor Jesús interrogaba a sus críticos y a sus discípulos por igual para llevarlos a reflexionar (Mt. 7:9-12, 16; 11:7ss; 12:11ss, 48; 16:15; 22:20; Mr. 8:36ss) y manda a escudriñar lo que la Escritura dice acerca de él: *"Escudriñad las Escrituras; porque a vosotros os parece que en ellas tenéis la vida eterna;*

y ellas son las que dan testimonio de mí..." (Jn. 5:39). Pablo escribía a las iglesias para instruirles expresando que no quería que ignoraran tal o cual doctrina (por ejemplo, el misterio sobre el plan de Dios para Israel, Ro. 11:25; acerca del Éxodo, 1Co. 10:1; respecto a los que ya han muerto y la resurrección, 1Ts. 4:13), también los cuestionaba pedagógicamente con un: *"¿no saben que...?"* (1Co. 3:16; 5:6; 6:2, 9, 15, 19), e incluso les hacía ver que el orar y el cantar se hace con entendimiento (1Co. 14:15). Judas escribía llamando al cristiano a contender ardientemente por la fe que les fue dada (Jud. 3). Y Pedro ordenaba a los creyentes que estuvieran *"siempre preparados para presentar defensa con mansedumbre y reverencia ante todo el que os demande razón de la esperanza que hay en vosotros"* (1Pe. 3:15).

De la misma manera, los Padres de la Iglesia reflexionaron y dieron respuesta a las críticas como las de Celso. Orígenes específicamente le respondería:

> ... nuestros adversarios no hacen más que hablar de nuestra fe como de algo irracional, pero ellos también *creen*. Pues, ¿cómo se hace para adherirse a una determinada escuela filosófica? La elección no viene después de haber estudiado todas las escuelas de filosofía. ¿Qué quiere decir confiarse? Es así en el mundo del pensamiento y de la acción, es decir, en la vida práctica. Aquí también nos dejamos llevar por la confianza y la esperanza. Uno que va a navegar, que va a cultivar la tierra, que se va a casar, ¿no se dejará llevar en último término por la fe en el mar, en la tierra, en la esposa? Así toda vida humana está sostenida por la confianza, por la fe. Y —prosigue Orígenes— aquí se trata de una confianza en los asuntos humanos. Es más razonable aún poner la confianza en Dios y en aquel que nos ha enseñado a adorar solo a Dios, Jesucristo (Vilanova, 1987, pp. 171-172).

Siglos más tarde, San Anselmo de Canterbury haría evidente la relación entre la razón y la fe con su frase *Fides quarens intellectum*: la fe inquiere en el intelecto. Es decir, la fe busca comprender, pero no se trata de un comprender para creer; sino que, puesto que se cree, se debe comprender plenamente esa fe: *"Porque por gracia sois salvos por medio de la fe; y esto no de vosotros, pues es don de Dios; no por obras, para que nadie se gloríe"* (Ef. 2:8s). La fe es primeramente dada por Dios mismo y es necesario que la escudriñemos.

Pensemos en aquello que comprendimos cuando el Evangelio nos fue presentado por vez primera, ¿qué fue aquello en lo que creímos? No fue que comprendiéramos el misterio de la Trinidad o de la Encarnación y que, por lo tanto, entonces hubiéramos creído. No, sino que lo esencial fue que debido a nuestro pecado merecíamos morir, mientras que Dios había dado a su Hijo unigénito por amor a nosotros, que él tomaba nuestro lugar en la cruz y nos concedía el perdón de pecados y la salvación. Quizás Romanos 5:8 lo resume puntualmente: *"Mas Dios muestra su amor para con nosotros, en que siendo aún pecadores, Cristo murió por nosotros"*. Este anuncio básico, elemental, fue el contenido de toda nuestra creencia. Sin embargo, al ir leyendo la Escritura, nuestro conocimiento fue creciendo. Así que esa fe que teníamos fue desarrollándose en la comprensión cada vez mejor de la doctrina. Por eso, porque creemos buscamos comprender.

En la Escritura se compara la vida cristiana con la vida biológica. De los nuevos cristianos corintios, dice Pablo (1Co. 3:1ss): *"les di a beber leche y no vianda; porque aún no erais capaces"*, pero aún después de cinco años estos seguían siendo rebeldes, comportándose como infantes todavía. De igual manera se expresa en Hebreos 5:12-14:

Porque debiendo ser ya maestros, después de tanto tiempo, tenéis necesidad de que se os vuelva a enseñar cuáles son los primeros rudimentos de las palabras de Dios, y habéis llegado a ser tales que tenéis necesidad de leche y no de alimento sólido. Y todo aquel que participa de la leche es inexperto en la palabra de justicia, porque es niño; pero el alimento sólido es para los que han alcanzado madurez, para los que por el uso tienen los sentidos ejercitados en el discernimiento del bien y del mal.

En 1 Pedro 2:2 se insta a los nuevos creyentes a ahondar en la fe: *"Desead, como niños recién nacidos, la leche espiritual no adulterada, para que por ella crezcáis para salvación"*. En ello se observa el crecimiento en la fe que debe tener el creyente. Qué triste es ver cuando un niño no crece como debería por falta de nutrientes, su crecimiento se va estancando, se va quedando pequeñito y se vuelve enfermizo... Esa misma es la condición del creyente que no crece en su fe.

Por lo mismo, nuestra búsqueda constante ha de ser comprender lo que hemos creído: eso fortalecerá nuestra fe y nos permitirá crecer hacia la madurez en Cristo. Esta se observará en la interacción que tengamos con nuestro contexto histórico-social. En otras palabras, la comprensión del dogma moldea la ética cristiana (véase el Apéndice IV).

Ahora bien, el "yo creo" no debiera ser un "me parece" o un "yo opino" o un "para mí significa…", tampoco un "yo creo que", como si fuera una mera opinión entre muchas otras que tiene posibilidad de ser verdad. Esto debe quedar claro, sobre todo en un ambiente posmoderno que declara que no hay verdades absolutas: "Si tú crees eso, bien por ti". Ello está en total oposición al cristianismo. Tampoco es un "yo creo a", sino un "yo creo en", y no se trata de un "yo creo en la fuerza", como en *Star Wars*, o "yo creo en el cosmos" o "el bien", sino un "yo creo en Dios Padre", "yo creo en Jesucristo, su Hijo", "yo creo en el Espíritu Santo". Lo cual implica, no solo el testimonio de la Escritura (de la cual puede decirse "yo creo a"), sino comunión con las personas de la Trinidad. Creer implica comunión. Creemos en la persona del Padre, en la persona del Hijo, en la persona del Espíritu. Por ende, solo el cristiano pueda decir "yo creo en Dios" sin duda alguna, puesto que goza de comunión con él.

Otro aspecto es que el creer define el ser: *"Mas a todos los que le recibieron, a los que creen en su nombre, les dio la potestad de ser hechos hijos de Dios"* (Jn. 1:12; cf. Gá. 4:4-7). El creer es una cuestión ontológica no solo gnoseológica. Así, en la Escritura, la humanidad se divide tan solo en justos e injustos (en el Antiguo Testamento), creyentes e incrédulos (en el Nuevo Testamento). El creer se fundamenta en la comunión, y esta comunión es con un Ser concreto, manifestada en la relación entre todos los creyentes. Para ahondar en el concepto de 'creer', Karl Barth (2000) explica que el término implica tres aspectos: el conocer, el confiar y el confesar (pp. 22-43).

Conocer

Esto no debe entenderse en un sentido gnóstico, como si se tratara de un conocimiento al cual solo algunos, los iluminados, pueden acceder por la vía mística o por éxtasis. No es un conocer meramente intelectual, al que irónicamente ciertos estudiantes apelan tras haber cursado quizá una licenciatura en Teología, maestría o incluso doctorado, renegando de la fe indicando que "se dieron cuenta de la falsedad" de esta. A la inversa de lo que expresaba San Anselmo, buscaron conocer para entonces creer; por vía de la razón aislada de la fe. El conocer, más bien, sigue al creer. Y no es que ese creer sea un salto al vacío, ese creer tiene su fundamento racional.

Se puede pensar, como vimos anteriormente, en aquel momento en el que escuchamos por vez primera el Evangelio de salvación. No comprendíamos exactamente qué significaba el concepto Trinidad, o la doble naturaleza y voluntad de Cristo, o conceptos tales como *kenosis*, preexistencia, *homoousious*, *kerigma*, ni siquiera estábamos cerca de considerar la obra del Espíritu Santo habitando en nosotros. Lo que sí podíamos comprender plenamente era que Dios nos amaba tanto que dio a su Hijo unigénito, y que él, Jesucristo, tomó nuestro lugar en la cruz, pagando por nuestro pecado para que nosotros no pasáramos por ese sufrimiento alejados por siempre de Dios. Conocimos entonces el amor de Dios en su Hijo Jesucristo que nos salva. Y eso era suficiente.

De modo que este conocimiento es relacional. No es conocer algo, sino a alguien, al totalmente Otro —diría Barth—, a Dios. Este conocerle es posible porque él mismo se ha dado a conocer por el Hijo: *"A Dios nadie le vio jamás; el unigénito Dios, el que está en el seno del Padre, él lo ha dado a conocer"* (Jn. 1:18, traducción mía). De ahí que el concepto de conocer tan solo a nivel intelectual sea insuficiente.

La clave del conocimiento que se aborda aquí es relacional: *"Si alguno se imagina que sabe algo, aún no sabe nada como debe saberlo. Pero si alguno ama a Dios, es conocido por él"* (1Co. 8:2-3). El creyente ama a Dios, y cuando se esperaría que entonces el creyente lo conoce, tenemos el inesperado cambio del Apóstol Pablo: *"es conocido por él"*. La seguridad del creyente no parte nuevamente del conocimiento teológico, sino que se fundamenta en que Dios lo conoce a él, en una relación abierta, hecha posible por el Hijo.

Confiar

Siguiendo la idea anterior, aquel conocer a Dios implica necesariamente confiar en él. Me agrada una ilustración muy común sobre este punto: imaginemos a un equilibrista profesional que extiende una cuerda floja de la cima de un edificio a otro. La distancia entre uno y otro es de 50 metros, y la altura a la que se encuentra es de 30 pisos.

El equilibrista grita desde lo alto: "¿Cuántos creen que pueda caminar sobre esta cuerda hasta el otro edificio?". La gente lo conoce. La mayoría del público asiente eufórica. Entonces el equilibrista gira hacia ti y viéndote directo a los ojos, te pregunta: "¿Tú crees que puedo cruzar caminando por esta cuerda hasta el otro lado?". Sabiendo que se trata de un profesional circense mundialmente reconocido, respondes afirmativamente. "¡Entonces súbete en mi espalda, vamos a cruzar juntos!". Aquí es donde se demostrará la confianza, el creer.

De la misma manera, la fe implica más que un mero conocimiento intelectual. La fe requiere confiar. Entre más conocimiento se tenga de la persona de Dios, la confianza será más amplia. Dios ha mostrado ser fiel a sí mismo, y a su palabra: *"Palabra fiel es esta: Si somos muertos con él, también viviremos con él; si sufrimos con él, también reinaremos con él; si le negáremos, él también nos negará; si fuéremos infieles, él permanece fiel; él no puede negarse a sí mismo"* (2Ti. 2:11s). Su bondad y su amor se muestran día a día. La fe crece según la relación que gocemos con él. Esto también es la fe, confiar en aquel que conocemos.

Confesar

Si se conoce a Dios y se confía en él, la confesión es lo obvio. La confesión es el reconocimiento externo del conocimiento interno que se tiene de Dios. La fe se confiesa, se demuestra. Y esta confesión se realiza con todo el ser, con el pensamiento, el habla, la conducta. Existe una congruencia entre el conocer a Dios y el modo de vivir, la obediencia.

En ese sentido, 1 Juan 2:3-4 expresa: *"Y en esto sabemos que nosotros le conocemos, si guardamos sus mandamientos. El que dice: Yo le conozco, y no guarda sus mandamientos, el tal es mentiroso, y la verdad no está en él"*. El 'guardar' en la Escritura tiene la connotación de poner en práctica, de obedecer. En este sentido, la fe y la práctica son inseparables. Por ello Dietrich Bonhoeffer expresaría el aforismo: Creer es obedecer, obedecer es creer. No se puede separar lo uno de lo otro. Por eso, el pasaje de 1 Juan 2:5 continúa: *"pero el que guarda su palabra, en este verdaderamente el amor de Dios se ha perfeccionado; por eso sabemos que estamos en él"*. Siguiendo la expresión inicial "yo le conozco", uno esperaría aquí, en relación con el que guarda u obedece la palabra de Cristo, la expresión: "en este verdaderamente el conocimiento de Dios se ha perfeccionado"; sin embargo, el autor hace un cambio bastante claro: *"en este verdaderamente* el amor *de Dios se ha perfeccionado"*. En lugar del conocimiento está el *amor*. Se entiende entonces también aquí que el conocer se encuentra en el ámbito relacional, de la comunión, del amor. Por tanto, 1 Juan 2:6 concluye: *"El que dice que permanece en él, debe andar como él anduvo"*. Hallamos algo más aquí, el conocer a Dios es permanecer en él. Es decir, es una acción constante, continua.

Bíblicamente no es posible hablar de alguien que creyó y en determinado momento dejó de hacerlo: se cree o no se cree. Se puede tener en mente algún conocido, quizá aquel que realizó "la oración del pecador" o aquella persona que se bautizó la misma vez que uno lo hizo, y que después de algún tiempo abandonó la Iglesia y regresó a su mismo estilo de vida pecaminosa anterior a ello. La pregunta que se hace en estos casos, por lo general expresada con estupefacción, es: "¿Qué sucedió?". A lo cual se responde que dejó de creer. Pero la verdadera pregunta no es si creyó o no, sino *en qué* creyó. La respuesta es que no ha creído en el Señor, nunca creyó en él. Por eso adelante, 1 Juan 2:19 declara acerca de los que niegan al Hijo, al Señor Jesucristo: *"Salieron de nosotros, pero no eran de nosotros; porque si hubiesen sido de nosotros, habrían permanecido con nosotros; pero salieron para que se manifestase que no todos son de nosotros"*. Tales personas pudieron haber creído en "otro Evangelio", como los gálatas a los que Pablo reprende (Gá. 1:6-9):

Estoy maravillado de que tan pronto os hayáis alejado del que os llamó por la gracia de Cristo, para seguir un evangelio diferente. No que haya otro, sino que hay algunos que os perturban y quieren pervertir el evangelio de Cristo. Mas si aun nosotros, o un ángel del cielo, os anunciare otro evangelio diferente del que os hemos anunciado, sea anatema...

Quizá creyeron en un Cristo a su imagen o la imagen del predicador, pero no en el Cristo que la Escritura testifica. Y ahí la gran responsabilidad nuestra de comunicar —confesar— correctamente la fe cristiana.

Finalmente, el "yo creo" del Símbolo, se expresa en primera persona del singular, es decir, es la confesión de un posicionamiento personal, pero esta es expresada por toda la Iglesia. El Símbolo se expresa en comunidad. Decimos el Símbolo junto con los cristianos de todos los lugares y de todos los tiempos. El Símbolo es la confesión de la comunión de la Iglesia con su Señor.

Dios Padre

Ahora sí, habiendo aclarado qué es creer, hablemos de aquel en quien creemos: Dios Padre. Comenzamos diciendo que Dios es trascendental.

Dios

El intelecto humano no es capaz de comprenderlo totalmente, pues él es:

> *"el bienaventurado y solo Soberano, Rey de reyes, y Señor de señores, el único que tiene inmortalidad, que habita en luz inaccesible; a quien ninguno de los hombres ha visto ni puede ver, al cual sea la honra y el imperio sempiterno. Amén"* (1Ti. 6:15s; cf. Jn. 1:18).

A esto se le conoce como teología apofática. Ioannis D. Zizioulas (2003), el gran Patriarca ortodoxo griego, explica:

> ... somos incapaces de usar los conceptos de la mente humana o de la creación para hablar de Dios, que es la verdad. La alteridad absoluta del ser de Dios, que se encuentra en el corazón de la teología bíblica, es afirmada de tal manera que el planteamiento bíblico de Dios contrasta enormemente con el de los griegos. La teología apofática rechaza la visión griega acerca de la verdad, resaltando que lo que nosotros conocemos acerca del ser —es decir, acerca de la creación— no debe ser ontológicamente identificado con Dios. Dios tiene una existencia simple, imposible de conocer, que resulta inaccesible a todos los seres y es completamente inexplicable, *porque él está más allá de la afirmación y de la negación.* Por lo tanto, la verdad se encuentra más allá de la elección entre afirmación y negación (p. 102).

Además, aclara:

> El sentido más profundo de esta idea se basa en separar la verdad de una fallida en la que se impone una elección entre lo 'verdadero' y lo 'falso'. Esto es esencial a la hora de mantener la identificación de la verdad con

Dios mismo, ya que Dios existe más allá de la posibilidad entre lo 'verdadero' y lo 'falso'. En un profundo pasaje (*Amb.*; PG 91, 1296C), Máximo hace precisamente esta aclaración sobre la verdad: el Logos es υπερ αληθειαν [más allá de la verdad] porque no existe nada que pueda ser examinado junto a él y en comparación con él, mientras que la 'verdad' de la que tenemos experiencia se opone a la 'falsedad' (Ibid.).

El mismo autor señala que esto no implica un agnosticismo, más bien: "El objetivo principal de esta teología es apartar la cuestión sobre la verdad y el conocimiento del dominio de las teorías ontológicas griegas para situarla dentro del ámbito del *amor* y la comunión" (Zizioulas, 2003, p. 104). Aspectos que veremos precisamente en cuanto a la persona de Dios Padre.

Surge, entonces, la pregunta sobre cómo se puede conocer a Dios. San Anselmo (1970) lo planteó en su *Proslogion*, capítulo XVI, lo siguiente:

> Verdaderamente, Señor, es una luz inaccesible aquella en la que habitas, pues ningún otro puede penetrar en ella para verte completo. Yo no la veo, porque es excesiva para mí y; sin embargo, lo que veo, por ella lo veo; como el débil ojo lo que ve lo ve por la luz del sol, aunque al mismo sol no pueda mirar. No puede mi entendimiento mirarla. Brilla demasiado; no llega a ella, ni soporta mucho tiempo el ojo de mi alma el avizorarla. Ciega con su fulgor, vence con su grandeza, abruma con su inmensidad, confunde con su extensión. ¡Oh, suma e inaccesible luz! ¡Oh, entera y feliz verdad, qué lejos estás de mí que estoy tan cerca de Ti! ¡Qué distante estás de mi mirada que tan presente está a la tuya! Estás presente y entera en todas las partes y no te veo. En Ti me muevo y en Ti soy, y a Ti no puedo llegar. Dentro de mí y cerca de mí estás, y yo no te siento (p. 60).

Es Dios mismo quien ha querido darse a conocer, a través de: 1) su creación por su Palabra, 2) la Palabra encarnada, Jesucristo su Hijo unigénito y, 3) su Palabra escrita. En teología propia se le conoce como Revelación general (1) y específica (2 y 3). Jesucristo, la Palabra encarnada, es la máxima revelación de Dios, pues es el Hijo quien revela o explica al Padre (como vimos arriba en Jn. 1:18; cf. 6:46; cf. Heb. 1:1-3) y es el Espíritu quien nos conduce a conocer al Señor Jesucristo (1Co. 12:3-6). Es el Padre en su Hijo por el Espíritu quien nos llama a la comunión con él. Esta es la comunión de la Trinidad, comunión de la que el cristiano es hecho partícipe.

Antes de continuar con el enunciado, es necesario presentar al menos una somera explicación del concepto del Dios trino.

Dios en tres personas

La revelación en la Escritura nos muestra un Dios en tres personas: Dios Padre, Jesucristo el Hijo y el Espíritu Santo; en el cual no existen jerarquías. Dios se revela así al ser humano. Si bien en el NT no se emplea el término Trinidad, ya su concepción se encuentra allí (cf. Mr. 1:9-11; Mt. 28:19; Jn. 14:16-17, 26; 15:26; 16:12-15; 1Co. 12:3-6). Entre el 180 y 190 d. C. San Ireneo de Lyon (2000) explicaría, aun sin emplear el término Trinidad, esta diferenciación entre las personas divinas a partir del nombre de Cristo, Ungido (p. 329):

> Pues en el mismo nombre de Cristo se suponen uno que ungió, el que fue ungido y la unción misma con la que fue ungido. Lo ungió el Padre, fue ungido el Hijo, en el Espíritu Santo, que es la unción; como dice la expresión de Isaías: 'El Espíritu del Señor sobre mí, por eso me ungió' (Is. 61; Lc. 4:18). Con estas palabras señaló al Padre como 'el que unge', al Hijo como 'el ungido', y 'la unción', que es el Espíritu Santo (*Ad. Haer.* III 18, 3).

También expresa (ibid., p. 409):

> El hombre no verá a Dios por sí mismo; pero Él, si lo quiere, se dejará ver de los hombres: de aquellos que él quiera, y cuándo y cómo quiera, porque Dios es omnipotente. Por medio del Espíritu se dejó ver proféticamente; por medio del Hijo se dejó ver según la adopción; se hará ver según su paternidad en el reino de los cielos: el Espíritu prepara al hombre para el Hijo de Dios, el Hijo lo conduce al Padre, el Padre concede la incorrupción para la vida eterna, que a cada uno le viene con la visión de Dios (*Ad. Haer.* IV 20, 5).

El concepto del Dios trino se halla en la misma Escritura, aunque el término Trinidad no se encuentre en ella. Este dogma fue desarrollado y precisado durante un largo proceso. El primero en utilizar el término

Trinidad en latín fue Tertuliano (160-220 d. C.). En su obra *Adversus Praxeam* "hablará de un Dios unido, más que de un Dios único…" (Rondet, 2008, p. 48). Esta unidad se hace evidente en la diferenciación de las personas. Los Concilios ecuménicos lo explicaron posteriormente (puede consultar los Credos resultado de estos Concilios en el Apéndice V). De manera que se puede hablar de Dios en tres personas o de una Trinidad, mas no de tres dioses. Esto implica la comunión de las tres personas, lo cual denota que la comunión pertenece a la sustancia de Dios Padre en cuanto persona.

El Padre

Dios trasciende la sexualidad, no es varón ni mujer, pero evidentemente hay cualidades análogas, tanto el varón como la mujer han sido creados a imagen de Dios (Gn. 1:27). En algunas porciones de la Escritura, Dios demuestra características propias de una madre: *"¿Se olvidará la mujer de lo que dio a luz, para dejar de compadecerse del hijo de su vientre? Aunque olvide ella, yo nunca me olvidaré de ti"* (Is. 49:15); o *"Como aquel a quien consuela su madre, así os consolaré yo a vosotros"* (Is. 66:13). No obstante, Dios se presenta de manera común como Padre.

En el Antiguo Testamento, primeramente, Dios es Padre de Israel, su pueblo: *"¿No es él tu padre que te creó?"* (Dt. 32:6). Dios lo formó: *"Yahweh, tú eres nuestro padre"* (Is. 64:8). Por ello lo cuida: *"Y dirás a Faraón: Yahweh ha dicho así: Israel es mi hijo, mi primogénito. Ya te he dicho que dejes ir a mi hijo…"* (Éx. 4:22s; cf. Jer. 31:9); lo ama: *"Cuando Israel era muchacho, yo lo amé, y de Egipto llamé a mi hijo"* (Os. 11:1), y demanda de él obediencia: *"El hijo honra al padre, y el siervo a su señor. Si, pues, soy yo padre, ¿dónde está mi honra?"* (Mal. 1:6). Pero también se presenta como *"Padre de huérfanos y defensor de viudas, es Dios en su santa morada"* (Sal. 68:5), de esta manera muestra su amor por los de condición social precaria.

Sin embargo, en el Nuevo Testamento, principalmente, Dios es Padre en cuanto a su Hijo: *"… el Santo Ser que nacerá, será llamado Hijo de Dios"* (Lc. 1:35); *"… vimos su gloria, gloria como del unigénito del Padre…"* (Jn. 1:14, cf. 1:18). Esto nos lleva nuevamente al concepto de comunión (Zizioulas, 2003, p. 82):

La supervivencia de una unidad personal es posible para Dios no en virtud de su sustancia, sino de su existencia trinitaria. Si Dios Padre es inmortal, es porque su identidad única e irrepetible como Padre se distingue eternamente de aquella del Hijo y de aquella del Espíritu, que le llaman "Padre". Si el Hijo es inmortal, lo debe principalmente no a su sustancia, sino a su ser el "unigénito" (nótese aquí el concepto de unicidad) y su ser aquel en quien el Padre "se complace". Igualmente, el Espíritu es "dador de vida" porque es "comunión" (2Co. 13:14).

Dicho de otra forma: ¿qué se requiere para ser padre? Un hijo. De manera que, si Dios es Padre eterno, es precisamente por el Hijo eterno. Luego también se tiene que el Espíritu del Hijo es el Espíritu del Padre, y de allí la plena comunión intratrinitaria. ¡Y aún más, es precisamente a esa comunión a la que nos llama a través de su Hijo! Dios es Padre de todo el que cree en el Hijo (Jn. 1:12s). Es por Jesucristo, y solo por él, que el ser humano puede gozar de esa comunión con Dios Padre y con el Espíritu Santo (Jn. 1:18; 14:6; Gá. 4:6-7).

Esto implica que somos morada tanto del Padre, como del Hijo y del Espíritu:

Si me amáis, guardad mis mandamientos. Y yo rogaré al Padre, y os dará otro Consolador, para que esté con vosotros para siempre: El Espíritu de verdad, al cual el mundo no puede recibir, porque no le ve, ni le conoce; pero vosotros le conocéis, porque mora con vosotros, y estará en vosotros (Jn. 14:15-17).

Jesús había prometido la venida del Espíritu y su habitación en el creyente: véase la preposición *en* al final del versículo 17. Luego en el versículo 23, repite la misma condición: *"El que me ama, mi palabra guardará; y mi Padre le amará, y vendremos a él, y haremos morada con él"*. Tanto el Padre como el Hijo harán "morada *con* él". Tenemos vida eterna por el conocimiento del Padre y del Hijo: *"Y esta es la vida eterna: que te conozcan a ti, el único Dios verdadero, y a Jesucristo, a quien has enviado"* (Jn. 17:3), en tanto que tenemos comunión por el Espíritu: *"Pero cuando venga el Consolador, a quien yo os enviaré del Padre, El Espíritu de verdad, el cual procede del Padre, él dará testimonio acerca de mí"* (Jn. 15:26). Somos guiados por el Espíritu y es él quien nos testifica que somos hijos de Dios:

Porque todos los que son guiados por el Espíritu de Dios, estos son hijos de Dios. Pues no habéis recibido el espíritu de esclavitud para estar otra vez en temor, sino que habéis recibido el espíritu de adopción, por el cual clamamos: ¡Abba, Padre! El Espíritu mismo da testimonio a nuestro espíritu, de que somos hijos de Dios" (Ro. 8:14-16).

Por tanto, debemos obedecerle: *"Sed, pues, imitadores de Dios como hijos amados"* (Ef. 5:1; cf. 1Jn. 5:2; 1Pe. 1:13–2:3), sabiendo también que seremos semejantes a él: *Amados, ahora somos hijos de Dios, y aún no se ha manifestado lo que hemos de ser; pero sabemos que cuando él se manifieste, seremos semejantes a él, porque le veremos tal como él es* (1Jn. 3:2).

Todopoderoso

Por lo general, se acepta que el término griego παντοκρατωρ (*pantocrátor*) traduce el hebreo *sebaot*. "La mayoría de investigadores entienden *sebaot* como un plural abstracto intensivo (a la manera de *esot*, 'verdadera prudencia', *deot*, 'saber profundo', etc.)", también la Septuaginta (LXX) traduce *"el sadday* por παντοκρατωρ" (Balz y Schneider, 2005, II, p. 700). Implica su poder soberano:

Esta palabra, que significa "el todopoderoso", "el gobernante de todas las cosas", se usa ocasionalmente para los dioses... En el NT viene después de una serie de citas del AT, en 2 Corintios 6:18, y el Apocalipsis la usa para Dios (o Cristo) en 1:8; 4:8; 11:17; 15:3; 16:7, 14; 19:6, 15; 21:22. La referencia es a la supremacía universal de Dios, pero en sentido estático si se compara con el sentido más dinámico de omnipotencia (Kittel, 2003, p. 459).

Esto debe ser bien entendido, pues es común ceder a una idea extraña de un "todopoderoso" ajeno a la revelación en la Escritura o caer en un providencialismo, que supone Dios dictamina todo lo que ocurre en la vida de las personas acabando por completo con la responsabilidad del ser humano. Por ello es necesario comprender adecuadamente la dinámica entre Dios y su creación.

Creador del cielo y de la tierra

Afirmamos, sin duda alguna, que Dios es creador. Esta es una expresión de fe, el cómo fue llevada a cabo la creación, queda en el misterio de Dios pues ninguno estuvo presente para registrarlo. Y puesto que es misterio, la total comprensión de la creación queda velada para nosotros, aunque podemos hacer intentos para tratar de entender lo que nos ha sido revelado. Por eso se han postulado varias concepciones acerca de la creación como veremos enseguida.

La creación

La noción más conocida que se tiene al respecto es la de la creación *ex nihilo*, o de la nada. Indica que todo fue creado de la nada por Dios. Dios creó la materia con la cual hizo el universo. Se sustenta en diversos pasajes (Gn. 1:1–2:25; Jn. 1:3; Col. 1:16-17; Heb. 11:3). J. Olliver Buswell Jr. (citado en Harrison,1985) comenta:

> Existe una *importancia teológica* de gran peso en relación con la cosmogonía bíblica. Si Dios no es el creador absoluto de todo cuanto existe, sin excepciones, entonces, él no es soberano en su sentido absoluto. Si la sustancia de la que se hizo el universo no ha sido creada por Dios, entonces es coeterna con Dios. Luego, Dios al hacer el universo estaba limitado a las posibilidades de la sustancia con la que él tenía que trabajar (p. 127).

La segunda interpretación que prácticamente ya ha sido descartada casi por completo es la del *lapso*, aunque todavía encuentra espacio en algunos ámbitos evangélicos. Parte de una eiségesis realizada entre los versículos del Génesis 1:1, *"En el principio creo Dios los cielos y la tierra"*, y 1:2, *"y la tierra estaba desordenada y vacía"*. Expresa que el versículo 1 se refiere a una creación anterior al versículo 2:

> Según este concepto la creación original de Génesis 1:1 fue no solamente perfecta y bella, sino también poblada de plantas y animales (algunos también dicen que posiblemente con hombres preadámicos). Entonces, en el espacio entre los versículos 1 y 2 Satanás se rebeló contra Dios, e introdujo así el pecado en el universo. El juicio de Dios abarcó un diluvio global seguido por oscuridad y una edad de hielo en la cual toda vida vegetal, ani-

mal y humana (si existía) fue destruida. Así los fósiles que se encuentran hoy en día provinieron de este juicio sobre la creación original a causa del pecado de Satanás. El versículo 2 retrata el estado de cosas que resultó de este juicio. Los seis días de la creación, entonces, describen una recreación, restauración o restitución, no la creación original (Ryrie, 1993, 207).

La Biblia Scoffield presenta esta interpretación en su comentario, el cual casi ha sido incorporado al texto bíblico por los fundamentalistas, como si formara parte de la inspiración, una verdad absoluta. La tercera interpretación del acto creador de Dios es la de los *días edades*. Los días descritos en Génesis 1 no son días solares de 24 horas, sino edades. Parten de 2 Pedro 3:8 (*"para con el Señor un día es como mil años, y mil años como un día"*) combinado con Hebreos 4, que habla del día de reposo como un período largo de tiempo. De esta manera, indican que la creación habría sido hecha durante miles de años. La problemática de esta interpretación y la anterior es que mezclan pasajes de aquí y de allá, haciendo una melcocha, tratando de cuadrar textos sin considerar su contexto. Lo cual, "checa, pero no cuadra".

Una cuarta opción es la llamada *días literales*. La mayoría de los cristianos en Latinoamérica, sobre todo aquellos que siguen la teología norteamericana fundamentalista, interpretan el relato de Génesis respaldándolo con un cálculo de las genealogías bíblicas.

El antropólogo católico inglés Humprey John Thewlis Johnson (1890-?), escribiendo en 1923, resumió la posición que había sido corriente en Occidente hasta comienzos del siglo XIX. Moisés vivió en el siglo XV a. C. El diluvio universal de Noé había ocurrido menos de un milenio antes. La creación de Adán y Eva tuvo lugar poco más de 16 siglos antes del diluvio. Por lo tanto, la creación podía calcularse como ocurrida unos 40 siglos antes del nacimiento de Jesús. Esto fue precisamente lo que calculó James Ussher en el siglo XVII, es decir, que la creación de todas las cosas, incluyendo los seres humanos, ocurrió en el 4004 a. C. (Garrett, 2006, p. 429).

Esta postura fundamentalista es la que científicos como Stephen Hawking critican y no dudan en ridiculizar (véase, por ejemplo, el video de su lectura: "El origen del universo", en Gravitationalist, 2007, donde retoma los datos de Ussher).

Otros indican, junto con John C. Whitcomb (1994) que "la creación involucró una apariencia superficial de historia" (pp. 36-41). Esta noción responde a los hallazgos científicos, queriendo conciliar los resultados de la investigación geológica con el texto bíblico. El problema con estas interpretaciones es que, o pretenden sacar ciencia de la Biblia o meter ciencia a la Biblia. Esa es la falla en organizaciones como *Answers in Genesis*, que incluso se atreven a construir un Arca museo, con la intención de convertir a los ateos demostrando, según ellos, la veracidad de la Escritura, pero al hacer esto distorsionan el mensaje del Génesis reduciéndolo a un mero recuento cronológico, que como diría N. T. Wright, es casi perverso (Clases de Biblia y Teología, 2018).

En quinto lugar, y en oposición a lo anterior, se tiene la interpretación del texto como *narrativa teológica*, la cual es la que más se apega a la intencionalidad del pasaje. El Génesis no busca satisfacer toda curiosidad humana acerca de su origen. Tampoco es un texto de historia ni un tratado científico. Es un texto teológico que nos muestra quién es Dios y quién es el ser humano ante él. Von Rad (2008) escribe:

> La fe en la creación ni es el origen ni es la meta de los enunciados contenidos en Gn. 1 y 2. Tanto el Yahwista como el Sacerdotal se atienen más bien a la fe en la salvación y en la elección. Pero apuntalan esta fe mediante el testimonio de que ese Yahwé de la alianza con Abraham y de la alianza sinaítica es también el creador del mundo. Pese a toda esta asombrosa concentración sobre objetos particulares de la fe en la creación, esta parte, este como pórtico, solo debe desempeñar dentro del conjunto un papel instrumental. Muestra el camino que Dios siguió con el mundo hasta la vocación de Abraham y la constitución de la comunidad, de tal modo que Israel partiendo de la posición ya dada desde la elección, pudiese en la fe contemplar retrospectivamente la creación, y desde aquí considerar la línea que va desde el límite extremo de lo protológico hasta el centro mismo de lo soteriológico (p. 54).

También existe una interpretación poco conocida que es la *filosófico teísta*. Pierre Teilhard de Chardin, geólogo, paleontólogo y teólogo jesuita, presentó lo que algunos han catalogado como evolución teísta. Su propuesta se dio en diálogo con la teoría de la evolución de Darwin, siendo Teilhard parte del equipo que encontró el Hombre de Pekín.

Sin embargo, su interpretación va más allá que el mero proceso físico o materialista del concepto de evolución. Trasciende de la biósfera a la noosfera de acuerdo con la ley de la complejidad-conciencia: esto expresa que conforme el ser vivo evoluciona en un ser cada vez más complejo biológicamente, también evoluciona en la esfera de la capacidad intelectual y, aún más, en lo que es la conciencia. Esta evolución logra su devenir por el medio divino:

Milieu asume tres significados sucesivos, de los que solo el tercero es totalizante: *a)* ante todo, *milieu* significa *ambiente,* lugar, ámbito en el que existe o sucede algo; *b)* además, *milieu* significa *médium,* aquello por lo que, o a través de lo cual, existe o sucede algo: significado *día-fónico* y mediador; *c) y* finalmente, *milieu* significa *centro,* centro de, y centro que está por doquier: significado totalizante. Es decir, Dios, a quien tratamos de asir a tientas con nuestras vidas, está en torno a nosotros (primer significado); penetra el universo como un rayo penetra un cristal (segundo significado); Dios nos espera en todas partes, en cuanto que él es el centro que hace sólido el mundo, el centro que ocupa toda la esfera, el centro que tiene el poder absoluto y último de reunir y completar a todos los seres, el punto extremo hacia el cual converge toda la realidad (tercer significado). El medio divino es, pues, el universo en cuanto movido y copenetrado por Dios en la totalidad de su evolución (citado en Gibellini, 1998, p. 191).

Se trata de un panenteísmo, Dios en todo (mas no panteísmo: Dios es todo, todo es Dios), alcanzado por el Cristo cósmico o universal:

Entonces, probablemente, sobre una creación llevada al paroxismo de su proclividad a la unión, tendrá lugar la Parusía. El único proceso de asimilación y de síntesis que se desarrollaba desde el origen de los tiempos se revelará al fin. El Cristo universal surgirá como un relámpago en medio de las nubes del mundo lentamente consagrado. [...] En ese momento, dice San Pablo, [...] él consumará la unificación universal [...]. Así se verá constituido el complejo orgánico: Dios y mundo, el *Plérumu,* realidad más teriosa que no podemos considerar más bella que Dios (puesto que Dios podía pasar sin el mundo), pero que no podemos ni siquiera imaginar como absolutamente gratuita, absolutamente accesoria, si no queremos hacer incomprensible la creación, absurda la pasión de Cristo y carente de interés nuestro esfuerzo (Gibellini, 1998, p. 190).

Teilhard contempla así a Cristo como el Alpha y la Omega. Su pensamiento fue criticado por la Iglesia Católica Apostólica Romana, y claro, también por la mayoría de evangélicos. Con todo, abordó la cuestión acerca de la creación desde una perspectiva totalmente diferente. Finalmente, es necesario precisar que la creación descrita en Génesis no es un mito. A pesar de que se puedan establecer ciertos paralelismos con los mitos de otras culturas en el entorno de Israel, el mismo texto nos muestra que no hay nada mitológico en él:

> El autor… cuando escribe de este proceso creador no se sitúa en ningún otro plano que no sea aquel que la fe puede experimentar y expresar en lo temporal. Téngase esto bien presente: se nos ofrece un relato de la creación en el cual el sujeto creador únicamente aparece en escena en cuanto es experimentable por la fe como voluntad creativa orientada hacia el mundo, pero por lo que atañe a su esencia, esa aparición carece por completo de aspectos míticos. Asimismo, P resiste la tentación de describir lo que propiamente es el acto creador. Por tanto, no se puede hablar de una dependencia de este relato respecto a mitos extraisraelitas más que en un sentido restringidísimo. Sin duda, resuenan en él algunas nociones que eran ostensiblemente patrimonio común del pensamiento cosmológico del antiguo Oriente, pero fueron filtradas teológicamente por P de tal modo que apenas tienen ya en común poco más que palabras… Nunca podremos asombrarnos demasiado al considerar el potente vigor que precisó Israel para hacer posible su segregación respecto a todo aquel conjunto de ideas religiosas, y que le capacitó para hablar de manera totalmente distinta sobre la relación de Dios con el mundo (Von Rad, 2008, pp. 76-77).

Bueno, ¿y qué podemos decir respecto a los datos científicos?

> Las ciencias naturales pueden darnos ocupación con su concepción de la evolución, pueden contarnos los millones de años en que se ha llevado a cabo el continuo devenir del cosmos; pero ¿cuándo habrían podido llegar las ciencias naturales al hecho de que existe un mundo que pasa por esa evolución? Una cosa es la continuación, y otra totalmente diferente ese comienzo absoluto con el que se relaciona el concepto de creación y de creador. Por eso se incurre ciertamente en un error fundamental cuando se habla de *mitos de la creación*. Un mito solo puede ser, en el mejor de los casos, un paralelo de la ciencia exacta, por cuanto el mito tiene también

que ver con la consideración de lo que existe desde siempre y existirá siempre (Barth, 2000, p. 62).

No podemos más que maravillarnos por la magnífica creación de nuestro Dios, esa creación que *"cuenta la gloria de Dios"* (Sal. 19:1), que hace evidente *"su poder y deidad"* (Ro. 1.20), y que debe llevarnos a glorificar a nuestro Dios, con total humildad y agradecimiento por la vida que nos concede cada segundo: *"Te alabaré; porque formidables, maravillosas son tus obras; estoy maravillado, y mi alma lo sabe muy bien"* (Sal. 139:14).

El ser humano

El ser humano es creación de Dios. Con el resto de lo creado comparte la tierra con la que fue modelado, lo cual nos relaciona enteramente con la naturaleza. Pero hay algo que distingue al ser humano del resto de los seres creados, esto es, la imagen de Dios en él:

Entonces dijo Dios: Hagamos al hombre a nuestra imagen, conforme a nuestra semejanza; y señoree en los peces del mar, en las aves de los cielos, en las bestias, en toda la tierra, y en todo animal que se arrastra sobre la tierra. Y creó Dios al hombre a su imagen, a imagen de Dios lo creó; varón y hembra los creó (Gn. 1:26-27).

El ser humano, hombre y mujer, fue creado a imagen de Dios. Existen también varias interpretaciones al respecto (se sigue aquí algo de lo expuesto por Garrett, 2006, pp. 416-425; se recomienda acudir a ese excelente resumen para obtener referencias de obras clásicas representativas de cada postura interpretativa). Demos un vistazo a cada una de ellas, a fin de comprender mejor esta noción teológica.

La imagen de Dios se ha interpretado como *forma y figura*. Nuevamente, en diálogo con la cosmovisión evolucionista, esta declaraba que la forma y figura del ser humano era la imagen de Dios. Es decir, la imagen de Dios se observaría en que el ser humano camina erguido en dos extremidades, a diferencia de todos los demás animales. Por supuesto, tal interpretación se queda muy lejos de lo revelado en la Escritura.

Otra interpretación se concentra en el *señorío* del ser humano como imagen de Dios:

... así como los grandes reyes de la tierra hacen erigir una estatua suya como distintivo emblemático de su voluntad de su soberanía, en aquellas provincias de su reino a las que no van personalmente, así también el hombre con su semejanza a Dios ha sido puesto en la tierra como signo de la majestad divina (Von Rad, 2008, p. 70).

El teólogo anglicano, N. T. Wright, ubica este ser humano, creado a imagen de Dios, en el centro del relato, en el centro del Templo cósmico que Dios crea para sí. Si la creación nos va describiendo la construcción de ese lugar creado para la gloria de Dios, a manera de Templo, lo que prosigue es que allí se coloque la imagen de aquel Dios. Así el ser humano, creado a imagen de Dios, apunta al mismo Dios. Todo ser humano ha sido creado para llevar la adoración a Dios.

Otros han entendido la imagen de Dios como la *razón o facultad intelectual*. Esto diferencia al ser humano de los animales, sin embargo, algunos más a partir de la Reforma protestante han considerado que la imagen de Dios en el ser humano está como desfigurada o deformada por su pecado; no así la Iglesia ortodoxa griega que mantiene que la imagen de Dios continua intacta en el ser humano.

Otra propuesta comprende la imagen de Dios como la *naturaleza o personalidad espiritual*, siendo creado por el aliento de Dios. El ser humano tendría en sí "una copia de la santidad y bienaventuranza de la vida divina" (Keil y Delitzsch, 2008, p. 39; argumentan que este era también el concepto que tenían los reformadores Lutero y Calvino). Esta se habría perdido con el pecado también y habría de ser restaurada por la obra de Cristo.

Al *conjunto de las capacidades o facultades humanas* se le designó también como imagen de Dios. Estas serían la inteligencia, la libertad, el afecto, la conciencia y la afinidad espiritual con Dios (Garrett, 2006, p. 421).

Como puede observarse, la imagen de Dios tiene diversos matices y debemos ser cuidadosos al momento de ofrecer una respuesta concreta. Es importante la señalización que hace Von Rad (citado en Kittel, 2003, p. 205):

Es posible que en el trasfondo de esto haya ideas míticas, pero la única razón para mencionarlo es evitar que tomemos esa expresión en términos modernos, p. ej., como si se refiriera a la personalidad o a la capacidad moral. Tampoco debemos buscar más significado de la cuenta en el doble enunciado "a nuestra imagen, conforme a nuestra semejanza". Ni es asunto vital lo de si se trata de una semejanza espiritual o corporal. Obviamente, no hay especulación alguna acerca de la propia forma de Dios. El punto principal consiste en indicar que los seres humanos pertenecemos por naturaleza a la esfera divina. Sin embargo, la imagen se transmite por la secuencia física de las generaciones (Gn. 5:1ss). Salmo 8:5-6 trasciende de modo similar la alternativa espiritual/física, porque aquí los humanos tienen una gloria de apariencia externa, pero su verdadera gloria radica, como la de Dios, en la fuerza interior que les es connatural. Si bien el AT no llega a decir por fin en qué consiste realmente la semejanza divina, sí tiene mucho que decir sobre sus implicaciones. Los humanos han de dominar la creación como lugartenientes de Dios (Gn. 1:26). Por eso han de representar el dominio de Dios y su majestad (cf. Sal. 8; tb. Si. 17:3-4).

Podemos finalizar considerando que en el AT "no solamente se piensa en Dios antropomórficamente, sino que se cree en el hombre teomórficamente" (Preuss, 1999, Vol. I, p. 200). Esto, sin duda, nos lleva a considerar la dignidad que tiene el hombre y la mujer delante de Dios y encaminar desde allí la proyección social de la Iglesia.

Así como la imagen de Dios es una realidad, también lo es el *pecado* del ser humano (Gn. 3). Y aunque la imagen de Dios sigue en el ser humano, su pecado rompe la comunión en tres niveles: en su relación con Dios, en lo social y en lo ecológico o medio ambiental (nos detendremos en esto más adelante en el enunciado del perdón de pecados). Aún en medio de las consecuencias desastrosas del pecado, Dios brinda esperanza. Será necesaria entonces la intervención divina para restablecer la comunión a plenitud.

Derivado de la imagen de Dios también se tiene el libre albedrío. Pues Dios, al ser totalmente libre, ha creado al ser humano libre también.

El libre albedrío

El libre albedrío indica que el ser humano es libre para decidir entre el bien y el mal. Si se quita el libre albedrío del hombre, todo se le puede achacar al Dios-destino, como en el providencialismo, y si se desvincula lo todopoderoso del ser-Padre de Dios, el ser humano se reduce a una marioneta. Dios Padre es todopoderoso y el ser humano es responsable ante él. Entonces:

> .. cuando se vuelve al sentido original de nuestra vieja fórmula "Creo en Dios, Padre todopoderoso", vemos cómo esta guarda un innegable parentesco con la búsqueda contemporánea de una "fe en un Dios cuyo amor, fuente de sentido, constituiría al hombre en persona libre". Y es que el poder divino equivale, en realidad, a la fidelidad constante e inquebrantable del amor creador de Dios (Lison, 2009, pp. 145-146).

La importantísima noción del ser-Padre de Dios radica en que Dios Padre desea hijos e hijas que no le teman por ser un todopoderoso impredecible o déspota, sino porque es un Dios Padre todopoderoso que ama a su creación y vela por ella. La dinámica entre temor y amor es muy cercana: el hijo teme al padre porque este puede disciplinarle cuando es debido, pues así le muestra el amor de su cuidado; no obstante, la relación no se fundamenta en el temor, sino en el amor. Dios Padre no desea tener hijos e hijas que no sean capaces de tomar decisiones y recurran a él infantilmente; al contrario, desea hijos e hijas que crezcan y maduren en su fe de modo que por sí mismos puedan vivir honrándole, tomando decisiones sabias.

Partiendo de la analogía de la paternidad podemos comprender mejor esto: quizá por ello, entre otras posibilidades, Dios eligió preferentemente esa manera de darse a conocer. Yo como padre espero que mis hijos se desarrollen física, emocional, intelectual y espiritualmente, que crezcan, que maduren. Es mi deber como padre guiarlos en el camino del Señor, ser ejemplo para ellos, amarlos y cuidarlos, incluyendo en ello la disciplina. Mis hijos son pequeños, como tales, no puedo esperar de ellos la madurez de un adulto. Sin embargo, van desarrollándose, van aprendiendo, puedo verlo día a día, y en ello me complazco. Me deleito en Zoé al escuchar las palabras que comienza a repetir, en sostenerla en mis brazos o verla dormir apacible en los brazos de mi esposa, y me emociona verla dar sus primeros pasos; de igual modo me sorprende lo voluntarioso del carácter de Lev, sus ojos tan expresivos, la destreza y habilidad que va adquiriendo para correr y saltar, y la independencia que demuestra a su corta edad; me gozo por la creatividad de Ian y su habilidad para dibujar, sus ocurrencias divertidas, su empatía y su ternura. Ellos están creciendo y desarrollándose bien. Pero qué pasaría si de pronto dejaran de crecer, algo estaría terriblemente mal. Qué sería si ya pasados los años no fueran capaces de tomar sus decisiones y estuvieran pegados a mí o a su mamá en todo momento, si esperaran que yo les dijera qué carrera estudiar o con quién casarse. Tal escenario sería un desastre total. Siendo su padre espero que, llegado el tiempo, sean libres, responsables, que tomen sus propias decisiones honrando a Dios en todo. Eso puedo aprender de Dios Padre, pues eso es lo que él quiere de mí y de ti, de sus hijos e hijas que, madurando gradual y constantemente, le honremos y amemos en todo lo que emprendamos.

Herejías y errores

La primera oración del Símbolo Apostólico refuta ciertas herejías que circulaban en la Iglesia antiguamente y que, aún hoy, están presentes de algún modo, así como otros errores que persisten en la Iglesia impidiendo la madurez de los creyentes.

Gnosticismo

Este movimiento surge en la primera mitad del siglo II, difundido principalmente por Marción. Mezclaba el dualismo persa y la filosofía neoplatónica con terminología cristiana, de ahí su peligrosidad al interior de la Iglesia. En lo que nos atiene a este capítulo, expresaba que uno era el Dios Padre que Jesús anunciaba y otro, totalmente distinto, el Dios Yahweh de los escritos judíos. Decía que el Dios Yahweh era una emanación inferior. Para comprender el concepto de emanación debemos pensar, por ejemplo, en la luz que emana de una lámpara: esa lámpara es la fuente de luz, y esa luz en cuanto más se va alejando de su fuente, más se va degradando. A esas emanaciones también se les llamaba eones, de manera que había un eón Yahweh, otro eón Paracleto, otro eón Cristo, otro eón Logos, otro eón Sabiduría, etc., que, por lo tanto, eran seres semidivinos. Pues bien, esta emanación Yahweh había creado la materia, la cual en su cosmovisión dualista era percibida como inferior o mala. De esta manera, el cuerpo del ser humano era visto como una prisión, y el alma como una chispa divina encarcelada.

Por lo cual, era necesaria la gnosis, el conocimiento oculto, para poder liberarse. Esta gnosis solo estaba disponible para unos cuantos, los pneumáticos o espirituales, a través de una iluminación. El gnosticismo aún sigue vigente. Recuerdo haber visto un anuncio de una "Escuela gnóstica" en la avenida Tlalpan, en la Ciudad de México. También en cierta ocasión, ocurrió que estando con la Iglesia que pastoreaba en un picnic al lado del lago del Bosque de Chapultepec, llegaron unas cinco personas que se interesaron en la plática que teníamos, se sentaron y escucharon durante algún tiempo para entonces tomar la palabra y tratar de convencernos de que deberíamos recibir la iluminación gnóstica. Quizás estas situaciones sean fáciles de distinguir y no causan mayor daño que el disgusto de lo inoportuno. Pero ese tipo de pensamiento se encuentra en el movimiento de la Nueva Era y, además, ha permeado gradualmente la literatura distribuida por editoriales que se presentan como evangélicas: muchos textos que hablan del pensamiento positivo, el poder de las palabras, la sanidad interior, están plagados del gnosticismo ancestral.

Monarquismo modalista

También es conocido como *Patripasionismo* o *Sabelianismo*, por el nombre de su expositor Sabelio. Partía del judeocristianismo que tenía presente la concepción monoteísta acerca de Dios tal como es expresada en Deuteronomio 6, en el *Shema*: *"Escucha Israel, el Señor vuestro Dios, el Señor uno es"*, y que, al tratar de conciliarlo con la predicación cristiana sobre el Hijo y el Espíritu, entraba en conflicto, coloquialmente podría decirse que su cerebro hacía cortocircuito.

Con relación al primer enunciado del Credo, indicaba que Dios en ocasiones se mostraba como Padre, en otras como Hijo y en otras como Espíritu. Negaba, por tanto, la persona del Hijo y del Espíritu, entendiéndolos más bien como modos en los que Dios se manifestaba. De manera que quien había muerto en la cruz, no era otro más que el Padre, de ahí el término patripasionismo.

Quizás la herejía, habiendo dejado de lado el padecimiento del Padre, se ha mantenido vigente en la forma de una noción jerárquica de la Trinidad, donde se subordina el Hijo y el Espíritu al Padre como monarca absoluto. Escuché esta idea en algún seminario donde se tomaba como fundamento para su organización jerárquica, en la cual, así como el Padre se hallaba en la cúspide de la trinidad, el director debía ejercer su gobierno totalitario. Lo mismo se replica en iglesias y en otras organizaciones paraeclesiásticas. Cada una de estas instituciones es libre de organizarse como así lo desee, claro está, pero tomar como marco teológico de ello una herejía, seguro no conducirá a nada bueno.

"El Todopoderoso"

Es un uso común emplear este término para referirse a Dios. Pero lo que hemos visto es que Dios es Padre. 'Todopoderoso' depende de su ser-Padre. Karl Barth (2000) aclara la cuestión: Primero, Dios "se distingue de toda impotencia" y, segundo, "está por encima de todos los demás poderes", pero hay una tercera precisión que debe hacerse:

Dios *no* es el "*poder en sí*". Es una idea embriagadora imaginarlo como la quintaesencia de todo poder: capacidad, posibilidad, libertad como ser neutral, libertad absoluta, capacidad abstracta, poder en sí... ¿Es Dios la quintaesencia de toda soberanía, la *potentia* por antonomasia? Con frecuencia se le ha entendido así, y de ese modo resulta lógico imaginarse dicha *potentia*, el poder en sí, como lo divino, lo más profundo, verdadero y bello, y admirar y venerar, adorar y alabar ese poder en sí como el misterio de la existencia. Ustedes recuerdan perfectamente como Hitler, cuando hablaba de Dios, lo llamaba el "Todopoderoso". Pero Dios no es el "Todopoderoso"; no se puede comprender quién es Dios desde una altísima quintaesencia del poder. Y quien llama a Dios el "Todopoderoso" habla de Dios yéndose por las ramas del modo más terrible. Pues el "Todopoderoso" es malo, lo mismo que es malo el "poder en sí". El "Todopoderoso" es el caos, el mal, es el diablo. No cabe caracterizar y definir mejor al diablo que intentando pensar esta noción de capacidad fundada en sí misma, libre y soberana. Esta idea embriagadora del poder es el caos, el *tohu wabohu* que Dios dejó atrás en su creación, que él no quiso cuando creó el cielo y la tierra... La Sagrada Escritura nunca habla del poder de Dios, de sus demostraciones ni de sus victorias, al margen del concepto de *derecho*: el poder de Dios es desde el principio el poder del derecho. No es mera *potentia*, sino *potestas*; por tanto, poder legítimo, cimentado en el derecho... por cuanto es la omnipotencia de Dios Padre... lo que Dios afirma es *orden*, en el mismo sentido en que existe orden en Dios mismo entre él y su Hijo y el Espíritu Santo... El poder de Dios es santo, justo, misericordioso, paciente, bondadoso. Esto es lo que distingue el poder de Dios de la impotencia: que él es el Dios trino (pp. 57-60).

Lo que se quiere enfatizar aquí es que la noción de todopoderoso depende del ser de Dios. Dios es Padre, que sea todopoderoso depende de este ser-Padre. No se puede tener un entendimiento correcto del poder de Dios aislado de su ser-Padre. Si se enfatiza el poder de Dios de manera aislada de su ser-Padre, se atenta contra su propio ser. De ahí que surja entre los creyentes una idea distorsionada de Dios como un ser déspota que puede hacer y deshacer lo que él quiera, cuándo y cómo quiera, sin importarle un comino las insignificantes vidas humanas. Son muchos los que, por esta percepción de Dios, viven temiéndole, como si fuera un ser que en cualquier momento *puede* terminar con sus vidas puesto que es el *todopoderoso*.

Lamentablemente, esta concepción de Dios está muy arraigada en el evangelicalismo. Si al trasfondo de familias disfuncionales se le suma esta concepción de Dios todopoderoso sin contemplar su ser-Padre, no es de extrañar que los creyentes tengan serios problemas para disfrutar de comunión plena con él. Varios jóvenes que he atendido en consejería, incluso en seminarios, no logran tener una relación sana con Dios como su Padre. Al contrario, viven con temor y no en libertad. En lugar de vivir día a día en la gracia de Dios, disfrutando de su amor, viven buscando ganarse su aprobación y de este modo, su gracia. La obediencia que le brindan no es por amor a él o agradecimiento por lo que él ha obrado en sus vidas, sino por temor de lo que puede hacer el todopoderoso tras alguna falla; se esfuerzan en su caminar cristiano con la esperanza de ganarse Su amor, sin saber que ya lo tienen. Así algunos creyentes desean amar a Dios, pero no lo hacen. Incluso he detectado en algunos casos, si no odio, sí desprecio hacia él.

La noción abrumadora de un Dios todopoderoso sin el debido conocimiento de su ser-Padre, simplemente desemboca en la desesperanza del creyente, debido a que nunca podrá alcanzar la perfección que este ser todopoderoso requiere, surge el temor por fallarle o no cumplir sus estándares, el enojo contra uno mismo por no ser capaz de ganarse su afecto o su gracia, y de ahí emerge el rencor contra Dios que le exige algo imposible, viene la culpa por albergar tales sentimientos hacia aquel que se supone es amor, y entonces llega la insatisfacción de la vida cristiana.

Providencialismo

Otra falsa concepción derivada de la noción equivocada del "Todopoderoso" es el providencialismo de los creyentes. Podría definirse el providencialismo como la idea de que Dios decreta todo lo que ocurre tal como suceden las cosas, sean buenas o malas, aunque generalmente malas, haciendo a un lado cualquier otra razón, especialmente la responsabilidad humana. Se cae en una teodicea al estilo de los amigos de Job.

Quizá un meme que circula en las redes sociales podría ilustrar bien esto: en un primer cuadro se muestra la caricatura de un hombre tendido en una cama de hospital; a su lado, una mujer, quien, tratando de consolarle, le dice: "Todo forma parte del plan de Dios". Abajo, en un segundo cuadro, se tiene una representación muy común de Dios, un viejito con barba. Lo incisivo del meme es que este Dios tiene enfrente una pizarra donde en letras rojas se puede leer: "1. Hacer el universo" y "2. Darle un tumor a Steve". En su mano derecha está el plumón rojo y con su mano izquierda se toca el mentón meditando qué hará a continuación. Este es el providencialismo.

Nuevamente, la concepción de todopoderoso se ha desvinculado del ser-Padre de Dios. En el providencialismo no cabe el ser-Padre de Dios, no hay lugar para un Dios Padre. Su amor y su cuidado son desplazados por su providencia. En ello no hay consuelo, simplemente resignación. La idea evangélica del providencialismo se halla más cerca de la noción del destino de los griegos y se aleja de la revelación bíblica del Dios que vela por su creación. La vida, como en la cultura griega antigua, está a merced de los dioses, o en este caso, todo depende de lo que Dios dictamine según esa providencia suya. Tal es su destino, no hay alternativa, no hay capacidad de decidir ni posibilidad de modificar tal providencia, esa es la tragedia humana... ¿Será esta la idea detrás de la noción deformada de lo que es la predestinación, donde un Dios todopoderoso eligió a unos para salvación y otros, lógicamente, para condenación eterna?

Aunque la noción del providencialismo se tiene en casos negativos como el del meme de Steve, también se aplica comúnmente en casos positivos. Por ejemplo, se escuchan expresiones de jóvenes enamorados, tales como: "Dios nos destinó a encontrarnos y estar juntos por siempre", "Dios escribió nuestra historia de amor desde antes de la fundación del mundo", o la que es peor, "Dios la creo para mí". Pero esta noción positiva del providencialismo pronto puede cambiar a negativa cuando vienen los problemas. Se escucha el eco de la respuesta de Adán: "La mujer que tú me diste..." (Gn. 3:12). Suena risible, pero es lo que sucede: la constante recriminación a Dios por lo que él ha determinado. Así una joven expresaba sus reclamos a Dios, cuestionando por qué él le había dado esos sentimientos hacia el joven que le destrozó el corazón. Cuando el providencialismo se toma como punto de partida para toda explicación, sigue: "Dios quiso que conociera a este hombre para enseñarme que debo depender de Dios y no de los hombres", y si hay divorcio o un nuevo matrimonio: "es que Dios quiso que pasara por ese divorcio para entonces poder conocer a mi amor verdadero".

Lo que se ha dejado de lado es la libertad humana, la capacidad de elegir, de decidir, la responsabilidad y las consecuencias de los actos que realizamos. "Dios no tiene la culpa de tus actos", diría el Profesor McKernon (véanse los esquemas del Apéndice VI sobre El ser-Padre de Dios y sus implicaciones). Queda pendiente la cuestión del mal y del dolor como en el caso de Steve, pero eso se verá más adelante en el capítulo 4.

Para continuar la reflexión

1. Puedes preguntarte y responder lo siguiente: ¿hace cuántos años que escuché y creí en el Evangelio de Jesucristo? ¿Desde entonces, mi conocimiento de la doctrina cristiana ha crecido o se ha estancado? Si se está llevando el manual en grupo, procuren un ambiente de confianza mutua y compartan sus comentarios.
2. ¿Qué otras consideraciones derivan del concepto de creer-comunión en tu familia, con amistades, o en la misma Iglesia?
3. ¿Qué aspectos de tu comunión con Dios Padre han estado determinados por el concepto de "todopoderoso" y qué podrías cambiar ahora desde su ser-Padre?

4. ¿Qué propuestas de servicio podrías presentar en tu Iglesia para personas con algún tipo de discapacidad, fundamentadas en la idea de imagen de Dios?

5. A partir de la noción de imagen de Dios y del pecado humano, ¿cómo podemos acercarnos a problemáticas como el homosexualismo?

6. ¿En qué sentido, lo expuesto en este capítulo refuta las herejías del gnosticismo y monarquismo?

CAPÍTULO 2

Y en Jesucristo, su Hijo unigénito, Señor nuestro

Como estudiamos en el primer artículo del Símbolo, es exclusivamente por Jesucristo que tenemos acceso al Padre. Precisamente, debido a ello, la mitad del contenido del Símbolo se dedica a la persona y obra de Jesucristo: desde el enunciado II hasta el VII. Solo un enunciado se refiere al Padre y uno al Espíritu. Pero esto no indica una jerarquía del Hijo, puesto que, como explicamos, adoramos a un Dios trino.

Debemos cuidarnos, pues, de caer en un cristocentrismo que subordina tanto al Padre como al Espíritu al Hijo. Aunque el Símbolo aparentemente le dedique mayor espacio a Jesucristo, lo cierto es que Dios Padre y Dios Espíritu obran constantemente en el Hijo mostrando plena comunión (Juan 14-17). Así lo veremos conforme avancemos.

Jesucristo

Nuestro segundo artículo del Símbolo indica: "Creo en Jesucristo, su Hijo unigénito, Señor nuestro". El nombre Jesucristo es la combinación del nombre Jesús y el título Cristo:

Mientras que Ιησους Χριστος se entiende en la mayoría de los casos como un nombre compuesto, vemos que en la expresión Χριστος Ιησους, preferida, por ejemplo, por Pablo (y también por Efesios, Colosenses y las Pastorales), se escucha también a veces el uso titular de la combinación ("el Mesías Jesús").

Ambos nombres compuestos se derivan seguramente de lo que en su origen fue una oración de predicado nominal o una exclamación a manera de confesión de fe (Jesús [es] el Cristo; Cristo [es] Jesús). Sin embargo, en el uso paulino de la combinación destaca ya la idea de un nombre compuesto... La extrañeza con que sonaba el título de Cristo ("Mesías" = "Ungido") en las comunidades cristianas gentílicas fomentó la transición hacia el nombre compuesto, en el cual (o) Χριστος se convirtió en el sobrenombre de Jesús... "A Jesús, que tiene un nombre muy común, se le realza así en su singularidad única e inconfundible..." (Balz y Schneider, 2005, I, p. 1978).

A continuación, daremos un acercamiento introductorio al nombre 'Jesús' y al título 'Cristo', puesto que en los siguientes enunciados del Símbolo se irá aclarando y profundizando en su significado.

Jesús

El nombre Ιησους es la traducción al griego del hebreo:

yᵉhôšûa' o *yᵉhôšua'* y de la forma más tardía del nombre *yēšûa'*... El nombre significa originalmente "Yahvé ayuda / es salvación". Mt. 1:21 nos hace ver que en el nombre de Jesús se escucha todavía el verbo *yš'* (σοζω): "porque él salvará (σωσει) a su pueblo de sus pecados" (Balz y Schneider, 2005, I, pp. 1973-1974).

A lo largo de la historia, la mayoría de los embates contra el cristianismo han sido específicamente dirigidos a la persona de Jesús. Se ha establecido que Jesús de Nazaret existió históricamente; ningún historiador serio se atrevería incluso a negar esta afirmación. Pero, algunos han llegado a diferenciar entre *el Jesús histórico* y *el Cristo de la fe*. Con el título 'Jesús histórico' suele referirse al judío que vivió en el siglo I, cuya enseñanza y modo de vivir impactó ampliamente al judaísmo; el 'Cristo de la fe' refiere a la idea que los discípulos, y posteriormente los cristianos, desarrollaron acerca de Jesús tras su muerte.

Desde el punto de vista de los críticos, se separa la persona de Cristo de la de Jesús: Cristo sería un invento de los creyentes que tendría poco que ver con el verdadero Jesús histórico. Luego arremeten contra las fuentes, específicamente los Evangelios, que preservan la vida y obra de Jesús, por el hecho de pertenecer a las comunidades cristianas que, según ellos, tienen el sesgo de la fe. Por lo que buscarían en otras fuentes al "verdadero" Jesús histórico.

Aunque se puede ver una diferenciación incluso dentro del Nuevo Testamento, esto tiene su razón de ser, por un lado: "El predominio del nombre de Jesús en los *Evangelios* y su empleo casi absoluto demuestran que los autores de los Evangelios quieren informar sobre el Jesús 'terreno', sobre el hombre 'Jesús de Nazaret'" (Balz y Schneider, 2005, I, p. 1985). Por otro lado:

> *Pablo* emplea sencillamente la expresión Ιησους, sobre todo en 1 Tesalonicenses (1:10; 4:14 [bis]) y 2 Corintios (4:5, 10 [bis], 11 [bis], 14; 11:4) y la emplea también en Ro. 3:26; 8:11; 1Co. 12:3; Gá. 6:17; Fil. 2:10. Está bien claro que Pablo "piensa especialmente en lo 'histórico'" (Foerster, 289), a saber, cuando habla de la muerte y la resurrección de Jesús (1Ts. 1:10; 4:14a; Gá. 6:17; 2Co. 4:10, 11, 14; Ro. 8:11)... (Balz y Schneider, 2005, I, p. 1984).

Para comprender esta distinción es necesario tener claro lo que implica el término Cristo.

Cristo

Cristo es la transliteración del griego Χριστος, que a su vez traduce el hebreo *mᵉšîᵃḥ*. Significa 'ungido'. Este término solamente se entiende a la luz del Antiguo Testamento, donde se encuentra íntimamente ligado a la unción de los reyes: Saúl (1Sa. 9.16; 10:1), David (1Sa. 16:13), Salomón (1Re. 1:39). Esta unción:

> ... indica la constitución jurídicamente válida, la autoridad y la inviolabilidad del monarca (cf. 1Sa. 24:7, 11; 26:9-11, 23; 2Sa. 1:14, 16), aisladamente también la concesión del Espíritu (1Sa. 10:6, 9-13; 16:13). La designación de un rey como *mᵉšîᵃḥ yhwh* (cf., por ejemplo, 1Sa. 12:3, 5; 2Sa. 19:22; 23:1; Sal. 18:51; 132:17), indica la legitimación divina con arreglo a una especial elección y promesa para los descendientes (2 Sa. 7:8-16) (Balz y Schneider, 2005, II, pp. 2121-2122).

La historia de Israel en el Antiguo Testamento registra el fracaso de la monarquía. No obstante, Dios había establecido su pacto con David (conocido como Pacto davídico). Así, se vislumbra la esperanza mesiánica, la profecía de un nuevo rey-mesías. Ya David mismo sabía que el cumplimiento de esta promesa vendría tras de él:

> *El Dios de Israel me ha dicho, me habló la Roca de Israel: Habrá un justo que gobierne entre los hombres, que gobierne en el temor de Dios. Será como la luz de la mañana, como el resplandor del sol en una mañana sin nubes, como la lluvia que hace brotar la hierba de la tierra. No es así mi casa para con Dios; sin embargo, él ha hecho conmigo pacto perpetuo, ordenado en todas las cosas, y será guardado, aunque todavía no haga él florecer toda mi salvación y mi deseo* (2Sa. 23:3-5).

Luego, en los profetas, la idea del Mesías-Rey se desarrollaría, especialmente en Isaías:

> *Saldrá una vara del tronco de Isaí, y un vástago retoñará de sus raíces. Y reposará sobre él el Espíritu de Yahweh; espíritu de sabiduría y de inteligencia, espíritu de consejo y de poder, espíritu de conocimiento y de temor de Yahweh. Y le hará entender diligente en el temor de Yahweh. No juzgará según la vista de sus ojos, ni argüirá por lo que oigan sus oídos; sino que juzgará con justicia a los pobres, y argüirá con equidad por los mansos de la tierra; y herirá la tierra con la vara de su boca, y con el espíritu de sus labios matará al impío. Y será la justicia cinto de sus lomos, y la fidelidad ceñidor de su cintura. Morará el lobo con el cordero, y el leopardo con el cabrito se acostará; el becerro y el león y la bestia doméstica andarán juntos, y un niño los pastoreará. La vaca y la osa pacerán, sus crías se echarán juntas; y el león como el buey comerá paja. Y el niño de pecho jugará sobre la cueva del áspid, y el recién destetado extenderá su mano sobre la caverna de la víbora. No harán mal ni dañarán en todo mi santo monte; porque la tierra será llena del conocimiento de Yahweh, como las aguas cubren el mar* (Is. 11:1-9; cf. 42:1-9).

Isaí o Jesé es el nombre del padre de David. El pacto debe remontarse atrás, a la raíz. Es importante resaltar la obra del Espíritu Santo en este descendiente davídico, también la imagen de su reinado estableciendo la armonía entre todo lo creado, incluyendo la renovación de la comunión entre la simiente de la mujer y la simiente de la serpiente (cf. Gn. 3:15), ahora el niño juega con la cobra. Este nuevo rey-mesías no solo reinaría sobre Israel, sino que sería el rey universal y escatológico. En el mismo libro, se proclaman las buenas noticias de salvación:

El Espíritu de Yahweh el Señor está sobre mí, porque me ungió Yahweh; me ha enviado a predicar buenas nuevas a los abatidos, a vendar a los quebrantados de corazón, a publicar libertad a los cautivos, y a los presos apertura de la cárcel; a proclamar el año de la buena voluntad de Yahweh, y el día de venganza del Dios nuestro; a consolar a todos los enlutados; a ordenar que a los afligidos de Sión se les dé gloria en lugar de ceniza, óleo de gozo en lugar de luto, manto de alegría en lugar del espíritu angustiado; y serán llamados árboles de justicia, plantío de Yahweh, para gloria suya (Is. 61:1-3).

Unos siete siglos después el Nuevo Testamento declararía que Jesús es ese Mesías. Incluso, Jesús mismo se revela como tal inmediatamente después de ser bautizado (que como veremos más adelante equivale a su unción):

Vino a Nazaret, donde se había criado; y en el día de reposo entró en la sinagoga, conforme a su costumbre, y se levantó a leer. Y se le dio el libro del profeta Isaías, y habiendo abierto el libro, halló el lugar donde estaba escrito: El Espíritu del Señor está sobre mí, por cuanto me ha ungido para dar buenas nuevas a los pobres; me ha enviado a sanar a los quebrantados de corazón; a pregonar libertad a los cautivos; y vista a los ciegos; a poner en libertad a los oprimidos; a predicar el año agradable del Señor. Y enrollando el libro, lo dio al ministro, y se sentó; y los ojos de todos en la sinagoga estaban fijos en él. Y comenzó a decirles: Hoy se ha cumplido esta Escritura delante de vosotros (Lc. 4:16-21).

Aquí y allá en los Evangelios encontramos expresiones claras al respecto: *"Principio del evangelio de Jesucristo, Hijo de Dios"* (Mr. 1:1); *"Tú eres el Cristo, el Hijo del Dios viviente"* (Mt. 16:13); *"¡Hemos hallado al Mesías!"* (Jn. 1:41). Esa noción del Mesías es la que los cristianos, tanto judíos como gentiles, reconocen en Jesús, especialmente tras la resurrección. Es importante señalar que los Evangelios surgen de las comunidades eclesiales después de tres décadas de la vida de Jesús, en ellos se conservaron distintas tradiciones cristianas fieles a su mensaje. Por lo tanto, bien podemos decir que el Cristo de la fe *es* el Jesús histórico. Dunn (2006), explica:

… el único Jesús que tenemos a nuestra disposición es *aquel tal como fue contemplado y oído por quienes formularon por primera vez las tradiciones que poseemos*; el Jesús de la fe, visto a través de los ojos y escuchado a través de los oídos de la fe que suscitó por lo que dijo e hizo (p. 43).

Si se considera que los Evangelios no son suficientes para conocer la vida de Jesús, se puede resaltar la crítica de Dunn (2006):

> Por consiguiente, los biógrafos de Jesús solo pueden lograr su objetivo inspirándose en lo que Kähler denomina un quinto evangelio, a saber, los propios ideales del historiador. Ellos rellenan los vacíos en el relato del evangelio, leído como historia, incluyendo en su lectura elementos de su propia fe y prioridades personales. … Si nos sentimos insatisfechos con el Jesús de la tradición sinóptica, entonces lo único que cabe hacer es aguantarnos, pues no existe otro Jesús verdaderamente histórico o de la historia. Solo el Jesús a quien podemos ver y oír a través del influjo que tuvo, a través del impacto que produjo en sus primeros discípulos, tal como se muestra en las tradiciones que formularon y recordaron; solo ese Jesús está a disposición del investigador. No obstante, y esto es lo que quiero destacar, este Jesús *está* a disposición del investigador (p. 43).

Al proclamar el segundo enunciado del Símbolo confesamos nuestra fe en Jesucristo, comprendiendo que Jesús de Nazaret *es* el Cristo de Dios, es decir, el Rey-mesías prometido por Dios para salvación de todo pueblo. Y es precisamente porque reconocemos a Jesús como Cristo, que todo lo que hacemos, pensamos y decimos, nos permite ser reconocidos por los incrédulos como cristianos (Hch. 11:26).

Su Hijo unigénito

El Símbolo continúa desarrollando la revelación en cuanto a Jesucristo, no solo es el Mesías, es también el Hijo unigénito de Dios. En seguida abordamos los dos términos, Hijo y unigénito.

Hijo

La concepción judía acerca de la monarquía consideraba al rey como hijo de Dios. Por ejemplo, véase el Salmo 2, un cántico de entronización que se entonaba cuando un nuevo rey subía al trono. Allí se tienen términos interrelacionados, 'ungido', 'rey', 'hijo': *"Se levantarán los reyes de la tierra, y príncipes consultarán unidos contra Yahweh y contra su ungido"* (v. 2); luego, en palabras de Yahweh: *"yo he puesto mi rey"* (2:6), *"mi hijo eres tú, yo te engendré hoy"* (v. 7); y al final, en el exhorto al pueblo:

"Honrad al hijo..." (v. 12). El rey, en su entronización, era visto como hijo adoptado por Dios. De manera que, en cuanto hijo, gobernaría en dependencia de Yahweh, su Padre. El rey tenía el deber de obedecer los decretos de Dios, pues representaba el señorío de Dios. Con esto podemos darnos una idea del gobierno de Jesucristo.

Por otro lado, debemos recalcar que Jesucristo no es adoptado por Dios. Los Evangelios y las Epístolas del NT señalan tajantemente la filiación divina de Jesús. Los cristianos lo interpretaron así a partir del AT. Por ejemplo, en Isaías 9:6-7, donde se *dice "niño nos es nacido, hijo nos es dado"*: el niño que nace referiría a la humanidad, el hijo que es dado, a su divinidad. El Salmo 2 se aplicaría directamente a Jesús en Hebreos 1:5 y 5:5. En Mateo 16:16 se tiene la confesión de Pedro: *"tú eres el Cristo, el Hijo del Dios viviente"*. Lucas 1:32-33 relaciona estas nociones de Hijo de Dios y mesías/rey con el anuncio del nacimiento de Jesús: *"Este será grande, y será llamado Hijo del Altísimo; y el Señor Dios le dará el trono de David su padre; y reinará sobre la casa de Jacob para siempre, y su reino no tendrá fin"*. Juan, desarrollando su propia teología, presenta la eternidad de Jesús con el término *Logos* y en 1:14 habla de él como el *"unigénito del Padre"*, también en 1:18 es el *"unigénito Dios"* que revela al Padre. Ahora, si el Padre es eterno, lo es en cuanto al Hijo, de modo que el Hijo es eterno también. *"Salí del Padre, y he venido al mundo; otra vez dejo el mundo, y voy al Padre"* (Jn. 16.28, cf. 3:16; Gá. 4·4)

Unigénito

Jesucristo es Hijo unigénito de Dios. El concepto 'unigénito' merece ser aclarado. No significa que sea el primer engendrado o creado, sino más bien indica que es único:

Aunque γενος está relacionado con γι(γ)νεσθαι, sin embargo, el radical γενεσ- perdió su nota sexual original y significó pronto, sencillamente "llegar a ser", sin connotación de "generación" o "nacimiento". En algunos casos la LXX traduce con μονογενης el hebreo *yāḥid*, "único" (emparentado con *'eḥād*, "uno", que no posee ninguna connotación de "generación" o "nacimiento"). "Él/su Hijo *único*" es lo que se quiere decir clarísimamente en Jn. 3:16, 18; 1Jn. 4:9. La expresión designa la singularísima personalidad de Jesús, su singularísima relación con el Padre y su singularísima misión... El "Logos", según Jn. 1:14, 18, es el "Único" del Padre, y lo es

71

precisamente en su calidad de ser el único Revelador del Padre (Balz y Schneider, 2005, II, pp. 322-324).

Partiendo de su relación singularísima con el Padre comprendemos su amor. Por esto mismo, "unigénito" significa también:

> "Aquel que es amado de forma peculiar". Es precisamente esta identificación de la ontología con el amor de Dios la que significa que la eternidad y la inmortalidad no pertenecen a su 'naturaleza', sino a la relación personal que es iniciada por el Padre (Zizioulas, 2003, p. 62).

Y algo más, ¡el amor del Padre es el amor del Hijo que extiende también a nosotros! *"Como el Padre me ha amado, así también yo os he amado; permaneced en mi amor"* (Jn. 15:9). Que gocemos de esa comunión del amor de Dios es precisamente el propósito del Evangelio de Juan: *"Pero estas se han escrito para que creáis que Jesús es el Cristo, el Hijo de Dios, y para que creyendo, tengáis vida en su nombre"* (20:31).

Señor nuestro

Esta es la última afirmación del segundo enunciado. Si se ha establecido previamente que Jesús es el Mesías de Dios, que es su Hijo unigénito, solo se puede proclamar que él es Señor.

La expresión "Jesús es Señor" proviene en primer lugar de la concepción de Dios como soberano. El tetragrama YHWH, nombre de Dios, era leído como *Adôn*, Señor. La traducción griega, abreviada LXX, tradujo el término como Κυριος, que es Señor (nótese como en el Antiguo Testamento donde la Revisión Reina Valera 1960 traduce 'Jehová', la Nueva Versión Internacional expresa 'Señor'; en este escrito se prefiere emplear el término *Yahweh*). A Jesús se le da este título identificándolo plenamente con Dios: *"os ha nacido hoy, en la ciudad de David, un Salvador, que es Cristo el Señor"* (Lc. 2:11), *"nadie puede llamar a Jesús Señor, sino por el Espíritu Santo"* (1Co. 12:3). En segundo lugar, le distingue también de los otros 'señores' o gobernantes:

> *Pues, aunque haya algunos que se llamen dioses, sea en el cielo, o en la tierra (como hay muchos dioses y muchos señores), para nosotros, sin embargo, solo hay*

un Dios, el Padre, del cual proceden todas las cosas, y nosotros somos para él; y un Señor, Jesucristo, por medio del cual son todas las cosas, y nosotros por medio de él (1Co. 8:5-6).

Y de título pasa a ser nombre:

Por lo cual Dios también le exaltó hasta lo sumo, y le dio un nombre que es sobre todo nombre, para que en el nombre de Jesús se doble toda rodilla de los que están en los cielos, y en la tierra, y debajo de la tierra; y toda lengua confiese que Jesucristo es el Señor, para gloria de Dios Padre (Fil. 2:9-11).

Y esta confesión es una afirmación ontológica, define nuestro ser, ser creyente o no; define nuestra salvación:

Que si confesares con tu boca que Jesús es el Señor, y creyeres en tu corazón que Dios le levantó de los muertos, serás salvo. Porque con el corazón se cree para justicia, pero con la boca se confiesa para salvación (Ro. 10:9-10).

Es importante señalar aquí, que efectivamente Jesucristo es a la vez incluyente como excluyente. Ocurre que hay personas que se presentan como cristianas, pero sin importarles realmente seguir a Jesucristo. Incluso, hay quienes proclaman una caricatura de un Jesús bonachón, un Jesús relajado, que no pone condiciones y acepta a todos sin requerir nada de nadie. ¡Qué tan alejado de la verdad! Creer en Cristo es reconocerle como Señor. Reconocerle como Señor es obedecer sus mandamientos. De ahí que la confesión "Jesús es Señor" sea ontológica, definiendo nuestro ser. No se puede proclamar a Jesús como Señor si no hay un cambio en el vivir efectuado por su Espíritu (1 Corintios 12:3b).

De igual manera, la expresión del Símbolo "Señor nuestro", aunque personal, se realiza en comunidad. Al confesarlo, se pertenece plenamente a la comunidad de creyentes, su Iglesia. Lo cual hace absurda la idea ampliamente difundida de que Dios busca una relación personal meramente individual. Esa noción abre la puerta para que, en independencia de la comunión de creyentes, se forme una propia imagen distorsionada de Jesús, ese es su *Personal Jesús*, como bien lo describe el grupo musical del Reino Unido, Depeche Mode, mas no el Jesús de la Escritura. La confesión "Señor nuestro" nos insta a vivir en comunidad.

Herejías y errores

Este segundo enunciado del Símbolo trata la persona y obra del Hijo de Dios. Las herejías refutadas aquí, por lo tanto, son acerca de Jesucristo. Sin embargo, toda herejía cristológica es al mismo tiempo trinitaria, pues atenta contra la comunión de la Trinidad.

Monarquismo adopcionista

El Monarquismo adopcionista surge, al igual que el Monarquismo modalista, de una comunidad de judíos cristianos que trataba de comprender la persona del Hijo. En su reflexión, partiendo de la noción del rey que es convertido en Hijo de Dios (como se mencionó acerca del Salmo 2) y aplicándola a Jesús, llegaron a la conclusión de que Jesús, siendo justo durante su vida, fue adoptado por Dios llegando así a ser Hijo de Dios. Se trata de una apoteosis: la ascensión de un mero ser humano a un ser divino.

Los judaizantes

Otra vertiente que surgió dentro del judeocristianismo son los llamados 'judaizantes'. Sabemos de este grupo específicamente a partir de la Epístola a los Gálatas. Pablo, en aquella carta les hace ver a los cristianos que aquellos judaizantes querían someterlos a la ley y a los ritos judíos. El problema principal era que, aunque se presentaban como creyentes en Cristo, al mismo tiempo predicaban otro evangelio diciendo que la salvación se obtenía por obras al cumplir la ley, instando a los creyentes no judíos a circuncidarse (Gá. 1:6-9). A los creyentes que seguían esas falsas enseñanzas, Pablo les escribe duramente:

> *¡Oh gálatas insensatos! ¿quién os fascinó para no obedecer a la verdad, a vosotros ante cuyos ojos Jesucristo fue ya presentado claramente entre vosotros como crucificado? Esto solo quiero saber de vosotros: ¿Recibisteis el Espíritu por las obras de la ley o por el oír con fe?* (Gá. 3:1-2).

En Latinoamérica ha resurgido un tipo de judaizantes. En México, por ejemplo, en la zona centro, en los Estados de Hidalgo, Puebla, Estado de México y al norte de la Ciudad de México, ha habido un gran crecimiento de este movimiento sectario. El proceso que se observa de manera evidente es el siguiente: llega a la congregación un hombre que se presenta como judío (aunque realmente son impostores que se han cambiado sus nombres, se dejan crecer la barba y utilizan indumentaria parecida a la de los judíos ortodoxos, entre otras simulaciones), este comienza a asombrar a los hermanos, que no tienen un fundamento bíblico sólido, con su aparente erudición del idioma y texto hebreo (utilizan términos como *Hashem* —el Nombre— para referirse a Dios, *Yeshua* para Jesús, etc.), rechazan las traducciones de la Biblia al español indicando que están adulteradas y de esta manera dejan a los hermanos sin una base para su fe más que sus propias palabras. Luego, comienzan a hacer cambios en el culto, desde la inclusión de la bandera de Israel, menorás o candelabros, danzas supuestamente judías, uso de shofar o el cuerno en la alabanza, uso de kipá y velo, hasta la imposición del Sabat en lugar del domingo como día de reunión, más una serie de normas, reglas, leyes y fiestas judías a practicar.

Pronto, la libertad de los creyentes se ha reducido a la esclavitud del judaísmo. Lo más triste de la situación es que se termina por rechazar la gracia del Señor Jesucristo, tomando su lugar la dependencia en las propias obras de la ley. La salvación entonces pretende ser obtenida y conservada por lo que uno haga o deje de hacer. El último paso es la circuncisión, y aunque pocos llegan a ello, ya sus vidas se encuentran sometidas a la ley de Moisés. Ante estas situaciones, la necesidad de conocer el dogma auténticamente cristiano es imperante. El fallo teológico es "Cristo y las obras de la ley", y siempre que exista un "Cristo y..." algo más, cualquiera que esto sea, se habrá rechazado la gracia de Dios. A los cristianos que se hallan ante la amenaza judaizante, la exhortación del Apóstol Pablo: *"Estad, pues, firmes en la libertad con que Cristo nos hizo libres, y no estéis otra vez sujetos al yugo de esclavitud"* (Gá. 5:1).

Arrianismo

Arrio tenía una frase que definía su herejía claramente: "Hubo un tiempo en que el Verbo no era". Con ello explicaba que el Hijo había tenido un principio, había sido creado, por lo tanto, no era eterno y en consecuencia no era Dios. Creía que Jesucristo era la más excelsa de todas las creaturas, pero no Dios. Negaba, pues, la divinidad del Hijo.

Esta herejía sigue presente en la doctrina de los Testigos de Jehová, quienes beben directamente de la herejía arriana, negando rotundamente la divinidad del Hijo y, por lo tanto, también la Trinidad. Y así lo expresan ellos:

> [Cristo] Fue la primera creación de Jehová y lo ayudó a crear todas las cosas. La Biblia lo llama el Hijo "unigénito" de Dios porque fue el único ser creado directamente por él (Juan 1:14) (Testigos de Jehová, 2019).

Para continuar la reflexión

1. A manera de repaso, ¿qué significa Cristo? ¿Y qué implica confesar que Jesús es el Cristo?
2. ¿Cómo explicarías que Jesús es Hijo de Dios?
3. Ante los debates políticos y el gobierno que tenemos en nuestros países, ¿qué relevancia tiene la expresión "Jesús es el Señor"?
4. ¿De qué manera puede aplicarse la proclamación "Señor nuestro" a quien ha dejado la Iglesia, pero se considera creyente?
5. ¿Qué otras situaciones o prácticas consideras que llegan a rechazar la gracia de Dios, como lo que ocurre con los judaizantes? Para responder a ello, podrías terminar la expresión "Cristo y…".
6. ¿Qué respuesta darías a un Testigo de Jehová que toca a tu puerta o que te aborda en la calle presentándote su doctrina?

CAPÍTULO 3

Que fue concebido por el Espíritu Santo y nació de la virgen María

La persona histórica de Jesús no está en duda. Pero debemos analizar lo que se dice acerca de él. Por ello, examinaremos primeramente el testimonio de otras fuentes, luego lo que expresa el Símbolo a partir de la Escritura y, finalmente, cerraremos con las bases que este artículo estableció para refutar algunas herejías.

Jesús en otras fuentes

En esta sección veremos lo que se decía de Jesús en escritos grecorromanos, judíos y gnósticos. Toda la sección se basa en Evans (2007, pp. 103-109), las citas son extraídas de su obra. Esto servirá para tener una noción de las diferentes ideas que circulaban y a las cuales los cristianos tuvieron que enfrentarse. Tal enfrentamiento sirvió para ir precisando el dogma sobre la divinidad y la humanidad de Cristo. Los dogmas poco a poco fueron desarrollados y expuestos en los grandes Concilios ecuménicos, los cuales veremos hacia el final de este capítulo.

Jesús, según los escritores grecorromanos (siglos I y II)

Las ideas acerca de Jesús entre estos escritores son variadas. Algunos lo tenían como un gran sabio, otros como un revolucionario, otros incluso, como un bastardo. Pero todos registraron que sus seguidores lo consideraban divino.

Hacia el año 72 d. C., Mara Bar Serapion escribía a su hijo Serapion, después de la conquista de Comagena por Roma:

> ¿Qué ganaron los atenienses haciendo morir a Sócrates, crimen que pagaron con el hambre y la peste? ¿O de qué sirvió a los samios quemar vivo a Pitágoras, cuando todo su país quedó cubierto de arena en un instante? ¿O a los judíos dar muerte a su sabio rey, si desde entonces se han visto despojados de su reino? Porque Dios se tomó justa venganza por esos tres sabios: los atenienses murieron de hambre, los samios fueron inundados por el mar, los judíos sucumbieron y fueron expulsados de su reino y viven dispersos por todas partes. Sócrates no murió, gracias a Platón. Ni Pitágoras, gracias a la estatua de Hera. Ni el sabio rey, gracias a los preceptos que dictó.

Así, Mara Bar Serapion veía a Jesús como sabio, al igual que a Sócrates y a Platón. Interpretaba incluso la destrucción del Templo y la subsiguiente expulsión judía como juicio divino por haberlo matado. Y, aunque no creía en su resurrección ni en su divinidad, lo consideraba vivo en sus preceptos.

El historiador Cornelio Tácito (56-118 d. C.) en sus *Anales* 15, 44, registró el gran incendio de Roma del año 62, cometido por el mismo emperador Nerón. Este acusó a los cristianos, quienes fueron perseguidos y martirizados. Para Tácito, Cristo había dado lugar a la *superstitio* cristiana, es decir, a una religión ilegal, no reconocida por el Imperio que era perjudicial y detestable, y que debía ser reprimida:

> Por tanto, para acallar el rumor [según el cual el incendio de Roma había sido ordenado por él], Nerón presentó (como culpables) y sometió a los más rebuscados tormentos a los que el vulgo llamaba 'cristianos', aborrecidos por sus ignominias. Aquel de quien tomaban nombre, Cristo, había sido ejecutado en el reinado de Tiberio por el procurador [*sic*] Poncio Pilato. La execrable superstición, momentáneamente reprimida, irrumpía

de nuevo no solo por Judea, origen del mal, sino también por la Ciudad, lugar en que de todas partes confluyen y se celebran toda clase de atrocidades y vergüenzas.

Plinio el Joven, en el 113, siendo gobernador de Bitinia en Asia Menor, preguntaba por carta al emperador Trajano qué hacer con los cristianos. Pues se topaba con acusaciones cada vez más numerosas en contra de personas por 'ser cristianos'. En la carta 96 del décimo libro de sus *Cartas*, describe:

> Ellos afirmaban que toda su culpa y error consistía en reunirse en un día fijo antes del alba y cantar coros alternativos un himno a Cristo como a un dios y en obligarse bajo juramento no ya a cometer delito alguno, antes a no cometer hurtos, fechorías o adulterios, a no faltar a la palabra dada ni a negarse, en caso de que se lo pidan, a hacer un préstamo. Terminados los susodichos ritos, tienen por costumbre separarse y volver a reunirse para tomar alimento, común e inocente.

A Plinio el Joven no le interesaba saber quién era Cristo, sino la problemática que suscitaban las constantes acusaciones por el crimen de ser cristianos. No obstante, deja registro de la concepción que los cristianos tenían de Cristo como Dios.

Otro historiador, Suetonio, en su obra *De vita caesarum* (120 d. C.) registraba: "[Claudio] expulsó de Roma a los judíos, que, instigados por Chrestus, continuamente provocaban disturbios". Desconocía mucho del cristianismo, esto se puede observar en el cambio que hace del nombre de Cristo por Cresto. Para Suetonio, Cristo era un agitador político y social. Hay que recordar que esta idea sobre Jesús se fundamentaba en los comentarios hechos por los judíos que buscaban alguna excusa para acusarlo ante las autoridades romanas. Por ejemplo, la cuestión sobre los impuestos (Mr. 12:13-17, par.) o las menciones sobre su reino y la concepción del Mesías/Rey (Jn. 18:33-36). Esta polémica continuaría aún años después como argumento para expulsar a los cristianos de comunidades judías en otras regiones del Imperio (Hch. 17:5-8).

El retórico, Luciano de Samosata (115-200 d. C.), se burlaba de los cristianos en su escrito *La muerte de Peregrino*, teniéndoles por ingenuos. Narraba la vida de Peregrino Proteo, un filósofo cínico que había muerto prendiéndose fuego a sí mismo, pero que anteriormente había tenido cierta autoridad entre una comunidad cristiana a la cual había engañado enriqueciéndose a su costa:

> ... los cristianos... lo veneraban como a un dios y lo tenían como legislador y como protector —ciertamente, después de aquel otro a quien aún siguen adorando, que fue crucificado en Palestina porque introdujo este nuevo culto en el mundo.

Registra, pues, de paso, el concepto que tenían los cristianos acerca de Cristo como divino, pues dice que le adoraban. Además, ve a Cristo como el fundador del nuevo culto cristiano.

Finalmente, mencionamos a Celso, filósofo del s. II. Él polemizó contra los cristianos pregonando que estos eran ignorantes y de la clase social más baja. De acuerdo con Orígenes, en su escrito *Contra Celsum*, aquel decía que "Jesús guardó todas las costumbres judías e incluso tomó parte en sus sacrificios". Con ello quería desacreditar su divinidad, simplemente resaltando que era un hombre judío. Celso también citaba una calumnia bastante común que los judíos habían propagado acerca de Jesús, indicando que era un bastardo, hijo de la relación ilícita entre un soldado romano llamado Panthera y María. Sobre esta acusación, Evans (2007) comenta:

> En mi opinión, la alegación de que el verdadero padre de Jesús era un hombre llamado Pantera (o Panthera) explota la afirmación cristiana según la cual Jesús nació de una 'virgen' (*parthenos*, en griego). No era más que un juego de palabras, Pantera era el nombre de sonido más parecido, y era un nombre de soldado, de modo que se sugería que Jesús no fue concebido por una virgen, una *parthenos*, sino engendrado por un soldado, un varón llamado Pantera (p. 214).

Jesús, según los escritores judíos antiguos (s. I-III)

Ciertos comentaristas indican, acerca de los siguientes pasajes, que no tratan específicamente de Jesús de Nazaret, sino de algún otro Jesús. Algunos más señalan que dichas posibles referencias a Jesús no son prueba de su historicidad, sino de la disputa entre judíos y cristianos que predicaban a Jesús como Hijo de Dios o como la plenitud de la Torá y el Talmud (como se puede deducir a partir de la Epístola a los Hebreos). Con todo, los pasajes resultan interesantes para considerar las ideas que circulaban en torno a él entre los judíos.

Sanhedrín 107b: "Jesús tuvo cinco discípulos: Mattay, Nakay, Nezer, Buni y Todá". Sanhedrín 43a: "Jesús practicó la magia y extravió a Israel". La hechicería era una práctica despreciable entre los judíos, por ello la idea de Jesús como mago era ofensa clara contra sus discípulos. En otra porción se lee: "El día de la preparación para la Pascua colgaron a Jesús el Nazareno. Un heraldo que había marchado durante cuarenta días delante de él diciendo: 'Tiene que ser lapidado, por haber practicado la magia y haber seducido y extraviado a Israel. Quien tenga algo que decir en su defensa, que venga y lo diga'. Como nadie se presentó para defenderlo, lo colgaron el día de la preparación para la Pascua". Con ello, la razón de su crucifixión habría sido la hechicería. Se nota también la gran influencia que Jesús tuvo entre los judíos, pues se dice de modo general que sedujo y extravió a Israel.

En Julín 2:22, se describe una situación peculiar relacionada a los milagros y sanidades obradas por cristianos en el nombre de Jesús: "Sucedió una vez que a ben Dama, el hijo de la hermana de Rabbí Ismael, le picó una serpiente; y Jacob, natural de Kefar Sekanías, acudió a él en el nombre de Jesús ben Pantera. Pero Rabbí Ismael no se lo permitió". El texto también reproduce la idea de Jesús como hijo de un hombre llamado Pantera.

Jesús, según los escritores gnósticos (s. II-III)

El gnosticismo dio también varias obras que imitaban el estilo de los Evangelios, allí registraban cierta enseñanza oculta, un conocimiento secreto, que Jesús habría compartido con alguno de sus discípulos. Era por completo una reinterpretación de ciertas palabras de Jesús desde su cosmovisión gnóstica. En estos pasajes se observa el dualismo entre espíritu y materia, reminiscencias del docetismo. Así, el *Evangelio de Felipe* 57:28–58:2:

Jesús los llevó a todos subrepticiamente, pues él no se mostró tal cual era [en sí], sino que se mostró tal como podía ser visto. [A todos ellos] se reveló: [se reveló] a los grandes como grande, [se mostró] a los pequeños como pequeño, se [mostró a los] ángeles como ángel, y a los hombres como hombre.

La noción de Jesús como un metamorfo era común en la perspectiva gnóstica, ya que comprendían a Jesús como una emanación divina, carente de un cuerpo físico propio, pero que tenía apariencia humana. Por eso también, el *Apócrifo de Juan* 2:1-5 dice: "[Yo temí y me incliné] al ver en la luz [a un niño de pie] junto a mí. Mientras lo miraba, [se transformó] en un viejo corpulento. Después [cambió] de forma y volvió a ser simultáneamente un niño pequeño ante mí".

La figura de niño es un motivo importante en el gnosticismo, ya que representaba la esencia y pureza del gnóstico ejemplar poseedor del conocimiento. El *Evangelio de Judas* 33:19-21 repite: "Muchas veces no se presentaba a sus discípulos en su propia figura, sino que aparecía entre ellos como un niño".

En conclusión, la persona histórica de Jesús está atestiguada por estas diversas nociones acerca de él. Su historicidad no está en debate. Sin embargo, las fuentes citadas demuestran una idea distorsionada de Jesús, rechazando su divinidad y menospreciando su humanidad. Por tanto, para conocer quién es realmente Jesús, es necesario e ineludible acudir a los Evangelios y otros escritos del Nuevo Testamento. Es a partir del texto bíblico, que el Símbolo desarrolla una cristología fundamental, lo cual se observa en el presente enunciado sobre su concepción por el Espíritu, anunciando su divinidad, y su nacimiento de la virgen María, reiterando así su humanidad.

Fue concebido por el Espíritu Santo y nació de la virgen María

Notemos primeramente los verbos empleados en nuestro Símbolo: *concebido* por el Espíritu Santo y *nació* de la virgen María. No es concebido por José y María, es concebido por el Espíritu Santo y nace de la virgen María. Vemos en este enunciado la obra del Espíritu en la Encarnación.

La encarnación en las Cartas paulinas

En el AT se prometía que el Espíritu de Yahweh actuaría sobre el Mesías (Is. 11). El NT relaciona el cumplimiento de esta promesa con Jesucristo. De manera que hay una correspondencia entre el Espíritu de Yahweh y el Espíritu de Cristo.

Por ejemplo, en Romanos 8, Pablo describe la obra del Espíritu Santo en el creyente: *"Ahora, pues, ninguna condenación hay para los que están en Cristo Jesús, los que no andan conforme a la carne, sino conforme al Espíritu"* (v. 1). Es necesario prestar atención a la sintaxis: algunos piensan que puede haber cristianos que andan conforme a la carne; sin embargo, la segunda parte de ese versículo es explicación de lo primero, en otras palabras: *"los que están en Cristo Jesús"* son *"los que no andan conforme a la carne, sino conforme al Espíritu"*. El versículo 9 aclara que el Espíritu de Dios mora en el creyente y, por tanto, este vive según el Espíritu: *"Mas vosotros no vivís según la carne, sino según el Espíritu, si es que el Espíritu de Dios mora en vosotros. Y si alguno no tiene el Espíritu de Cristo, no es de él"* (v. 9). También indica que el que anda según la carne es aquel que no tiene al Espíritu. Además de ello, la importancia de este pasaje para el punto estudiado aquí es que ese Espíritu de Dios es el Espíritu de Cristo. No se trata de dos Espíritus, uno el de Dios, y otro el de Cristo, sino que el Espíritu Santo es tanto el Espíritu de Dios Padre como el del Hijo. Esto refleja la doctrina trinitaria: Padre, Hijo y Espíritu obran en el creyente constantemente en su vida diaria. Jesús viviría unido al Padre por el Espíritu, de igual modo nosotros, los que creemos: *"Porque todos los que son guiados por el Espíritu de Dios, estos son hijos de Dios"* (v. 14).

En Gálatas, Pablo, que ha polemizado contra los judaizantes, esos que exigían que los creyentes siguieran la ley mosaica, hace evidente que el cristiano no vive ya como esclavo, esclavo a la ley judía, sino libre en Cristo. Esto es posible tanto por la obra de Cristo como por la obra del Espíritu Santo que fue enviado por el Padre a nuestros corazones. Ese Espíritu es el del Hijo, Jesucristo, y es él quien desde lo más profundo de nuestro ser clama al Padre:

Pero cuando vino el cumplimiento del tiempo, Dios envió a su Hijo, nacido de mujer y nacido bajo la ley, para que redimiese a los que estaban bajo la ley, a fin de que recibiésemos la adopción de hijos. Y por cuanto sois hijos, Dios envió a vuestros corazones el Espíritu de su Hijo, el cual clama: ¡Abba, Padre! (4:4-6).

83

En Filipenses 1:19, Pablo escribe sobre el cuidado del Espíritu obrando en su liberación de la prisión. Nos interesa aquí la expresión única en sus escritos: *"Espíritu de Jesucristo"*. Lo cual, como vimos anteriormente es algo inusual. Pero veamos lo que los Evangelios describen al respecto.

El testimonio de los Evangelios

Como ya hemos visto, una noción de suma importancia en la cristología de los Evangelios es el cumplimiento del pacto davídico y la realeza mesiánica en Jesús. Esto se observa en las introducciones, en Mateo 1:1, *"Libro de la genealogía de Jesucristo, hijo de David, hijo de Abraham"*; Marcos 1:1, *"Principio del evangelio de Jesucristo, Hijo de Dios"*; y también en Lucas 1:31-33:

> *Y ahora, concebirás en tu vientre, y darás a luz un hijo, y llamarás su nombre Jesús. Este será grande, y será llamado Hijo del Altísimo; y el Señor Dios le dará el trono de David su padre; y reinará sobre la casa de Jacob para siempre, y su reino no tendrá fin.*

Por eso, son importantes las genealogías, ya que presentan el derecho que posee Jesús al trono de David, según su ascendencia.

Mateo 1:1-25 y Lucas 1:26–2:7 relatan el nacimiento virginal de Jesús, aseverando que fue concebido por el Espíritu Santo. Deben notarse los cambios en la redacción: en Mateo no dice "José engendró a Jesús", sino más bien: *"... José, marido de María de la cual nació Jesús, llamado el Cristo"* (1:16). Esto señala que Jesús no es engendrado por hombre alguno. Lucas expresa la misma idea con *"Jesús... hijo, según se creía, de José..."* (3:23).

Mateo 1:18-20, reitera que su concepción fue obra del Espíritu Santo y nada tuvo que ver José:

> *El nacimiento de Jesucristo fue así: estando desposada María su madre con José, antes que se juntasen, se halló que había concebido del Espíritu Santo. José su marido, como era justo, y no quería infamarla, quiso dejarla secretamente. Y pensando él en esto, he aquí un ángel del Señor le apareció en sueños y le dijo: José, hijo de David, no temas recibir a María tu mujer, porque lo que en ella es engendrado, del Espíritu Santo es.*

En Lucas 1:35, tenemos otros detalles teológicos: *"Respondiendo el ángel, le dijo: El Espíritu Santo vendrá sobre ti, y el poder del Altísimo te cubrirá con su sombra; por lo cual también el Santo Ser que nacerá, será llamado Hijo de Dios"*. El enunciado *"el Espíritu Santo vendrá sobre ti"*, está en paralelo con *"el poder del Altísimo te cubrirá con su sombra"*, así muestra la noción judía del Espíritu como poder de Dios. El verbo επισκιαζω que se traduce como "dar sombra" o "cubrir de sombra" no es un eufemismo del acto de la procreación, sino que se trata de "la acción (supremamente misteriosa) del Espíritu de Dios" (Balz y Schneider, 2005, I, p. 1525). Tenemos otra observación importante de la frase *"… el Santo Ser que nacerá, será llamado Hijo de Dios"*:

> Ninguno de los dos evangelistas insinúa que Jesús *será Hijo de Dios* porque será concebido por obra del Espíritu Santo. Esto pondría los relatos de Mateo y de Lucas al nivel de las mitologías griegas, en las cuales hay hombres divinos porque sus madres han sido fecundadas (sexualmente, aunque fuese en forma simbólica) por un dios (González, 1998, p. 55).

Aparte, la terminología empleada en la frase, señala Leonardo Boff (1982):

> … nos recuerda inmediatamente el texto de Éxodo 40:34-35… La nube representa la presencia misteriosa de Dios en medio de su pueblo. Cubrir con su sombra (la de la nube) significa hacerse densamente presente. Ahora viene el ángel y dice que el templo verdadero, lleno de la presencia de Dios, es María, que ha sido constituida en santuario, en un *Sancta Sanctorum* viviente (p. 56).

No podemos concluir a partir de esto cierta deificación de María, sino más bien se resalta la plena humanidad y divinidad de Jesús, quien es Santo desde el vientre de su madre, por la filiación con el Padre y por la obra del Espíritu en su concepción (Lc. 1:35b)

Jesús, 100% humano, 100% divino

Lo que resume el Símbolo Apostólico es que Jesús es tanto humano como divino, así expresa "que fue concebido por el Espíritu Santo y nació de la virgen María". Ya hemos visto cómo desde el AT, Dios había prometido al Mesías y cómo esta promesa se cumple en la encarnación del Logos, Jesucristo, y también hemos visto cómo el Espíritu Santo obró en su nacimiento virginal.

Por eso mismo, enfatizar su humanidad es sumamente necesario, pues como registra Martín Descalzo (2006): "Nada ha cuidado con tanto celo la Esposa como la verdad de la carne del Esposo..." (p. 69). Los evangelistas no dudaron en mostrar su humanidad y registrar la Encarnación en su momento histórico específico.

La encarnación de Dios en la historia

La encarnación de Dios tiene lugar en la historia. Los Evangelios se dieron a la tarea de enmarcar el contexto político, social, económico y religioso. Por ejemplo, Lucas 2:1-7 nos da varios detalles:

> *Aconteció en aquellos días, que se promulgó un edicto de parte de Augusto César, que todo el mundo fuese empadronado. Este primer censo se hizo siendo Cirenio gobernador de Siria. E iban todos para ser empadronados, cada uno a su ciudad. Y José subió de Galilea, de la ciudad de Nazaret, a Judea, a la ciudad de David, que se llama Belén, por cuanto era de la casa y familia de David; para ser empadronado con María su mujer, desposada con él, la cual estaba encinta. Y aconteció que estando ellos allí, se cumplieron los días de su alumbramiento. Y dio a luz a su hijo primogénito, y lo envolvió en pañales, y lo acostó en un pesebre, porque no había lugar para ellos en el mesón.*

Por lo tanto, no se trata de un mito que pudiera suceder fuera de la historia o que pudiera repetirse cíclicamente. La Encarnación es un hecho histórico.

Pablo lo describe en Gálatas 4:4 de esta manera: *"Pero cuando vino el cumplimiento del tiempo, Dios envió a su Hijo, nacido de mujer y nacido bajo la ley"*. Este pasaje expresa algunos aspectos fundamentales en la teología:

La providencia divina

Dios es Dios de la historia. La Escritura siempre muestra a Dios cercano, atento, interviniendo en la historia, es el Dios que interviene. Pero no debemos caer en el error del providencialismo, en el que cada aspecto de la vida está predeterminada o predestinada por Dios. En la historia corren dos líneas paralelas, una es la providencia divina que ciertamente va actuando y haciéndose en todo presente, manifestado el señorío de Dios como creador y sustentador de la creación, la otra línea es la responsabilidad humana que con sus propias decisiones hace historia. En medio de ello, por la Encarnación, Dios entra en la historia humana abriéndola a la eternidad de Dios.

La historia como lugar de la acción divina

El momento de la Encarnación *vino* o *llegó a ser* (ηλθεν). Es decir, la historia manifiesta un devenir, posee una meta. No es un ciclo repetitivo de eventos, tal noción es propia de las mitologías en las que la lucha entre divinidades se repite una y otra vez necesariamente para la continuidad de la vida. No así en la revelación divina, la historia tiene en sí un proceso que deviene en su consumación. Esta consumación, bíblicamente, no se entiende como un final, un término hacia la nada, sino que, al contrario, la historia condicionada por la muerte se extiende hacia la vida eterna.

La Encarnación pertenece a la economía salvífica

La economía salvífica refiere a cómo Dios va obrando su salvación a lo largo de la historia, por medio de esos actos salvíficos es que podemos conocer a Dios. Ahora bien, en el texto: *"cuando vino el cumplimiento del tiempo"*, la palabra griega πληρωμα (*pleroma*) que se traduce como 'cumplimiento': "significa el tiempo salvífico, cualificado escatológicamente, del acontecimiento de Cristo" (Balz y Schneider, 2005, II, p. 1002). Por eso es necesario resaltar que la plenitud del tiempo no sucedió aleatoriamente, ni se dio por progreso humano, menos debido a algún paso evolutivo. Dios es quien designó el tiempo y momento específico para la Encarnación. Se han señalado algunos aspectos: 1) el Imperio Romano controlaba desde Bretaña en el norte, y España, hasta los desiertos más allá del río Jordán incluyendo Egipto, desde el río Danubio hasta la costa norte de África; 2) la *"pax* romana" garantizó la tranquilidad durante casi mil años; 3) los romanos construyeron caminos que facilitaron la comunicación, por medio de este sistema organizaron la administración gubernamental y militar más eficiente jamás vista en la historia; 4) entre los judíos, fue factor importante el crecimiento de la expectativa del Mesías que vendría; 5) la traducción del Antiguo Testamento al Griego (la Septuaginta, LXX); 6) el idioma Griego hablado en todo el mundo civilizado. Todo ello tuvo un papel importantísimo en la comunicación del Evangelio de Jesucristo, y posteriormente en la formación y difusión del Nuevo Testamento.

La divinidad de Jesús

Dios es quien envía a su Hijo. Con esa expresión, Pablo demuestra la relación filial previa a la Encarnación: el Hijo es eterno junto con el Padre. La filiación divina es eterna, la comunión Padre-Hijo apunta a su divinidad.

La humanidad de Jesús

La frase *"nacido de mujer"* expresa su plena humanidad. Si es verdad que Jesús es Hijo de Dios, es verdad también que es hijo de una mujer, María. Este texto es un fuerte testimonio sobre la humanidad de Jesucristo que, como hemos visto, es central para la cristología.

El contexto sociocultural de Jesús

"Nacido bajo la ley" señala su nacimiento dentro del pueblo judío. Ubica la persona de Cristo en una cultura determinada. Esa cultura era la judía, aquella que estaba sujeta a la *Torah*, la Ley (Betz, 1979, pp. 207-208). El estar *bajo la ley* no indica tampoco que el Hijo de Dios fue obligado a ello, sino que, más bien, expresa su plena identificación con aquellos a quienes había sido enviado (Schlier, 1975, p. 228). Se dice que Jesús era un judío de Galilea, pero, aún más, podemos decir: "Nuestro Dios es un judío" (Martín Descalzo, 2006, p. 136).

Herejías y errores

Como hemos visto en capítulos anteriores, existían ya varias herejías y se fueron desarrollando otras más. El tercer enunciado del Símbolo funciona como punto de partida para refutar correctamente aquellas que tienen que ver con la persona de Cristo, entre ellas podemos mencionar el docetismo, el nestorianismo, el monofisismo y el monotelismo.

Docetismo

Surgió en ciertos movimientos gnóstico-cristianos, ya que no había un gnosticismo único. El término proviene del griego *dokesis*: apariencia, parecer. En sí, enseñaba que Cristo era humano tan solo en apariencia, enfatizando su divinidad gnóstica, como eón con un cuerpo aparentemente físico. Pues, desde su noción dualista, la materia era despreciable. Podríamos entenderlo como si el cuerpo de Cristo fuera un fantasma o un espectro. Atentando contra la humanidad de Cristo, esta herejía también anula la salvación, pues si Cristo no fue humano toda la cruz fue simplemente una simulación absurda y no habría, por tanto, resurrección.

El docetismo sigue vivo ahora bajo la presentación de un Jesús superhéroe, un semidios al estilo de las mitologías griegas. En los últimos años esa idea se ha difundido ampliamente. Por ejemplo, en un meme se tiene a Hulk, el Hombre Araña y el Capitán América prestando atención a la conclusión del relato de Jesús, quien dice: "Y así fue como salvé al mundo". Quizás la intención era acercar a los niños al conocimiento de Jesús aprovechando la efervescencia de las películas *Marvel Comics*; sin embargo, lo que han hecho es poner a Jesús al nivel de esos personajes, haciendo de él una caricatura. De igual modo, la canción *"Cristo es mi superhéroe"*, del grupo *Xtreme Kids*, repite y repite, y repite… y repite, el mismo estribillo. No es de asombrarse que los niños en nuestras iglesias carezcan de fundamentos bíblicos sólidos, ni que los adolescentes y jóvenes sucumban al momento de verse confrontados a lo largo de su educación básica con bombardeos ideológicos que ponen en tela de juicio la historicidad de Jesús.

Nestorianismo

Durante el siglo V, Nestorio, patriarca de Constantinopla, se opuso a la herejía bastante común de *apoteosis*, que indicaba que Jesús, habiendo nacido mero hombre, llegó a ser Dios. Al mismo tiempo, intentó corregir la designación de María como *Theotokos*, "Madre de Dios", que para aquella época ya se encontraba bien establecida y que precisamente combatía la apoteosis. En el ámbito teológico, *Theotokos* no buscaba dar a entender que María fuera intercesora, mucho menos divina o corredentora; más bien quería señalar la naturaleza divina de Jesucristo ya desde su concepción en el seno materno de María, su madre. Pero en el ámbito religioso popular existían también ciertas prácticas que comenzaban con la veneración a María. Por eso, en lugar de emplear el término *Theotokos*, Nestorio proponía *Christotokos*, "Madre de Cristo"; sin embargo, al hacerlo dividía o diseccionaba la persona de Cristo. En respuesta, Cirilo de Antioquía, afirmó el uso de *Theotokos* considerando que era la mejor manera de expresar la naturaleza humana y divina de la persona de Cristo. Posteriormente, la Iglesia en el Concilio de Éfeso lo ratificaría y excomulgaría a Nestorio ante su renuencia a retractarse. Sin duda, es difícil comprenderlo hoy día, ya con la carga mariológica de siglos en mente. No obstante, ristianos podemos evaluar la terminología que se ha usado a lo largo de la historia y de esa manera buscar corregir posicionamientos que atentan contra la persona de Cristo o que suscitan otras prácticas extrañas como la devoción y adoración mariana.

Monofisismo

El monofisismo únicamente admitía una sola naturaleza de Cristo, la divina. La manera de explicar el dilema de la relación de la humanidad y la divinidad con la única persona de Cristo fue difundida por la enseñanza de Eutiques, quien sintetizaba: "así como una gota de miel se pierde en el basto mar, así la humanidad en la divinidad de Cristo". Es decir, de alguna manera la humanidad había sido absorbida por su divinidad o diluida en ella. Así pues, también diseccionaba a Cristo y anulaba la salvación, pues la humanidad no tenía cabida en la divinidad.

Monotelismo

El monofisismo dio lugar, lógicamente, al monotelismo: al haber una sola naturaleza, la divina, había también una sola voluntad, la divina. Nuevamente atentaba contra la doctrina de la doble naturaleza de Cristo, humana y divina con la doble voluntad correspondiente. Dicho de otra manera, la voluntad humana había sido obligada, e incluso oprimida, por la voluntad divina: acabando así con su humanidad.

Conforme estas herejías iban surgiendo, los creyentes debían también reflexionar y ser cada vez más específicos en sus definiciones dogmáticas. Los distintos Concilios ecuménicos precisaron la doctrina de la persona de Jesucristo respondiendo a estas herejías. Por eso, es necesario conocer y estudiar estos Credos (puede consultarlos en el

Apéndice V). Aún más, es indispensable evaluar y corregir las doctrinas erradas o heréticas, al mismo tiempo que se profundiza en la fe y se persevera en ella.

Para continuar la reflexión

1. En el siguiente cuadro se presentan algunos pasajes de los Evangelios. Busca las citas y comenta en el espacio correspondiente aquello que puedas identificar como constitutivo de la humanidad de Jesús.

Pasaje		Atributo humano de Jesús
Mateo	4:1	
	4:2	
	9:36	
	26:37	
Marcos	3:5	
	8:12	
Lucas	7:9	
	7:13	
	10:21	
	19:41	
Juan	2:13-17	
	4:6	
	4:7	

2. A partir del punto anterior, compartan en grupo sus reflexiones e impresiones personales.
3. ¿Has detectado alguna herejía cristológica a lo largo de tu caminar cristiano? Comenta con el grupo.
4. ¿Qué podría hacerse para evitar o combatir las herejías cristológicas?
5. Revisa los Credos ecuménicos (Apéndice V) y realiza un breve glosario de los términos esenciales que aparecen allí.
6. ¿Cambiarías cierta terminología? ¿Por qué? ¿Qué implicaría?

CAPÍTULO 4

Padeció bajo Poncio Pilato, fue crucificado, muerto y sepultado

A la sección en los Evangelios que comprende desde la oración de Jesús en Getsemaní hasta su crucifixión se le conoce como la Pasión, se trata de la última semana de vida terrena de Jesús. Los Evangelios dedican más espacio a los relatos de la Pasión. Pablo lo considera el núcleo de la fe cristiana (cf. 1Co. 15:3-5). Podemos ver un esquema de los capítulos y porcentajes de los relatos de la pasión registrados en los Evangelios (Bartley, 1993, p. 182):

Evangelio	Total de capítulos	Capítulos que registran la Pasión	Porcentaje
Mateo	28	8	28.6%
Marcos	16	6	37.5%
Lucas	27	6	25%
Juan	21	9	42.9%
Total	89	29	34%

Padeció

El término, en relación a Jesucristo, lo encontramos principalmente en Hebreos (*"padecimiento de la muerte"*, 2:9; *"padeció siendo tentado"*, 2:18; *"por lo que padeció aprendió la obediencia"*, 5:8; *"Jesús, para santificar el pueblo mediante su propia sangre, padeció fuera de la puerta"*, 13:12) y 1 Pedro (*"Cristo padeció por nosotros, dejándonos ejemplo, para que sigáis sus pisadas"*, 2:21; *"porque también Cristo padeció una sola vez por los pecados, el justo por los injustos, para llevarnos a Dios..."*, 3:18).

El término griego es παθημα (*patheima*), se traduce como sufrimiento, desgracia o pasión. Es necesario notar que los textos que nos hablan de los padecimientos de Cristo, por lo general, están ligados también a los padecimientos del creyente:

> *Y si hijos también herederos; herederos de Dios y coherederos con Cristo, si es que padecemos juntamente con él, para que juntamente con él seamos glorificados. Pues tengo por cierto que las aflicciones del tiempo presente no son comparables con la gloria venidera que en nosotros ha de manifestarse* (Ro. 8:17-18; cf. 2Co. 1:5; Fil. 3:10).

Para comprenderlo debemos resaltar que: "El punto no es que el sufrimiento cristiano surja porque tenga que haber una analogía, imitación o continuación del sufrimiento de Cristo, sino porque el camino de Cristo implica sufrimientos" (cf. Hch. 9:16; 14:22) (Kittel, 2003, p. 781). Esta observación quita las nociones equivocadas respecto al sufrimiento en ciertos grupos cristianos donde se insta al creyente a sufrir: prácticas que van desde la autoflagelación hasta la búsqueda de martirio sin mayor fin que la misma muerte. Recuerdo el caso de una joven que cada vez que hacía algo malo se arrancaba la cejas, pensando que debía sufrir por su desobediencia. Hábitos como golpearse, quemarse o mutilarse son más comunes de lo que se piensa, incluso entre creyentes. En ocasiones, el sufrimiento se ve como cierta piedad, por ejemplo, ser pobre económicamente se percibe como evidencia del creyente genuino. Cosa contraria es sufrir verdaderamente por Cristo, como resultado de una vida de justicia (Balz y Schnider, 2005, II, p. 672):

> En Heb. 2:9, παθημα του θανατου, se refiere clarísimamente a los *sufrimientos* de Jesús *en su muerte* (του θανατου es genitivo epexegético), que

mostraron un aspecto extraordinario de sus padecimientos (por tanto, παθεμα no es sinónimo sencillamente de "muerte"). Cristo, de esta manera tenía que ser llevado "por medio del *sufrimiento* a la consumación" (2:10; cf. 5:8s). La fórmula τα παθηματα, que designa la muerte ignominiosa y humillante sufrida por Jesús, se ha escogido aquí también, como en Pablo y en la Carta primera de Pedro, con la mirada puesta en la suerte que corrían los cristianos (cf. 11:26; 13:13: la "afrenta de Cristo").

Los sufrimientos

La figura del siervo sufriente de Yahweh proviene directamente de Isaías: 42:1-9; 49:1-6; 50:4-11; 52:13–53:12. Estos pasajes son citados en el Nuevo Testamento. La expresión del Salmo 22:1: *"Dios mío, Dios mío, ¿por qué me has desamparado?"*, es exclamada por Jesús en la cruz, de acuerdo con Marcos 15:34 y Mateo 27:46. Ante su sufrimiento y el clamor por el abandono, la respuesta del Padre es su silencio.

El silencio del Padre ha de entenderse desde su dolor. Podemos teologizar junto con Jurgen Moltmann: "En la pasión del hijo sufre el Padre mismo el dolor del abandono. En la muerte del hijo llega la muerte a Dios mismo, sufriendo el Padre la muerte de su hijo por amor a los hombres abandonados" (citado en Sobrino, 1997, p. 310). No es esto la herejía patripasionista —que indicaba que, al ser una sola la persona de Dios, el Padre era quien moría en la cruz—, sino que Dios, en cuanto Padre, sufre por su Hijo. Por amor al ser humano el Padre decide no librar a su Hijo de la cruenta cruz:

> Dios ante el sufrimiento "no hace nada" tal como los seres humanos es peraríamos que hiciese. Lo inesperado y novedoso para nosotros es, mas bien, que él también participa en el sufrimiento. Dios, pues, ni quita ni pone explicación y sentido al sufrimiento. Lo único que diría la cruz es que el mismo Dios carga con el sufrimiento, y —para quien acepte creyentemente su presencia en la cruz de Jesús— que hay que cargar con él (Sobrino, 1997, p. 308).

Este sufrimiento de Dios nos ayuda a hacerle frente a los nuestros. Enfermedades, pérdidas de seres queridos, relaciones rotas, situaciones dolorosas, todo ello es parte de la vida. A ello se le suman los padecimientos específicamente por Cristo. Al creyente no se le dice que tendrá una vida de color rosa, en la que todo le saldrá bien y estará exento de sufrimiento alguno, sino que aún en medio de ello, el Señor estará con él: *"he aquí yo estoy con vosotros todos los días, hasta el fin del mundo"* (Mt. 28:20).

Bajo Poncio Pilato

La fe cristiana, como ya hemos visto, se afianza en la historia. "Bajo Poncio Pilato" (Mt. 27:2ss; Mr. 15:1ss; Lc. 23:1ss; Jn. 18:29; Hch. 3:13; 4:27; 13:28; 1Ti. 6:13) ofrece el marco histórico de la crucifixión, al igual que la referencia a Herodes en los relatos de la Encarnación. Por ello, "bajo" no debe entenderse como si Jesucristo hubiera sucumbido ante el poder de Poncio Pilato. Por ejemplo, el Evangelio de Juan deja bastante claro que Jesús no fue una víctima:

> *Por eso me ama el Padre, porque yo pongo mi vida, para volverla a tomar. Nadie me la quita, sino que yo de mí mismo la pongo. Tengo poder para ponerla, y tengo poder para volverla a tomar. Este mandamiento lo recibí de mi Padre* (10:17-18; cf. 19:10-11).

Fue crucificado

En la cultura romana, los sentenciados a morir por crucifixión "por lo general son esclavos o rebeldes, y que, según dice Cicerón en *Verres* II, 5, 65, 165, constituye 'el más bárbaro y terrible de los castigos'" (Boff, 2000, p. 123). De acuerdo a un estudio realizado a los restos de un hombre crucificado de Giv'at ha-Mivtar, el método de la crucifixión romana pudo haber sido de la siguiente manera: el sujeto era amarrado con cuerdas por los brazos a la cruz; mientras que los pies sí estarían clavados a ambos lados del poste. Acerca de la manera de morir, Zias y Zekeles (2011), autores de aquel estudio, comentan:

> La muerte por crucifixión era el resultado de la manera en que el hombre condenado colgaba de la cruz y no por una lesión traumática ocasionada por los clavos. Colgar de la cruz resultaba en un doloroso proceso de asfixia, en el cual los dos conjuntos de músculos usados para la respiración,

los músculos intercostales y el diafragma, se debilitaban progresivamente. A su tiempo, el hombre condenado expiraba por causa de la incapacidad de respirar apropiadamente.

Aunque esta autopsia se realizó a un sujeto que fue atado para la crucifixión no significa que Jesucristo no haya sido clavado a la cruz, junto con otros más que así lo fueron. Lo que se destaca del estudio es el consenso médico en que la causa de muerte bien pudo ser por asfixia. Sin duda, una muerte cruenta.

Muerto

Fueron varias las razones que se conjuntaron para que Jesús fuera ejecutado en la cruz. Podríamos catalogarlas como sociológicas y soteriológicas:

Razones sociológicas

Entre ellas podemos enumerar con Leonardo Boff (2000, pp. 114-115) las siguientes:

1) La envidia que los escribas, sacerdotes y fariseos tenían de Jesús, pues mucha gente le seguía: *"Porque sabía que por envidia le habían entregado"* (Mt. 27:18; cf. Mr. 11:18; Jn. 4:1-3; 7:32, 47; 12:10-11, 19).

2) Se le tachaba de subversivo al César y al Imperio Romano: *"engaña al pueblo"* (Jn. 7:12; Lc. 23:2).

3) Se pensaba que se oponía al pago de impuestos: *"A este hemos hallado que pervierte a la nación, y que prohíbe dar tributo a César, diciendo que él mismo es el Cristo, un rey"* (Lc. 23:2).

4) Creían que tenía pretensiones políticas: *"pero entendiendo Jesús que iban a venir para apoderarse de él y hacerle rey, volvió a retirarse al monte él solo"* (Jn. 6:15) y también: *"desde entonces procuraba Pilato soltarle; pero los judíos daban voces, diciendo: si a este sueltas, no eres amigo de César; todo el que se hace rey, a César se opone"* (Jn. 19:12; cf. Lc. 23:2).

5) La impresión que tenían los judíos de que perturbaba el orden social: *"No penséis que he venido para traer paz a la tierra; no he venido para traer paz, sino espada..."* (Mt. 10:34ss); *"Fuego vine a echar en la tierra; ¿y qué quiero, si ya se ha encendido?"* (Lc. 12:49-52).

6) La crítica que lanzaba contra los fariseos, por ejemplo, en Mateo 23: *"Mas ¡ay de vosotros, escribas y fariseos, hipócritas!"* (vv. 13, 14, 15, 23, 25, 27, 29); les llamaba también *"guías ciegos"* (vv. 16, 24), *"insensatos y ciegos"* (v. 17), *"necios y ciegos"* (v. 19), *"llenos de robo y de injusticia"* (v. 25); *"fariseo ciego"* (v. 26); *"semejantes a sepulcros blanqueados"* (v. 27); *"serpientes, generación de víboras"* (v. 33). De igual modo arremetió contra Herodes: *"les dijo: Id y decid a aquella zorra…"* (Lc. 13:32); contra los gobernantes en general: *"los gobernantes de las naciones se enseñorean de ellas"* (Mt. 20:25; Lc. 22:25); y contra los ricos *"¡ay de vosotros, ricos!"* (Lc. 6:24-26; 18:24s).

7) La preocupación de los judíos por la respuesta del Imperio: *"si le dejamos así, todos creerán en él; y vendrán los romanos, y destruirán nuestro lugar santo y nuestra nación"* (Jn. 11:48).

Y, además, 8) porque a los ojos de los judíos era un blasfemo: *"Por esto los judíos aún más procuraban matarle, porque no solo quebrantaba el día de reposo, sino que también decía que Dios era su propio Padre, haciéndose igual a Dios"* (Jn. 5:18; cf. 7:29s; 8:57s; 10:30).

Es decir, hubo varias razones "humanas" que le llevaron a la cruz. En este sentido, puede observarse claramente las líneas paralelas en la historia: una línea es en la que el ser humano va creando su propia realidad, en el sentido en que libremente va decidiendo, siendo él mismo enteramente responsable de los resultados o consecuencias; otra línea es la soberanía divina que omniscientemente conoce y acompaña nuestra historia. Es en esta segunda línea que tenemos las razones soteriológicas, pues como vimos, Dios interviene desde dentro en la historia.

Razones soteriológicas

La predicación evangélica es clara al respecto: *"que Cristo murió por nuestros pecados, según las Escrituras"* (1Co. 15:3, απεθανεν υπερ των αμαρτιων ημων κατα τας γραθας). Primero, la expresión *"conforme a las Escrituras"* merece ser precisada: "podría tal vez reflejar una alusión a la LXX de Isaías 53 (quizá 53:5-6, o vv. 11-12)… o bien Salmos 22…, Deuteronomio 18:15, 18 y la tristeza de Lamentaciones 1:12, 18" (Thiselton, 2000, p. 1190). Es decir, cumple una serie de nociones del AT respecto a un sacrificio sustitutorio.

Con la preposición υπερ (*huper*) se expresa la idea de *en favor de*. Es decir, su muerte fue: "un sacrificio expiatorio o un sacrificio vicario" (Conzelmann, 1975, p. 255). Ημων (*hemón*), "nuestros", incluye a los beneficiarios de la muerte de Cristo: Pablo, los corintios, pero también nosotros, toda la humanidad.

El "por" ("en favor de") adquiere muchos matices. Pablo, en Gá. 3, proyecta la idea de que Cristo, por medio de la maldición de la cruz, nos rescató de la maldición que los preceptos divinos contienen según la Escritura (Gá. 3:10-14 según Dt. 27:26; 21:23). La carta primera de Pedro matiza esto de manera distinta; afirma que Cristo lleva los pecados sobre el madero (1Pe. 2:24). La carta a los Colosenses dice que Cristo clava en la cruz el documento de nuestra deuda (Col. 2:14). El Evangelio de Juan elige el tipo de la serpiente de bronce, la cual, al ser levantada en alto, salvaba (Jn. 3:14; cf. Nm. 21:8s). Claro que la idea de que Cristo murió por nosotros, cuando nosotros todavía éramos pecadores, queda relegada en el Evangelio de Juan en comparación con la exaltación de Cristo y con la certeza de que los que creen en él poseen la vida (compárese Jn. 3:16 con Ro. 5:8). Según la perspectiva, germinan dudas de que podamos hablar de una teología joánica de la cruz.

Según muchas tradiciones, la cruz marca su impronta sobre la *vida* de los cristianos. En el seguimiento de Jesús, es preciso aceptar sobre sí la cruz, como afirman la fuente de *logia* y los Sinópticos (Lc. 14:27 Q; Mr. 8:43 par; cf. EvTom log. 55 y de manera distinta Heb. 13:13). La cruz mata las concupiscencias, más aún, el cuerpo del pecado, como hace resaltar Pablo (Gá. 5:24; Ro. 6:6) (Karrer, 2002, p. 243).

Por lo tanto, también en el Nuevo Testamento podemos ver diferentes interpretaciones y énfasis teológicos (por ejemplo, véase el cuadro del Apéndice VII).

Algunas explicaciones y precisiones teológicas

A lo largo de la historia se han lanzado críticas y cuestionamientos acerca del porqué de la pasión de Jesucristo. San Anselmo de Canterbury las sintetiza en *Cur Deus Homo* (citado en González, 1998):

> ¿Cómo se puede demostrar que sea justo y razonable el que Dios trate o permita tratar de esa manera a ese hombre a quien el Padre llamó mi Hijo

amado… y con el que él mismo se identificó? ¿Qué justicia puede ser la que consiste en entregar a la muerte por los pecadores al hombre más justo de todos? ¿Qué hombre había que no fuese juzgado digno de condenación si, por librar a un malhechor, condenase a un inocente? (p. 360).

Y responde contundentemente remarcando la obediencia de Jesucristo a la misión encomendada por el Padre:

> Luego no obligó Dios a Cristo a que muriese, ya que en él no hubo pecado, sino que él mismo se ofreció a la muerte, no por obediencia de tener que abandonar la vida, sino por la obediencia de guardar la justicia, en la que perseveró con tanta constancia, que por ella incurrió en la muerte (p. 361).

Explicará con un ejemplo:

> … si yo acepto una misión peligrosa de la que se me sigue la muerte (y lo hago a sabiendas de ello) no soy suicida, sino muero por 'obediencia' a mi misión hasta la muerte: es decir, por fidelidad (p. 361).

Así se han de entender los pasajes que expresamente hablan de la misión del Hijo (*"estando en condición de hombre, se humilló a sí mismo, haciéndose obediente hasta la muerte, y muerte de cruz"*, Fil. 2:8; cf. Jn. 14:31; 18:11). El Hijo de Dios ha querido morir, ofreciendo al Padre con su muerte la satisfacción, es decir, el pago por la deuda que el ser humano había adquirido al pecar contra él.

Por su parte, Santo Tomás de Aquino (citado en González, 1998) indica que tanto la encarnación como la pasión de Jesucristo es el cumplimiento del plan salvífico de Dios:

> Todo el misterio de la encarnación de Cristo y de la redención es obra de su amor. Porque se ha encarnado por amor… Y ha muerto por amor… Conocer, pues, el amor de Cristo es conocer todo el misterio de la encarnación y de la redención, que tienen su origen en el inmenso amor de Dios, que sobrepasa toda inteligencia creada y toda ciencia (p. 376).

La muerte de Jesucristo es primeramente por amor. Que fuera "necesaria" es en relación con el cumplimiento profético de la promesa divina expresada en el AT (*"Estas son las palabras que os hablé, estando aún con vosotros: que era necesario que se cumpliese todo lo que está escrito de mí en la ley de Moisés, en los profetas y en los salmos"*, Lc. 24:44). Su obra salvífica puede resumirse del siguiente modo (González, 1998, p. 381):

La pasión de Cristo es la causa propia de la remisión de los pecados de tres maneras: a) por cuanto mueve a la caridad... por lo que conseguimos el perdón de los pecados (y cita Ro. 5:8-9 y Lc. 7:47); b) por vía de redención. Siendo él nuestra cabeza, con la pasión sufrida por caridad y obediencia nos libró de los pecados, en razón de miembros suyos... Toda la Iglesia es el cuerpo místico de Cristo, se considera como una sola persona con su cabeza, que es Cristo; c) por vía de eficiencia, en cuanto a la carne, en la que Cristo soportó la pasión, es "instrumento de la divinidad"; de donde proviene que los padecimientos y las acciones de Cristo obran por virtud divina en la expulsión del pecado.

Estas dos perspectivas nos ayudan a entender el porqué de la cruz: la obediencia a la misión encomendada por el Padre y el amor sacrificial de entrega que mueve en ese dinamismo al amor del Padre.

Sepultado

La sepultura resalta la realidad de la muerte. Jesús muere en la cruz y es sepultado. La mención de la sepultura se lee en los Evangelios (Mt. 27:60; Mr. 15:46; Lc. 23:53; Jn. 19:41) y en la predicación cristiana (1 Ich. 13:29; 1Co 15,4). Al respecto, la observación de Barret (1968) es contundente:

... la sepultura es la fase necesaria entre muerte y resurrección, y además confirma la realidad de ambas. Si fue sepultado, él debió de haber estado realmente muerto; si fue sepultado, la resurrección debe haber sido la reanimación de un cadáver (p. 339, traducción mía).

Una nota personal sobre el dolor y el sufrimiento

Hace ya cinco años mi padre murió de una terrible enfermedad, cáncer, específicamente linfoma no Hodgkin. En un período de 5 a 6 meses vimos su salud deteriorarse y su cuerpo consumirse. Aún el recuerdo de ello al escribir estas letras es doloroso para mí. Mi padre fue un fiel creyente, siervo de Jesucristo, pastoreó varias iglesias y compartió el Evangelio fervorosamente, amó a mi madre fielmente durante todo su matrimonio y nos educó a mi hermano y a mí en el temor del Señor, cuidaba muy bien su salud y procuraba hacer ejercicio constantemente. Sin embargo, de pronto se enfermó gravemente: dolores en su colum na y en sus piernas, perdió movilidad, no podía caminar, ajustamos una silla de escritorio para que pudiera ir de un lugar a otro dentro de la casa, subir las escaleras a su cuarto era sumamente agotador y doloroso, pronto comenzaron los dolores de cabeza, la pérdida de visión en su ojo derecho, lo operaron no recuerdo cuántas veces, no sirvió de nada, lo vieron especialistas y el diagnóstico llegó tarde, no había mucho que hacer. Orábamos constantemente, teníamos turnos para estar en vela cuidándolo, hicimos todo lo que pudimos. En el hospital ya no podían hacer nada así que vino a casa para estar con nosotros sus últimos días. "La vida es dura", le dije una noche. "Sí, pero el Señor está con nosotros", respondió.

¿Por qué murió? ¿por qué de esa manera tan lenta y dolorosa? "¡Por qué!", yo cuestionaba al Señor. Mi papá clamaba con lágrimas de dolor "¡Dios mío, ten misericordia de mí!". Sin embargo, no hubo respuesta, solo el silencio de Dios —como el que Jesús experimentó en la cruz. Vi en visión, en sueño, en imaginación, no sé, al Padre sentado cerca de la cama de mi papá, me vi preguntándole, cuestionándolo, por qué no hacía nada, su respuesta siguió siendo el silencio. Mas no era el silencio de un Dios omnipotente lejano que, aunque podría intervenir no quería hacerlo, sino que era el silencio del Padre que conoce el dolor de ver morir a su Hijo amado. ¿Qué podría yo esperar que dijera? Conocí el amor de Dios también en medio del sufrimiento, conocí más de cerca el amor del Dios Padre que se duele con nosotros, que nos dice: "No estás solo en tu dolor, yo estoy contigo". La paz del Señor me llenó, me cubrió, me envolvió por completo, me dio claridad de pensamiento y recordaba su palabra acerca del Espíritu de vida habitando en mi padre, la promesa de la resurrección. "¿Tienes miedo, papi?", le pregunté. "No", dijo él, tranquilo, seguro en su Salvador. Una semana después, cerró sus ojos y dio su último aliento. Estuve a su lado en aquel momento glorioso en el que se encontró finalmente en su hogar celestial junto con su amado Señor. "Estimada es a los ojos de Yahweh la muerte de sus santos" (Salmo 116:15).

Así, la presencia constante de nuestro Dios es lo que hace que podamos afrontar la vida en los valles de sombra y de muerte. Podemos acercarnos al Padre en oración, expresándole todo lo que sentimos, nuestro dolor, nuestra frustración, incluso el enojo y la desesperación. Él no se asusta, tampoco se incomoda ni ofende. El Padre nos escucha con gran misericordia y compasión, y nos recuerda que él conoce lo que es el dolor y la angustia de la pérdida de un ser amado. Él está con nosotros aun en el silencio.

Herejías y errores

Este enunciado refuerza la importancia de la Encarnación frente a variantes de herejías que ya hemos visto. También nos ayuda a comprender y asimilar, apropiadamente, el dolor y el sufrimiento que enfrentamos como parte de la vida misma (por ejemplo, la actual pandemia causada por el Coronavirus; véase el Apéndice VIII), quitando aproximaciones equivocadas.

Gnosticismo otra vez

Expresaba que quien moría en la cruz era tan solo un hombre, pues según esta herejía, el Espíritu, una emanación divina, había llegado a poseer al hombre Jesús cuando descendió sobre él en el bautismo. Fue de esta manera que Jesús enseñó la gnosis, pero justo antes de morir, esta emanación Espíritu lo abandonaba.

Tal herejía atenta contra la Trinidad a partir del ataque directo contra la persona de Jesucristo. Por eso es importante este enunciado al recalcar que Cristo Jesús, siendo Dios y hombre, murió en la cruz. Pues si la carne humana y la divinidad no se hallaban unidas en el Cristo crucificado, la obra salvífica se torna una mera simulación sinsentido.

Para continuar la reflexión

1. ¿Qué importancia tiene la mención de Poncio Pilatos en el Símbolo para la fe cristiana?
2. ¿Qué te hacen sentir, pensar y hacer las lecturas bíblicas sobre los padecimientos de Cristo? Repasa esta sección y lee nuevamente los pasajes citados para contestar esta pregunta.
3. ¿De qué manera te ayuda conocer acerca de los padecimientos de Cristo a afrontar tus propios sufrimientos?

4. Si estás pasando por alguna dificultad y estás sufriendo por ello, coméntalo con el grupo en confianza y oren juntos. Compartir nuestro dolor entre hermanos nos ayuda a cuidarnos entre nosotros, a soportar las cargas de los demás, e interceder unos por otros; esto sirve para unir el cuerpo de Cristo, que es su Iglesia. No estás solo, no estás sola. Si un miembro se duele, también los demás. No te preocupes si no sabes qué decir ante el dolor de alguien más, en tales situaciones las palabras no son del todo necesarias, solo siente su dolor, sufre junto con él o ella. Debemos llorar con los que lloran.

CAPÍTULO 5

Descendió a los infiernos, al tercer día resucitó de entre los muertos

Este enunciado del Símbolo es uno de los más malinterpretados, sobre todo por la mención del descenso a los infiernos. Para abordar la cuestión es necesario primero aclarar los términos y las nociones bíblico teológicas que deben ser la base para la comprensión adecuada del enunciado.

Terminología

En la Escritura se emplean varios términos para referirse al lugar apartado de Dios: *gehena* o infierno, *hades* o la región de los muertos, *abismo* o mundo de las profundidades, o el fuego o el lago de fuego. Por eso, a continuación, se presenta un breve glosario.

Gehenna o infierno

Este término surge del nombre que tenía el Valle de Hinnón, donde se sacrificaban niños durante el reinado de Acáz y Manasés (2Re. 16:3; 21:6). En su reforma religiosa, Josías lo declaró lugar inmundo (2Re. 23:10). Jeremías se referiría a él como valle de carnicería (7:32; 19:6). El judaísmo comenzó a utilizar el término ya sin relación con el lugar y así también el NT lo emplea como lugar de castigo (Mt. 5:22, 29s; 10:28; 18:9; 23:15, 33; Mr. 9:43, 45, 47; Lc. 12:5) (Balz y Schneider, 2005, I, pp. 719-721).

Hades o la región de los muertos

Forma parte del mundo de las profundidades. EL NT lo emplea en diez ocasiones, por ejemplo: "Mt. 11:23 par. Lc. 10:15 citan a Is. 14:11, 13, 15; Hch. 2:27, 31 cita al Sal. 16:10; aquí αδης, lo mismo que en general en la LXX, es traducción del hebreo šeʼōl *(la región de los muertos)*". (Balz y Schneider, 2005, I, pp. 91-92).

Abismo o mundo de las profundidades

En el judaísmo, al igual que las cosmologías del entorno de Israel, comprendían tres ámbitos de la creación: cielo, tierra y profundidades. El NT conserva esa imagen (*"para que en el nombre de Jesús se doble toda rodilla de los que están en los cielos, y en la tierra, y debajo de la tierra"*, Fil. 2:10; cf. Ap. 5:13). En el abismo o las profundidades se encontraría el Hades y la Gehenna. Los demonios piden no ser enviados allí (Lc. 8:31), en el Apocalipsis se menciona en varias ocasiones como el lugar donde se encuentran encerrados y gobernados por Apolión (9:1; 20:1; 9:11), son liberados por un tiempo (9:2ss), de ahí surge la bestia (13:1-10; 11:7; 17:8), y allí es atado Satanás (20:1-3).

> Únicamente Pablo entiende la ábussos no tanto como el lugar de los demonios, sino más bien como *la región de los muertos*, adonde ninguna persona puede descender (Ro. 10:7). Con toda la comunidad pospascual (1Co. 15:24-28; Fil. 2:9s; Col. 2:10, 15; 1 Jn. 3:8), el Ap. (1:16; 2:12, 16; 17:14; 19:15, 21) ensalza al Cristo resucitado y exaltado como vencedor sobre Satanás y sobre sus secuaces, que son entregados al lugar de castigo eterno donde son atormentados con fuego (γεεννα, Ap. 19:20; 20:10, 14s) (Balz y Schneider, 2005, I, 9-11).

Fuego

El fuego es otra imagen para presentar aquel lugar de castigo eterno:

> El pasaje determinante para esta idea es Is. 66:24 (de ahí procede lo del fuego inextinguible en Mr. 9:48: sobre lo que es en concreto la γεεννα, cf. Mr. 9:43; en el v. 45 aparece solo γεεννα). La γεεννα es una γεεννα του

πυρος, Mt. 5:22; 18:9; el fuego inextinguible, Mr. 9:48 (Mt. 3:12 par. Lc. 3:17), es en Mateo el fuego eterno, Mt. 18:18; cf. además 25:41... Una variante de la imagen del juicio escatológico eterno en un lugar de castigo es el lago del fuego en el Apocalipsis; se le llama simplemente λιμνη του πυρος (*lago de fuego*) 20:14, 15 o λιμνη του πυρος και θειρου (*lago de fuego y azufre*) 20:10; cf. 21:8 o bien λιμνη 'του πυρος της καιομενης εν θειρω (*lago de fuego que arde con azufre*) 19:20. La bestia y el pseudoprofeta son arrojados a él 19:20, como lo son también el diablo (20:10), la muerte y el hades (20:14) y, finalmente, todo el que no se halla inscrito en el libro de la vida 20:15 (cf. además 14:10). La muerte en el lago de fuego es la "segunda muerte", es decir, la muerte eterna 20:14 (Balz y Schneider, 2005, II, pp. 1273-1280).

En resumen

El abismo corresponde al mundo de las profundidades, en él se halla el Hades que es la morada temporal de los muertos, entre la muerte y la resurrección, y también la Gehena que es el lugar de tormento después del juicio final. La diferencia en su significado depende del contexto, pero en ocasiones son términos intercambiables. Por eso, no debemos perder de vista que lo que nos muestran estos términos con sus imágenes es:

> ... que el pecador se encontrará definitivamente *"lejos de"* Dios y de su Cristo, es decir "separado", cortado, apartado de la fuente de vida. La existencia del infierno, que el NT presupone, no puede demostrarse mediante la reflexión filosófica; el cristiano la afirma, por la fe, como garantía de la libertad del hombre; desde la esperanza, la cuestiona para sí mismo; desde el amor, se cuida de arrojar allí a un hermano (Léon Dufour, 2002, pp. 337-338).

Ahora, ¿en qué sentido se emplea el término "infiernos" en este enunciado del Símbolo? Pues bien, lo que busca es principalmente continuar expresando la *kenosis* o el despojamiento del Hijo tal como se lee en Filipenses 2:5-11, de manera que este enunciado se entiende dentro de ese margen. Veámoslo detalladamente.

Descendió a los infiernos

"Los padres griegos, Orígenes, Gregorio Nacianceno, Cirilo de Alejandría, Juan Damasceno, Juan Crisóstomo, interpretan todos ellos la bajada a los infiernos como un misterio de salvación" (Bezançon, Onfray y Ferlay, 1988, p. 91). Debemos considerar este enunciado, por tanto, de ese modo: como parte del misterio de salvación. Este enunciado del Símbolo parte directamente de la interpretación de 1 Pedro 3:18-22:

1 Pedro 3:19

El pasaje expresa de los vv. 18-20:

> *Porque también Cristo padeció una sola vez por los pecados, el justo por los injustos, para llevarnos a Dios, siendo a la verdad muerto en la carne, pero vivificado en espíritu; en el cual también fue y predicó a los espíritus encarcelados, los que en otro tiempo desobedecieron, cuando una vez esperaba la paciencia de Dios en los días de Noé, mientras se preparaba el arca, en la cual pocas personas, es decir, ocho, fueron salvadas por agua.*

Algunas claves para la interpretación del versículo 19 son las siguientes (se sigue la exposición de Green, 1993, pp. 219-222):

Muerto en la carne, pero vivificado en el espíritu... El dualismo que se observa aquí es aparente, más bien se trata de un contraste. Recordemos que el texto bíblico constantemente nos muestra la integralidad del ser. Por lo que 'en la carne' enfatiza su humanidad, mientras que 'en el espíritu' hace alusión a la nueva vida en el ámbito espiritual de ese cuerpo humano tras la resurrección (cf. 1Co. 15:42-44).

En el cual... Se refiere a ese estado después de la resurrección: *vivificado en el espíritu*. Es decir, lo que describirá a continuación tiene lugar después de la resurrección. A pesar de que, como se observó arriba, la mayoría de los comentaristas antiguos indican que esto se dio entre la muerte de Jesucristo y su resurrección; de ahí el lugar de este enunciado en el Símbolo.

También fue... Implica el objetivo de su muerte y resurrección: *para llevarnos a Dios* (v. 18) y *también* para predicar *a los espíritus encarcelados*.

Y predicó... Aquí, los comentaristas tienen dos opiniones distintas que dependen de quienes son *los espíritus encarcelados*. El término griego que se traduce como 'predicó', en ocasiones, apunta al contenido de la fe cristiana (*kerigma*), pero también puede no tener este sentido, sino simplemente referirse a la acción de anunciar.

A los espíritus encarcelados. Hay quienes interpretan que se trata de todos cuantos murieron desde Adán hasta la Encarnación, y así indican que Jesucristo habiendo resucitado fue y predicó el Evangelio vaciando el lugar de los muertos:

> En oriente, el icono de la bajada a los infiernos es una de las representaciones privilegiadas de la resurrección: Cristo, vestido de blanco, ya en la gloria de su resurrección, llega a la morada de los muertos traspasando las puertas del infierno, arrancadas y puestas en forma de cruz. Tiende la mano al hombre caído, a Adán, tras el cual aparece la multitud de reyes, profetas, anónimos, todos los que anteriormente pusieron en él su esperanza, los que vivieron de cara a él sin verlo todavía... Finalmente, ellos pudieron encontrarlo (Green, 1993, p. 221).

Sin embargo, el versículo 20 explica que *los espíritus encarcelados* son *los que en otro tiempo desobedecieron, cuando una vez esperaban la paciencia de Dios en los días de Noé.* Se refiere a aquellos que se encontraban *encarcelados* por su desobediencia desde *los días de Noé.* Algunos indican que se trata de los espíritus de las personas desobedientes en tiempos de Noé. Otros expresan que Pedro aludiría a la tradición que se halla en el libro de Enoc acerca de Génesis 6:1-8:

> Resultó que después de que los hijos de los hombres se multiplicaron en esos días, que les nacieron hijas, elegantes y hermosas. Y cuando los ángeles, los hijos del cielo, las vieron, se enamoraron de ellas, diciéndose unos a otros: vengan, seleccionemos esposas para nosotros de la progenie de los hombres, y engendremos hijos (1 Enoc 6, citado en Swindoll, 2010, p. 194).

Por lo cual, la predicación se refiere a la proclamación de su victoria sobre espíritus demoniacos, esto concuerda con el v. 22: *"... quien habiendo subido al cielo está a la diestra de Dios; y a él están sujetos ángeles, autoridades y potestades".* Schreiner (2003) enlista las siguientes razones para esta interpretación: 1) "espíritus" en plural, generalmente en el NT, se refiere a ángeles, malos en este caso; 2) la palabra "cárcel" nunca es usada para designar el lugar de castigo después de la muerte; 3) concuerda con la interpretación de la tradición judía de Génesis 6 (1 Enoc 6-19; 21; 86-88; 106:13-17; Jubileos 4:15, 22; Testamento de Neftalí

3:5; Josefo, Antigüedades 1. 73), que puede compararse con Judas 6, 14-15 (pp.188-189).

Algunas explicaciones y precisiones teológicas

La sentencia del juicio divino es ejecutada sobre Jesucristo, el Hijo de Dios, como ya hemos visto en el anterior enunciado del Símbolo. Por ello, el descenso debe interpretarse a partir de la Encarnación: el Verbo de Dios asume todo lo humano. En su sufrimiento, su crucifixión, su muerte, su sepultura, y en su descenso a los infiernos se identifica plenamente con el ser humano. Y hay más, Lochet (1980) explica:

> Para Santo Tomás de Aquino es "una toma de posesión": el infierno pertenece en adelante a Cristo. Llega allá como Salvador, "a fin de que, habiendo tomado sobre sí toda la pena del pecado, puede *de este modo* expiar todo pecado". Entra como Rey libertador en los abismos más profundos abiertos por el pecado. "Hoy ha llegado a la prisión como Rey, hoy ha roto las puertas de bronce y el cerrojo de hierro; Él, que como un muerto corriente fue engullido, ha aniquilado el infierno en Dios". Y así, Gregorio el Grande declara: "Cristo bajó a las últimas profundidades de la tierra cuando fue al más profundo infierno para llevar las almas de los elegidos... (Así) Dios hizo de este abismo un camino" (pp. 112-113).

Jesucristo llega a los infiernos voluntariamente por amor. De manera que...

> En él y por él el infierno mismo queda incorporado para siempre al "misterio de la salvación". Porque hasta allí llegó él: "el amor de Cristo aspira a atraer a todos los hombres a él y por eso desciende hasta el fondo del infierno". Por el impulso de la misericordia que le conduce hasta allí, el infierno se convierte en el lugar de la extrema manifestación del amor excesivo que hay en Dios, que es Dios (Lochet,1980, pp. 174-175).

Por ello podemos decir con certeza que Jesucristo quita el pecado del mundo (Jn. 1:29). La justicia y la misericordia de Dios se manifiestan en la cruz; diría uno de mis profesores, el Dr. Carlos Sosa: "cada acto de juicio de Dios es un acto de misericordia".

Por tanto, por un lado, ante la cruz de Cristo somos invitados a conocer la magnitud y gravedad de nuestro pecado por lo que ha *costado* el que recibamos perdón. El verdadero conocimiento del pecado solo se da, estrictamente hablando, a la luz de la cruz de Cristo. Pues solo entiende lo que es pecado quien sabe que su pecado le está perdonado. Y, por otro lado, podemos reconocer que el precio por nosotros está *pagado*, de manera que ya estamos absueltos del pecado y sus consecuencias. Dios ya no se dirige a nosotros ni nos considera como a pecadores que deben ir a juicio por sus culpas. Ya no tenemos nada que pagar. Estamos absueltos gratuitamente, *sola gratia*, por la propia intervención de Dios en favor nuestro (Barth, 2000, p. 144).

El descenso de Cristo a los infiernos es nuevamente muestra de su amor por nosotros. El amor de Dios llega hasta el infierno abriendo un camino que libera al ser humano de su condenación culposa y de la muerte, dándole acceso a la vida en la comunión con el Padre, desde el Sheol hasta el Shalom, por la justicia que el Hijo ha tomado sobre sí para ofrecerla a todo aquel que en él cree.

Al tercer día resucitó de entre los muertos

Se ha observado que en los estratos preexílicos del AT no se encuentra referencia a la resurrección: "la muerte es el fin radical, la destrucción de la existencia humana" (cf. Gn. 3·19). En los Salmos se comienza a percibir la idea, aunque como una posibilidad, por ejemplo, el Salmo 88, especialmente los v. 10-12:

> *¿Manifestarás tus maravillas a los muertos? ¿Se levantarán los muertos para alabarte? ¿Será contada en el sepulcro tu misericordia, o tu verdad en el Abadón? ¿Serán reconocidas en las tinieblas tus maravillas, y tu justicia en la tierra del olvido?*

Pero no es hasta Isaías 26:19 donde se da la promesa: *"Tus muertos vivirán; sus cadáveres resucitarán. ¡Despertad y cantad, moradores del polvo! Porque tu rocío es cual rocío de hortalizas, y la tierra dará sus muertos",* la cual a partir del siglo III. a. C., en la apocalíptica, se comprende como la resurrección de los muertos. Aunque no se comprendía por completo como una resurrección de la carne (Coenen, Beyreuther y Bietenhard, 1990, IV, p. 89). Menos se entendía como una acción salvífica, como ilustración de ello se tiene la disputa entre fariseos y saduceos

(*"Porque los saduceos dicen que no hay resurrección, ni ángel, ni espíritu; pero los fariseos afirman estas cosas"*, Hch. 23:8). La confesión de fe en la resurrección de Jesús registrada en el NT es nueva, pero mantiene la tensión con las Escrituras. Debemos recordar que el texto muestra paulatinamente la revelación de Dios.

Al tercer día...

Este enunciado se relaciona con la misma predicación de Jesús. En algunos textos dice *"después del tercer día"* (Mr. 8:31; 9:31; 10:34). En otros, "al tercer día" (Mt. 16:21; 17:23; 20:19; Lc. 9:22; 18:33; Hch. 10:40). ¿Cómo debe entenderse, entonces?

Hay algunas personas que se apegan a una interpretación estricta de 'después del tercer día', lo cual sería 'en el cuarto día', no 'en el tercer día'. Evidentemente, la frase de Marcos tiene el mismo sentido que Mateo y Lucas, de otro modo se encuentran en una contradicción sin esperanza (Robertson, 1934).

No se trata, por tanto, de un recuento estrictamente cronológico. Grelot ha explicado también que:

Jesús no pretendía anunciar que resucitaría "al día siguiente de pasado mañana" (considerando hoy como el día de la muerte), sino más bien "el día de los consuelos, cuando Dios haga vivir a los muertos": "se trata, más que de un dato cronológico, de la expresión, en términos bíblicos, de su certeza absoluta del triunfo final" (citado en Charpentier, 1981, p. 27).

Junto con esta interpretación, la frase que se repite por segunda ocasión, *"según las Escrituras"* (1Co. 15:3, 4: κατα τας γραφας), no "hace alusión a uno u otro texto en concreto, sino lo que se pretende es situar la muerte de Jesús en el conjunto del plan de Dios, al igual que la expresión '... al tercer día' que, como ya vimos, no es un dato cronológico, sino teológico" (Charpentier, 1981, p. 33). También Fee (1994) comenta: "así que el AT como un todo da testimonio de la resurrección al tercer día. Esta última opción parece la más probable" (p. 823). Aunque pudieran verse también los versículos citados en la interpretación que hace Pedro en su predicación (Hch. 2:14-36; 10:43) y considerarlos como aquellas citas a las que se refiere Pablo como *según las Escrituras*:

El kerigma primitivo aplicaba el texto de Is. 53 sobre el "siervo doliente de Yahvé" a la pasión, muerte y sepultura de Jesús (Lc. 20:37; Hch. 8:32-35; 1Pe. 2:22-25); en cuanto a la resurrección, los apóstoles recurrían a Sal. 16:8-11 (Hch. 2:25-28; 13:34-35) (Brown, Fitzmyer y Murphy, 1972, p. 57).

También se ha mencionado Oseas 6:2: *"Nos dará vida después de dos días; en el tercer día nos resucitará, y viviremos delante de él"*. Este texto es de sumo interés "porque se ha demostrado que desde una época muy temprana (al menos el siglo II d. C., aunque probablemente antes) los rabinos interpretaban este texto en función de la resurrección" (Fee, 1994, p. 822). El tercer día, más que una referencia cronológica, como ya se mencionó, refiere al día de salvación; para una mejor explicación, permítaseme transcribir el comentario extenso de Edward Schillebeeckx (2002):

Una primera pista de explicación la tenemos en la idea judía de que un difunto solo está realmente muerto "después de tres días". Resucitar al tercer día significaría, por tanto, que Jesús no resucitó tras una muerte aparente, sino tras morir en realidad; en otras palabras, "al tercer día" equivaldría a la expresión "murió y fue sepultado". Pero habría que preguntar por qué hasta el tercer día no se tiene seguridad de la muerte. Eso es un indicio de que el tercer día o, después de tres días, tiene un significado particular en el pensamiento judío, incluso en la vida cotidiana. De hecho, el tercer día significa el "día decisivo", el día crítico en que concluye definitivamente algo o comienza algo absolutamente nuevo. Lo mismo sucede con la muerte: a los tres días se sabe si hay que abandonar toda esperanza o si se está ante un cambio decisivo (cf. Jn. 11:17-39). Durante tres días buscan al Jesús desaparecido, y el tercero trae el feliz desenlace (Lc. 2:46); Pablo ayuna tres días, después la *metánoia*, su conversión, es definitiva, y él se hace bautizar (Hch. 9:9). El tercer día es, pues, el decisivo, el momento crítico o el del fracaso absoluto. Todavía más. El tercer día, en el sentido de momento decisivo, es utilizado en el Antiguo Testamento, por lo menos, treinta veces sin ninguna referencia cronológica simplemente para indicar el día de importantes venturas o de inquietantes calamidades. "Al tercer día" libera José a sus hermanos de la cárcel (Gn. 42:18); al tercer día establece Dios la alianza con su pueblo (Éx. 19:11, 16); al tercer día recibe David la noticia de la muerte de Saúl y Jonatán (2Sa. 1:2); al tercer día tiene lugar la división del reino en Israel y Judá (1Re. 12:12); al tercer día agradece el rey Ezequías a Dios el haber sanado de una enfermedad mortal (2Re. 20:5, 8); al tercer día comienza Ester su gran obra de salvación de Israel (Est. 5:1); al tercer día da Yahvé una nueva vida a su pueblo y lo resucita (Os. 6:2-3). Después de tres días de experiencias difíciles, graves, mortales, "el tercer día" trae la salvación; ese es, sin duda, el significado básico del tema de los tres días. Se trata, en definitiva, de la certeza del día decisivo. El tercer día no es, por tanto, un dato temporal, sino salvífico. En consecuencia, decir que Jesús resucitó de entre los muertos al tercer día significa para el cristianismo primitivo que Dios deja solo tres días a su justo en la extrema tribulación; tras la impresión dolorosa de su muerte llega la noticia decisiva: el Señor vive. No es la muerte, sino Dios, quien tiene la última palabra; es decir, el "tercer día" pertenece a Dios. La resurrección de Cristo significa un cambio radicalmente nuevo en la existencia temporal de los discípulos; inaugura el tiempo de la salvación. Una expresión en categorías temporales —el tercer día— es la más adecuada para indicar todo esto. Con la acción salvífica de Dios en Jesús, en un momento determinado de nuestra historia —"el tercer día"— ha comenzado efectivamente la redención escatológica con la *renovación de la existencia* de los discípulos; pero ha comenzado "después de tres días", es decir, después de la suprema tribulación de Jesús: su pasión y muerte. En comparación con el día decisivo, "tres días" son un breve período de tiempo. A pesar de la angustiosa situación de Abrahán ante el mandato de sacrificar a su hijo Isaac, a pesar de la desesperada situación de Jonás (en el vientre de la ballena), a pesar de la situación de humillación y abatimiento en que se halla sumido el pueblo de Israel, Dios salva y libera siempre "al tercer día". Isaac no fue sacrificado, Jonás no pereció y el pueblo fue salvado a tiempo. Solo Jesús no "fue perdonado" (cf. Ro. 8:32). No obstante, llegó su salvación, pero después de la muerte: "resucitó al tercer día" (pp. 493-495).

Baste recalcar el asunto: Tal como en el relato de la creación del Génesis 1, los días no tienen una pretensión cronológica, sino teológica; así también la noción del tercer día en los relatos de la resurrección.

Resucitó

Hay dos términos importantes que se traducen como 'levantar' en el sentido de 'resucitar': ανιστημι (*anísteimi*) y εγειρω (*egeiro*). Por ejemplo, el verbo εγηγερται (*egueiguertai*), en 1 Corintios 15:4, es un perfecto intensivo. Wallace (1996) explica: "El perfecto puede ser usado para enfatizar los resultados o el estado presente producido por una acción pasada" (p. 574). En este versículo entonces señala que para el momento en que Pablo escribe quiere resaltar el hecho de que Cristo resucitó y continuaba vivo. Estando el verbo en pasivo indica la acción de Dios en la resurrección: Dios resucitó a Cristo (Wallace, 1996, p 438). Así se reitera en otros pasajes la acción salvífica de Dios en Jesucristo, ya sea con el verbo *anistanai* o *egeirein*:

Egeirein: Ro. 10:9 (confesión prepaulina): Hch. 3:15; 4:10; 5:30; 10:40; 13:30, 37 (en todos estos pasajes se puede reconocer el kerigma transmitido); 1Ts. 1:10; Ro. 4:24; 1Co. 6:14; 1Co. 15:15; 2Co. 4:4; 1Pe. 1:21; con *anistanai:* Hch. 2:24, 43; 13:34; también hay que traducir así 1Ts. 4:14 "fue resucitado" y no "resucitó". Por tanto, la acción de Dios puede expresarse también mediante la forma pasiva: "Jesús fue resucitado" (por Dios): Mr. 14:28 par. Mt. 28:7; Mr. 16:6, 14; Mt. 16:21 y Lc. 9:22; Mt. 17:23; 20:19; 27:63-64; Lc. 24:34; Jn. 2:22; 21:14; Ro. 4:25; 6:4, 9; 7:4; 8:34; 1Co. 15:4; 15:12-13, 14, 16, 17, 20; 2Co. 5:15; 1Ti. 2:8: la forma pasiva no aparece en Hechos, libro que parece tener una clara preferencia por la forma activa: Dios le hizo resucitar *(egeirein)*, hasta el punto de que el *anistanai*, en cuanto referido a Jesús (y procedente de la tradición), lo entiende como "resucitación" y no como "resurrección" (cf. Lc. 24:7 con 24:34; Hch. 10.41 con 10:40; Hch. 17:3 con 17:1; sobre todo Hch. 13:23 y 13:34 con 13:30 y 13:37). Por otra parte, es de notar que precisamente en la tradición del Hijo del hombre se afirma que Jesús mismo resucita, al parecer por su propia virtud (Mr. 8:31: *anastenai*; 9:31 y 10:34: *anastéetai*; el verbo se emplea aquí en sentido intransitivo). Parece, pues, que en el cristianismo primitivo existe una tradición —la del Hijo del hombre— en la que se habla claramente de que *Jesús ha resucitado.* Tal tradición aparece ya en Jn. 10:17-18, donde Jesús habla de recobrar su vida por sí mismo; algo más tarde, Ignacio de Antioquía subraya esta formulación, la cual pasará a ser una fórmula clásica en el siglo II. Por el contrario, el cristianismo primitivo, incluido el Nuevo Testamento, pone el acento en la acción salvífica de Dios que resucita a Jesús de entre los muertos (Schillebeeckx, 2002, 489-190).

De entre los muertos

Esta última frase pareciera ser redundante: "resucitó de entre los muertos". Pero tiene la función de especificar lo singular de la resurrección de Jesús: "Él estaba muerto, lo mismo que otros muertos; pero su resurrección lo separa de esos muertos" (Karrer, 2002, p. 34). El *éscaton*, la consumación del tiempo, irrumpe en el presente. Con ello la historia se abre a lo eterno.

Algunas explicaciones y precisiones teológicas

Que Dios levantó o resucitó de entre los muertos a su Hijo, es parte del Evangelio. Es la autentificación de parte de Dios del mensaje de Jesús. Por lo tanto, la resurrección solo puede comprenderse en conjunto con la vida y muerte de Jesús. El Evangelio debe predicarse de manera completa:

> Al igual que la muerte de Jesús no puede separarse de su vida, tampoco su resurrección puede separarse de su estilo de vida y muerte. El extrapolar la muerte y resurrección de Jesús como el corazón del mensaje cristiano significa, en definitiva, guardar silencio sobre el contenido profético de todo el estilo de vida de Jesús: esto es un kerigma paulino sin los cuatro evangelios, y Pablo solo es canónico en cuanto forma parte del conjunto del Nuevo Testamento (Schillebeeckx, 1987, p. 40).

Si no se puede separar la resurrección de su vida terrena, se debe también a que la resurrección de Jesús es corporal (Lc. 24:36-49; Jn. 20:27).

Es necesario señalar que la resurrección de Jesús, tal como lo expresa el Nuevo Testamento, se efectuó no en un ámbito espiritual ni en la psique de los discípulos como un delirio a causa de estrés postraumático, como se ha querido psicologizar, sino que sucedió en el margen de la historia. Así lo señalan los relatos de las apariciones (Mt. 28; Jn. 20, 21; Lc. 24; Mr. 16; Hch. 1; 1Co. 15:5-8).

> Esta [la resurrección] se concibe de manera integralmente personal y establece una relación terrena. Y, así, permite una experiencia terrenal del Jesús resucitado, quien sale al encuentro como persona integral. Es obvia la conclusión histórica de que esto se basaba en experiencias efectivas y reales. El campo de imágenes, la historia significativa (*Geschichte*) y la teología se mezclan. *Los primeros cristianos que formulan el enunciado acerca de la resurrección de Jesús, la entienden como suceso histórico y que debe interpretarse teológicamente* (Karrer, 2002, p. 38).

Así, lo que nos muestran las apariciones es que:

> Se trata de Jesús, pero de un Jesús al que ya no se encuentra en la historia. Vive una existencia nueva. Y esta es *escatológica* en el sentido más pleno de la palabra... Por eso esa nueva existencia, ya no sujeta a los límites de tiempo y espacio, ya no encuadrada por nuestros parámetros y vaivenes habituales, es tan difícil de *reconocer* y, por lo mismo, de contar. Jesús está ahora en la meta-historia. Es radicalmente otro y, al mismo tiempo, el *mismo* Jesús de siempre (Segundo, 1990, pp. 327-328).

La verdad de la resurrección trasciende la historia (para ahondar en este fundamento de la fe cristiana, recomiendo ampliamente la obra: *La resurrección del Hijo de Dios*, de N. T. Wright, 2008). Por eso mismo, el confesar la resurrección de Jesús obrada por Dios es un acto de fe, que no parte de la constatación histórica misma, sino a partir de la verdad, es decir, de la comunión con el Resucitado. Comunión, que es en sí, comprobación del hecho histórico y que nos hace experimentar la plenitud, el éscaton. Jesucristo, la vida, triunfa sobre la muerte.

Herejías y errores

Los conceptos del infierno y la resurrección son, por lo general, mal entendidos. Tales nociones distorsionadas quizás no sean herejías *per se*, pero son errores garrafales que nuevamente repercuten en la praxis. Algunas de estas equivocaciones comunes son:

La exaltación del infierno

En esta cara de la moneda, el infierno parece entenderse como un recurso para amedrentar a la gente a fin de que crea. Esto era común en el Medioevo, previo a la Reforma protestante, al estilo de Juan Tetzel, el fraile dominico rival de Lutero, que predicaba fervientemente los sufrimientos en el infierno a fin de conseguir la compra de indulgencias por parte de los fieles, quienes asustados con imágenes de demonios y del fuego eterno pagaban grandiosas cuentas para que sus familiares fallecidos, y ellos mismos, pudieran salir del purgatorio y recibir el perdón de pecados.

117

El siglo pasado, ámbitos evangélicos norteamericanos retomaron esta práctica que denomino 'terrorismo evangélico'. Un ejemplo claro de ello son los pequeños tratados de J. T. Chick, quien por medio de cartones evocaba el temor de sus lectores para que al final hicieran la llamada "oración del pecador" que, por cierto, en México, son todavía bastante populares. Otros casos se han venido dando, cada vez más extremos, como las prácticas de algunas iglesias bautistas fundamentalistas estadounidenses que con pancartas, abucheos y consignas tales como "¡Te vas a ir al infierno!" se plantan ante centros de salud donde se practican abortos o fuera de estadios o teatros donde se llevan a cabo conciertos de rock. Quizás el método llega a funcionar y las personas efectivamente llegan a creer, pero ¿en qué? Esta es la pregunta, no si creyeron o no, sino en qué creyeron. La respuesta es evidente: pues en un Dios distorsionado. No es difícil entender, por tanto, por qué muchos de estos evangélicos fundamentalistas viven años de frustraciones que, tarde o temprano, los lleva a abandonar esa fe deformada.

La negación del infierno

En la otra cara de la moneda está la negación del infierno. Esto se da como reacción al punto arriba expuesto, ahora a causa del nuevo paradigma del posmodernismo. En esta época, los presupuestos que antes se tenían como verdad se han puesto en tela de juicio y se han relativizado. En esa corriente encontramos el rechazo al infierno, que es visto como un elemento caduco, propio de la mitología y de la religión obsoleta. Además de que resulta chocante una proclama que mantiene la idea punitiva del infierno cuando lo que se desea es el placer, la felicidad y la autorrealización.

Esto ha provocado que los pastores ya no hablen del infierno por temor a que las personas les crean ofensivos. "Mejor no hablo del pecado ni del infierno, pues si no la gente dejará la Iglesia", dicen. La simple mención del infierno es entendida como intolerancia, y tal es una acusación muy grave en esta sociedad que ensalza la tolerancia sobre todo. Sin embargo, tengamos presente lo dicho por Rubem Alvez: "Quién todo lo tolera, nada le importa". Como hemos visto, la mención del infierno es parte de la predicación cristiana, pero no es su centro. De ahí que sea necesario considerarlo en el amplio marco de la obra salvífica de Dios en Cristo Jesús.

El universalismo

En la actualidad, este se desprende de lo anterior. Ya que la idea del infierno no es agradable, ni la exclusividad de la salvación en Cristo es aceptable, entonces lo que queda es una noción de salvación en la que todos son salvos sin la necesidad de arrepentimiento ni, incluso, la fe en Cristo Jesús (o lo que es igual, el rechazo a la necesidad de salvación). Así, podemos ver muchas "iglesias" de agnósticos que dicen ser cristianas, pero niegan la persona y obra de Jesucristo, aceptando todo tipo de conductas inmorales, de ideologías y de filosofías como credo, sustituyendo con ello la verdad del Evangelio y teniendo, claro está, un Jesús creado según sus propios gustos.

El universalismo encuentra su parte teológica en Orígenes (siglo III), quien "pensaba que probablemente después de largas expiaciones todas las criaturas serían purificadas para unirse a Dios eternamente...". Esta idea fue condenada en el Sínodo Constantinopolitano en el 543 y nuevamente en el Concilio Constantinopolitano II, en el 553 (Parente, Piolanti y Garofalo, 1955, p. 184). Siguiendo ese pensamiento, actualmente Leonardo Boff lo ha mencionado en más de una ocasión: su pensamiento universalista se encuentra a modo de continuación de la parábola apocalíptica de Jesús en Mateo 25:31-46, en la cual las ovejas claman para que no deje fuera a los cabritos, entonces estos también claman por misericordia y, finalmente, el Señor accede aceptando a todos por igual, pues dice Boff (1997), el infierno es "el cubo de basura que Dios no tiene" (pp. 39-59).

Esta noción del infierno y del universalismo deja de lado, tal como lo hace Boff, el texto bíblico para entonces especular sobre una cuestión que simplemente no se puede desarrollar a partir de la exégesis bíblica. Bernard Ramm (2008) en su diccionario conserva el pensamiento de Emil Brunner que declara:

> no podemos predicar el universalismo... Tampoco podemos especular acerca de aquellos que no han oído. No podemos aceptar la doctrina de una doble predestinación ni podemos aceptar la doctrina del universalis-

mo. Nuestra sola responsabilidad es confrontar a los hombres con el evangelio y no intentar pensar en una teoría lógica satisfactoria del destino de aquellos que no creen (p. 134).

La predestinación para perdición eterna

También debe aclararse que no hay una predestinación para perdición o condenación eterna. Parente, Piolanti y Garofalo (1955) explican bien el surgimiento de esta doctrina tan presente actualmente en círculos reformados hipercalvinistas:

> Tuvo su origen en algunas frases de S. Agustín, mal entendidas, acerca de la gratuidad de la gracia y de la debilitación del libre albedrío como consecuencia del pecado original. El primer predestinacionista fue el sacerdote francés Lucido (s. V), quien, combatiendo a los semipelagianos, cayó en el rigorismo de la predestinación. Su error fue recogido en el s. IX por el monje Gottschalk, y más tarde por Wicleff y Huss. Lutero y todavía más Calvino y Jansenio acentuaron el tinte pesimista de la teoría predestinaciana... Dios crea a algunos para el cielo y a otros para el infierno (Calvino, *Instit. religionis christianae*, 1.3, c. 21, p. 292).

Las implicaciones de esta noción distorsionada de la persona de Dios conducen a varias problemáticas. Por un lado, debido a ello ciertos creyentes no comparten el Evangelio. Tal era el caso de uno de los docentes que tuve en un seminario en Texas, él decía que nunca evangelizaba, pues aseveraba que si Dios ya ha definido quienes han de ser salvos, tales esfuerzos evangelizadores salen sobrando. Otros, matizando un poco la cuestión, indican que siendo que no se sabe quiénes son los elegidos, se debe evangelizar. Por otro lado, algunos sabiéndose elegidos se jactan de ello, convirtiendo su arrogancia casi en un distintivo denominacional, la falta de misericordia y empatía son tan comunes que se les puede escuchar decir: "¡Ah, está predestinado para condenación!", y esto incluso para todos los demás creyentes que no comparten su doctrina predestinacionista.

Sin embargo, de acuerdo con la Escritura, el ser humano es completamente responsable de su destino ante Jesucristo. Concuerdo con el enunciado del Concilio de Quierzy, celebrado en 853, que puntualiza:

> Dios omnipotente quiere que "todos los hombres", sin excepción, "se salven" (1Ti. 2:4), aunque no todos se salvan. Ahora bien, el que algunos se

salven es don de quien salva; y el que algunos se pierdan es culpa de los que se pierden (Lison, 2009, p. 38).

Una resurrección meramente espiritual

Este es otro problema, pues disecciona nuevamente la persona de Cristo. Cuando se entiende su resurrección únicamente en el ámbito espiritual se crea una dicotomía que repercute en todas las áreas de nuestra vida. Por ejemplo, no se tiene cuidado del cuerpo y es fácil caer en todo tipo de abusos que ocasionan problemas en la salud, pues se piensa que lo realmente importante y trascendente es el alma o el espíritu mientras que el cuerpo no tiene mayor relevancia. Veremos más de esto en los capítulos siguientes, especialmente en el capítulo 11.

Una última nota respecto a la libertad humana

La existencia del infierno es "garantía de la libertad del hombre", esto es precisamente porque es el ser humano el que elije libremente la condenación eterna al rechazar a Jesucristo, el Hijo de Dios (véase Jn. 3:16-21). Haciendo alusión al libre albedrío en esta cuestión, C. S. Lewis (citado en Keller, 2009), describe lo siguiente muy fiel a su propio estilo:

El infierno comienza con un temperamento gruñón, donde la persona se queja siempre, y culpa a los demás... y se sigue creyendo diferente a todo eso. La persona puede incluso criticarlo y ponerle fin. Pero es probable que llegue un día en que no pueda hacerlo. Entonces, no quedará el individuo para criticar el temperamento o incluso para disfrutarlo, sino simplemente el gruñido, continuando para siempre como una máquina. No se trata de que Dios 'nos envíe' al infierno. En cada uno de nosotros hay algo creciendo, que será el infierno si no lo cortamos de raíz... Solo hay dos clases de personas; las que le dicen a Dios 'hágase tu voluntad' o a las que Dios les dice finalmente: 'Tu voluntad será hecha'. Todos los que están en el infierno eligieron estar allá. No sería el infierno si no fuera una elección propia. Ningún alma que realmente quiera alegría cometería semejante error (p. 81).

Lo que resalta Lewis aquí es la libre elección de la persona, así como su propia responsabilidad; no obstante, debemos aclarar que sí es Dios quien condena al infierno, específicamente es Jesucristo quien pronuncia la sentencia final en su calidad de Rey y Señor, es su veredicto ante la decidida incredulidad (Jn. 3:18; 2Ts. 2:12) y, por tanto, el juicio ante la negativa del ser humano a sujetarse a su señorío, lo cual se evidencia en las obras de misericordia al prójimo (Mt. 25:41).

Para continuar la reflexión

1. ¿El tema del infierno se aborda en las predicaciones de tu Iglesia? Comenta cómo se ha expuesto, cuáles son tus impresiones, y qué podría mejorar.
2. ¿Qué opinas de lo que llamo "terrorismo evangélico"? ¿Qué se podría hacer para evitarlo y para tener un balance adecuado?
3. Elije algún tratado *Chick* y evalúa su contenido.
4. Si se está realizando este estudio en grupo, compartan sus ideas sobre el universalismo y el predestinacionismo.
5. La resurrección de Cristo es nuestra esperanza, ¡alaba a Dios! Puedes orar agradeciéndole a Dios por ello.

CAPÍTULO 6

Ascendió a los cielos, está sentado a la diestra del Padre todopoderoso

Tras la resurrección, el creyente confiesa la gloriosa ascensión de su Señor. Veamos este enunciado.

Ascendió a los cielos

Los Evangelios y las Epístolas dan testimonio de la ascensión de Jesucristo (Mr. 16:19; Lc. 24:51; Jn. 20:17; Hch. 1:9-11; 5:31). Pero la proclamación de la ascensión a los cielos, no se refiere tanto a un lugar, sino más bien al ámbito de lo divino, en contraste con lo terreno que ya había dejado atrás, pues el Hijo había cumplido ya cabalmente con el envío del Padre (*"consumado es"*, Jn. 19:30).

> No es el cielo su morada. El Crucificado y Resucitado está allí donde está Dios. Esta es la meta de su actividad en la tierra y en la historia: llegar *hasta allí*. En la encarnación y la crucifixión se trata del abajamiento de Dios. Pero en la resurrección de Jesucristo se trata de la exaltación del hombre. Cristo como portador de la humanidad, como representante nuestro, está ahora allí donde Dios está, y es como es Dios. Nuestra carne,

nuestra naturaleza humana, está en él exaltada hasta Dios. Este es el fin de su obra: ¡Nosotros con Él allá arriba! ¡nosotros con Él junto a Dios! (Barth, 2000, p. 146).

Por eso, la Encarnación junto con la Resurrección hace posible que la humanidad tenga acceso a la comunión plena con Dios. Cristo, Hijo de Dios, Hijo de Hombre, lleva a la humanidad con Dios.

La ascensión de Jesucristo es también la vindicación de parte de Dios, como lo sería la resurrección (*"Sepa, pues, ciertísimamente toda la casa de Israel, que a este Jesús a quien vosotros crucificasteis, Dios le ha hecho Señor y Cristo"*, Hch. 2:36; cf. 1Ti. 3:16). Estamos, por tanto, ante varias tradiciones sobre la exaltación y glorificación de Jesucristo por Dios. No se trata de contradicciones, sino de acentos teológicos. Así, Karrer (2002) comenta:

Hoy día apenas hay conciencia ya de la vaguedad inicial que hubo entre la resurrección y la exaltación. Esto se debe principalmente a la influencia de la historiografía lucana. En efecto, esta encuadra la resurrección y la exaltación en etapas claramente separadas. *Lucas crea el orden plástico de sucesión: muerte – resurrección – exaltación*, que llega a popularizarse en la historia de la teología. La estructura sintáctica de los pasajes lucanos delata que él, en todo ello, combina tradiciones (Hch. 2:31ss; cf. 5:30s). Con el orden introducido, crea espacio para la Ascensión, que es esencial para Lucas (cf. 4:10d). Con su concepción él no se impone en todo el Nuevo Testamento. El Evangelio de Juan, yendo a contracorriente, sitúa la exaltación ya en la cruz (Jn. 3:14; 8:28; 12:32, 34) (p. 78).

Está sentado a la diestra del Padre todopoderoso

La pregunta de los niños: "¿y qué hace Jesús en el cielo?" obtiene respuesta con este enunciado:

Está sentado

La plenitud de su obra se expresa en el tiempo del verbo: después de los verbos en pasado "padeció", "fue crucificado, muerto y sepultado", "descendió", "resucitó" y "ascendió", tenemos, en tiempo presente, "está sentado". Barth (2000) explica:

Con este 'está sentado a la derecha del Dios Padre' entramos manifiestamente en un tiempo *nuevo*, que es nuestro tiempo presente, el tiempo de la Iglesia, el tiempo escatológico, inaugurado y fundado por la obra de Jesucristo (p. 145).

… a la diestra del Padre todopoderoso

Este "estar sentado" no significa que ahora Jesucristo no hace nada: "El hecho de que una persona se siente a la derecha significa que se concede a esa persona una distinción especial" (Balz y Schneider, 2005, I, p. 862). En este sentido, el enunciado expresa la entronización corporal de Jesucristo como soberano universal. El Artículo 6 del *Catecismo de la Iglesia Católica*, cita a Juan Damasceno (Vatican, S/F):

Cristo, desde entonces, *está sentado a la derecha del Padre*: "Por derecha del Padre entendemos la gloria y el honor de la divinidad, donde el que existía como Hijo de Dios antes de todos los siglos como Dios y consubstancial al Padre, está sentado corporalmente después de que se encarnó y de que su carne fue glorificada" (San Juan Damasceno, *Expositio fidei*, 75 [*De fide orthodoxa*, 4, 2]: PG 94, 1104).

Hay dos connotaciones sobre la obra de Cristo. Primero, la noción del Rey Mesías: el estar sentado a la diestra del Padre todopoderoso significa que Jesucristo reina. Jesús lo expresó así (*"Y Jesús le dijo: Yo soy; y veréis al Hijo del Hombre sentado a la diestra del poder de Dios, y viniendo en las nubes del cielo"*, Mi. 14.62, cf. 12.35-37; Mt. 26:64).

Este enunciado proviene de la interpretación que hace del Salmo 110. *"Yahweh dijo a mi Señor: Siéntate a mi diestra, hasta que ponga a tus enemigos por estrado de tus pies"* (v. 1) y también de Daniel 7 (que a su vez remite al Salmo):

"Miraba yo en la visión de la noche, y he aquí con las nubes del cielo venía uno como un hijo de hombre, que vino hasta el Anciano de días, y le hicieron acercarse delante de él. Y le fue dado dominio, gloria y reino, para que todos los pueblos, naciones y lenguas le sirvieran; su dominio es dominio eterno, que nunca pasará, y su reino uno que no será destruido" (v. 13-14).

El NT continúa mencionando su reinado (*"preciso es que él reine hasta que haya puesto a todos sus enemigos debajo de sus pies"*, 1Co. 15:25; cf. Ef. 1:20; Hch. 2:34-36; 7:56; 1Pe. 3:22; Ap. 5:13).

Segundo, la noción de Sacerdote: además de la actividad real está la sacerdotal a partir del Salmo 110:4: *"Juró Yahweh, y no se arrepentirá: Tú eres sacerdote para siempre según el orden de Melquisedec"*. Se entiende ello como la obra que Jesucristo efectúa a la diestra del Padre: *"Cristo es el que murió; más aún, el que también resucitó, el que además está a la diestra de Dios, el que también intercede por nosotros"* (Ro. 8:34). El autor de Hebreos desarrolla esta noción cristológica aún más:

> *... el cual, siendo el resplandor de su gloria, y la imagen misma de su sustancia, y quien sustenta todas las cosas con la palabra de su poder, habiendo efectuado la purificación de nuestros pecados por medio de sí mismo, se sentó a la diestra de la Majestad en las alturas* (1:3).

Luego, en 4:14-16:

> *Por tanto, teniendo un gran sumo sacerdote que traspasó los cielos, Jesús el Hijo de Dios, retengamos nuestra profesión. Porque no tenemos un sumo sacerdote que no pueda compadecerse de nuestras debilidades, sino uno que fue tentado en todo según nuestra semejanza, pero sin pecado. Acerquémonos, pues, confiadamente al trono de la gracia, para alcanzar misericordia y hallar gracia para el oportuno socorro.*

En 7:22-25 se cita el Salmo 110:1 para señalar el establecimiento de un nuevo pacto:

> *Por tanto, Jesús es hecho fiador de un mejor pacto. Y los otros sacerdotes llegaron a ser muchos, debido a que por la muerte no podían continuar; mas este, por cuanto permanece para siempre, tiene un sacerdocio inmutable; por lo cual puede también salvar perpetuamente a los que por él se acercan a Dios, viviendo siempre para interceder por ellos.*

También expresa: *"Ahora bien, el punto principal de lo que venimos diciendo es que tenemos tal sumo sacerdote, el cual se sentó a la diestra del trono de la Majestad en los cielos..."* (8:1; cf. 9:11-15; 10:12). Jesucristo es Rey y Sacerdote.

Implicaciones para la Iglesia

Cristo, al ascender a los cielos envió a su Espíritu (Hch. 2:33, cf. 1:8; 2:1-4, 16-21; Jn. 14:16s, 26; 15:26s; 16:7-15) y con ello quedó fundada la Iglesia que es su cuerpo. Por tanto, la Iglesia, en tanto que es el cuerpo, goza de la victoria de la cabeza que es Cristo:

> *… la cual operó en Cristo, resucitándole de los muertos y sentándole a su diestra en los lugares celestiales, sobre todo principado y autoridad y poder y señorío, y sobre todo nombre que se nombra, no solo en este siglo, sino también en el venidero; y sometió todas las cosas bajo sus pies, y lo dio por cabeza sobre todas las cosas a la iglesia, la cual es su cuerpo, la plenitud de Aquel que todo lo llena en todo* (Ef. 1:20-23).

A la luz de la exaltación de Jesucristo como Rey, el creyente tiene una misión que cumplir, pues es testigo de la resurrección:

> *Y Jesús se acercó y les habló diciendo: Toda potestad me es dada en el cielo y en la tierra. Por tanto, id, y haced discípulos a todas las naciones, bautizándolos en el nombre del Padre, y del Hijo, y del Espíritu Santo; enseñándoles que guarden todas las cosas que os he mandado; y he aquí yo estoy con vosotros todos los días, hasta el fin del mundo. Amén* (Mt. 28:18-20).

Por tanto, debe vivir en obediencia y está capacitado para hacerlo por los dones que recibió de aquel que ascendió (*"a cada uno de nosotros fue dada la gracia conforme a la medida del don de Cristo"*, Ef. 4:7). Así mismo, el creyente, en tanto que es miembro del cuerpo de Cristo está ya sentado en los lugares celestiales con Cristo Jesús:

> *Pero Dios, que es rico en misericordia, por su gran amor con que nos amó, aun estando nosotros muertos en pecados, nos dio vida juntamente con Cristo (por gracia sois salvos), y juntamente con él nos resucitó, y asimismo nos hizo sentar en los lugares celestiales con Cristo Jesús, para mostrar en los siglos venideros las abundantes riquezas de su gracia en su bondad para con nosotros en Cristo Jesús* (Ef. 2:6; cf. la acción futura en Ap. 3:21).

Vivimos en el "ya y todavía no", como expresaba Cullmann. Este es el ser eclesial y escatológico del creyente. Eclesial: en cuanto pertenece a la comunidad de creyentes como miembro del cuerpo de Cristo. Escatológico: pues se halla en la nueva vida en Cristo. Ahondaremos en ello en los siguientes capítulos.

Herejías y errores

Ascensión meramente espiritual

Es necesario machacar las dicotomías tan comúnmente difundidas y presentes en la imaginación de los creyentes. Tal como lo señalamos anteriormente, sin encarnación no hay salvación, por ende, su muerte, resurrección y ascensión a los cielos implicó todo su ser. No está en el cielo como un fantasma, tampoco como un ángel, sino como el primer hombre en ser resucitado de entre los muertos. Su cuerpo glorificado es esperanza para todos los creyentes, pues esperamos también la resurrección de nuestra carne a la imagen del Hijo de Dios.

Teología de la prosperidad

La exaltación de Jesucristo desde la cruz, tal como es proclamada en Juan, es un punto teológico que debemos recuperar en estos tiempos en los que se busca el éxito como muestra de gran espiritualidad. En ciertas iglesias este modo de pensar ha apestado cada actividad ministerial: números, números y más números.

Si una iglesia tiene cientos de miembros es buena, si tiene miles es exitosa; si el pastor tiene trajes, relojes, anillos, automóvil del año, o miles de seguidores en redes sociales, entonces es exitoso. Esto también es parte de la proclamación de la llamada teología de la prosperidad, pues asume que este éxito es demostración de la exaltación y bendición que Dios les concede. Pero no se piensa que la exaltación de Jesucristo se manifiesta en la cruz. La verdadera exaltación comienza hacia abajo.

La lógica que formula la teología de la prosperidad es la siguiente: si eres hijo de Dios, entonces eres hijo del Rey, por tanto, debes vivir como príncipe o princesa, disfrutando de todas las bendiciones materiales resultado de ello. El éxito socioeconómico y la salud son muestra de esa bendición divina. La falta de reconocimiento, la pobreza y la enfermedad son maldiciones, o incluso demonios. Si un cristiano llega a afrontar alguna de estas situaciones, se debe a algún pecado o a la falta de fe. Ahora, ¿cómo se demuestra esa fe? pues a través de los donativos o pactos económicos que se hagan: entre más se pacte, es decir, entre mayor sea el monto entregado, mayor fe demostrada. Por eso, en tales iglesias se hace una diferencia grotesca entre ricos y pobres. Allí "hay niveles" de espiritualidad, vendidos al mejor postor. Así puede verse a sus líderes llevando una vida opulenta, mientras que la mayoría de los miembros de su iglesia pertenecen a la clase obrera. A estos se les insta a pactar y donar sus pocas ganancias, mientras que sus pastores, profetas y apóstoles, les succionan la vida, presionándolos y extorsionándolos con sus predicaciones, tergiversando textos y manipulando sus emociones, tentándoles con la presentación de una vida de ensueño y encendiendo su codicia.

Para ilustrar esto, me viene a la mente la visita que hice a dos iglesias: en una el predicador indicó a sus ujieres que pusieran al frente unas alcancías, estas tenían forma de cerditos. A continuación, predicó a partir de Marcos 5:1-20, diciendo que Jesús había arrojado los demonios del gadareno a los cerdos y eso lo había liberado de su mal. Entonces hizo un llamado a que todos los afligidos mostraran su fe, pues la fe en el Señor les liberaría; sin embargo, esa fe habría de ser demostrada en los billetes que entregaran, lo cual, claro está, entre de mayor denominación fueran, mejor. Con otra pirueta exegética exhortaba a depositar sus billetes en los cerdos como símbolo de que dejaban ir lo que les aquejaba. Vi decenas de personas, la mayoría pobres, en huaraches, sacando sus billetes para irlos a entregar. Tras lo cual el predicador volvía a hacer otro llamado a mostrar una fe mayor con un monto más elevado… La otra situación se dio en una mega iglesia de Guatemala, donde los ujieres pasaban con alfolíes para recibir las monedas y los billetes de las ofrendas y los diezmos, pero además, para mi sorpresa, ¡también tenían disponibles terminales para los pagos con tarjeta de los ricos y pudientes que sacaban su Visa, MasterCard o American Express!

De manera diametralmente opuesta, podemos ver en los Evangelios la vida del Señor Jesucristo, que demuestra que el camino a la exaltación va hacia abajo, que como discípulos suyos andamos en ese camino (*"el siervo no es mayor que su Señor"*, Jn. 13:16; 15:20), y que en medio de esas adversidades él está con nosotros (*",.. en el mundo tendréis aflicción; pero confiad, yo he vencido al mundo"*, Jn. 16:33).

Ante las circunstancias difíciles de la vida, la falta o pérdida de trabajo, las enfermedades, las crisis económicas y sociales en nuestros países, el alza de la canasta básica o en los servicios esenciales como el gas, la luz y el agua, podemos acercarnos en oración al Señor que reina y está en control de todo. Él, como nuestro gran sumo sacerdote, nos escucha y nos comprende muy bien, pues ha asumido nuestra humanidad plenamente. De esta manera él nos responde, según su voluntad, que es buena, agradable y perfecta. Por lo cual, podemos confiar y descansar en nuestro Señor, quien después de haber padecido, está exaltado sentado a la diestra del Padre.

Para continuar la reflexión

1. ¿Qué otras ideas y aplicaciones puedes obtener de la ascensión de Cristo?
2. ¿Qué importancia tiene la mención de que Jesucristo está sentado a la diestra del Padre?
3. ¿Qué opinas sobre las enseñanzas de la teología de la prosperidad?
4. ¿Identificas algún tipo de enseñanza de la teología de la prosperidad que anteriormente no hayas percibido?
5. ¿Qué aprendizaje has obtenido de la exaltación de Jesucristo efectuada en la cruz, tal como la presenta Juan en su Evangelio?

CAPÍTULO 7

De ahí vendrá a juzgar vivos y muertos

El séptimo enunciado del Símbolo abre nuestro panorama de la historia. Como se ha observado, los verbos de los enunciados anteriores se encuentran en pasado y en presente, el verbo del séptimo enunciado se encuentra en futuro: "vendrá". Enseguida se examinará esta afirmación y, posteriormente, se ofrecerán algunas aclaraciones y precisiones acerca de la escatología cristiana.

De ahí vendrá a juzgar vivos y muertos

Jesús prometió que vendría nuevamente. Esa venida será el establecimiento del reino mesiánico (Mt. 24-25; Mr. 13; Lc. 21:25-36; Jn. 14:28; Hch. 1:6-7). Ante las preguntas de las primeras comunidades al respecto, los autores del NT respondieron explicándolo (Ro. 8:18-27; 1Co. 15:22-28; 1Ts. 4:13–5:26; 1Pe. 4:1-5; 2Pe. 3; Ap.).

Por ello, los cristianos claman pidiendo su venida (1Co. 11:26, en la eucaristía; 16:22; Ap. 22:17, 20) y viven en obediencia a la luz de aquella esperanza (2Pe. 3:11-12). Mientras el Señor viene, nos hallamos en un tiempo de prueba (2Ts. 2; 2Ti. 4:1-8; 1Jn. 2:18-29; 2Jn.).

7-11), al mismo tiempo se muestra sobre la paciencia de Dios para los incrédulos gentiles (2Pe. 3:9) y judíos (Ro. 11). Su venida puede ser en cualquier momento (1Ts. 5:2; cf. la enseñanza de Jesús en los Evangelios). Respecto a su juicio, el *Catecismo de la Iglesia Católica* (Vatican, S/F) señala de manera precisa, lo siguiente:

> Siguiendo a los profetas (cf. Da. 7:10; Jl. 3:4; Mal. 3:19) y a Juan Bautista (cf. Mt. 3:7-12), Jesús anunció en su predicación el Juicio del último Día. Entonces, se pondrán a la luz la conducta de cada uno (cf. Mr. 12:38-40) y el secreto de los corazones (cf. Lc. 12:1-3; Jn. 3:20-21; Ro. 2:16; 1Co. 4:5). Entonces será condenada la incredulidad culpable que ha tenido en nada la gracia ofrecida por Dios (cf. Mt. 11:20-24; 12:41-42). La actitud con respecto al prójimo revelará la acogida o el rechazo de la gracia y del amor divino (cf. Mt. 5:22; 7:1-5). Jesús dirá en el último día: "Cuanto hicisteis a uno de estos hermanos míos más pequeños, a mí me lo hicisteis" (Mt. 25:40).

Cristo es Señor de la vida eterna. El pleno derecho de juzgar definitivamente las obras y los corazones de los hombres pertenece a Cristo como Redentor del mundo. Adquirió, por así decirlo, este derecho por su Cruz. El Padre también ha entregado "todo juicio al Hijo" (Jn. 5:22; cf. Jn. 5:27; Mt. 25:31; Hch. 10:42; 17:31; 2Ti. 4:1). Pues bien, el Hijo no ha venido para juzgar, sino para salvar (cf. Jn. 3:17) y para dar la vida que hay en él (cf. Jn. 5:26). Es por el rechazo de la gracia en esta vida por lo que cada uno es juzgado (cf. Jn. 3:18; 12:48); cada uno es retribuido según sus obras (cf. 1Co. 3:12-15) y puede incluso condenarse eternamente al rechazar el Espíritu de amor (cf. Mt. 12:32; Heb. 6:4-6; 10:26-31).

Aclaraciones y precisiones respecto a la escatología cristiana (Durán, 2011, pp. 9-13)

"El concepto 'escatología' lo utiliza por primera vez A. Colov (†1618) en el volumen XII de su *Systema locorum theologicorum*" (Tamayo, 2000, p. 13). Balz y Schneider (2005, I, p. 1616) indican que el término proviene de la raíz griega εσχατος (*éscatos*) que significa último o postrero, y se utiliza 52 veces en el Nuevo Testamento; se utiliza en contextos de carácter coloquial como "en último lugar" (Mr. 12:6, 22), o designa sucesión temporal (Jn. 7:37); Pablo lo utiliza como concepto escatológico en 1 Corintios 15:52 (*"en un momento, en un abrir y cerrar de ojos, a la final trompeta; porque se tocará trompeta, y los muertos serán resucitados incorruptibles, y nosotros seremos transformados"*) y en Apocalipsis es usado como autopresentación del Revelador (*"no temas; yo soy el primero y el último"*, 1:17; *"Yo soy el Alfa y la Omega, el principio y el fin, el primero y el ultimo"*, 22:13).

Por su parte, Léon-Dufour (2002), definiendo 'escatología', escribe que:

> Para el cristiano, que ha llegado a la plenitud de los siglos, los últimos tiempos designan el período que va desde la venida de Jesús hasta su vuelta en la parusía. Por tanto, la situación temporal del creyente puede ser calificada como escatológica (p. 263).

En la literatura helenística designa la *epifanía* (aparición) de Dios o de un dios, pero también se utiliza para la llegada de un emperador o de algún dignatario a una ciudad de las provincias. El uso en el NT parte de la expectativa mesiánica del AT, así, la *parusía* indica la venida de Cristo y los eventos que la acompañan (Balz y Schneider, 2005).

De modo que "la escatología ya no se presenta como relato anticipado de los acontecimientos finales de la historia, sino como movimiento dialéctico entre el 'ya' y el 'todavía-no'" (Tamayo, 2000, p. 18), es decir, se ha inaugurado con la Encarnación y se verá plenamente consumada con su venida. Con esto en mente, comprendemos su sentido antropológico, pues se relaciona íntimamente con el ser humano en su pasado, presente y futuro. Pero esta escatología no es antropocéntrina, sino que se fundamenta en la persona y obra de Jesucristo, Dios-hombre, y así él es su comienzo y su plenitud. La escatología es, indisputablemente, cristocéntrica.

Por lo tanto, también podemos señalar que la "escatología significa doctrina acerca de la esperanza cristiana, la cual abarca tanto lo esperado como el mismo esperar vivificado por ello", como lo expresó ya Moltmann (2006, p. 20). Entonces, aunque la esperanza es exclusiva de la enseñanza cristiana, incluye a toda la humanidad. Este concepto de escatología modifica cualquier otra concepción errónea centrándonos en la doctrina bíblica que tiene en su seno la persona, praxis y catequesis de Jesucristo.

Objetivo de la escatología

Anteriormente se utilizaba la palabra 'novísimos' para referirse a las cuestiones futuras. En este concepto:

> ... la muerte, el juicio, el infierno y la gloria, contenidos tradicionales del tratado, se presentaban en él como clave de comprensión cristiana del destino humano y de una comprensión que secularmente había conducido a manejar las imágenes relacionadas con el desenlace final de la vida para infundir miedo, obediencia y moralismo desencarnado (Tornos, 1989, p. 11).

Sin embargo, parece que la escatología, al menos, popular, ha retomado este mismo cause. El miedo del ser humano ante lo incierto del futuro afecta en el estudio y comprensión de la escatología. Por ello, cuando se habla de temas escatológicos en la Iglesia se trata de impresionar a la gente de modo que se arrepientan y crean en Cristo, sin embargo, esta conversión está dictaminada por un terrorismo y el Evangelio se convierte así en malas noticias en vez de buenas nuevas. El objetivo de la escatología bíblica evidentemente no es infundir terror.

Tampoco su objetivo es dar "mapas exactos del futuro" como se pretende en esquemas teológicos milenaristas, los cuales parten de una interpretación literalista de los *"mil años"* en Apocalipsis 20:1-6. Algunos opinan que la venida de Cristo es antes de un período de mil años (premilenarismo), después de ello (postmilenarismo), o que no hay tal milenio (amilenarismo). Ante ello, Alberto Fernando Roldán (2001), nos advierte contra el peligro de caer en una escatología tipo ciencia ficción: "Una forma extrema de premilenarismo dispensacionalista se fue formando a través del tiempo, consiguiendo, a partir de la década de 1970, un gran movimiento de ventas, debido a su carácter sensacionalista" (p. 97); por ejemplo, cita la obra de Hal Lindsey (1970), *The Late Great Planet Earth*, donde se habla de un "arrebatamiento secreto" de la Iglesia y se interpreta a la Unión Soviética como el Anticristo, acerca de lo cual apunta Roldan (2001):

> El colapso del comunismo y la desaparición de la Unión Soviética son evidencia de la superficialidad de esos 'mapas y esquemas escatológicos', obligando a sus creadores a realizar un serio replanteamiento de los mismos (p. 98).

Esta observación vale también para la novela *Dejados atrás*, de Tim LaHaye y Jerry B. Jenkins (el primer libro fue publicado en 1995, el último en 2007; ¡una serie de dieciséis libros!) o cualquier otra, pues por lo general tales novelas llegan a usurpar el lugar de manuales dogmáticos.

Entonces, ¿qué objetivo tiene la escatología? No es otro que:

> … explorar la revelación entera de la Palabra infalible de Dios con el objetivo de discernir el curso de la historia del mundo, divinamente ordenado y proféticamente revelado, desde la creación hasta la consumación, y así dirigir 'un llamado a la acción y obediencia en el presente' (Bock, Blaising, Gentry, Strimple, 2004, pp. 11-12).

Esta acción y obediencia en el presente está determinada en Jesucristo. Él es el evento escatológico que modifica la historia. Por ello la vida y predicación de Jesús es evidentemente escatológica. Jesucristo nos habla en múltiples pasajes del reino de Dios, Bultmann (2001) lo expresa de manera contundente: "Él anuncia su inmediata, ya inminente, irrupción, que ya ahora se siente. La realeza divina es un evento escatológico" (p. 42). El reino de Dios es trascendente en el tiempo y a la vez es ya inmanente en su encarnación, por eso Jesús expresa que *"el reino se ha acercado"* (Mr. 1:15; Lc. 11:20); sobre estos pasajes, también comenta: "Todo esto no significa que el reino de Dios está ya presente; sí indica que está irrumpiendo" (p. 45).

La escatología de Jesús

En los profetas, observamos el pleno conocimiento que tenían de la situación social, religiosa, política y económica en la que se encontraban. Su mensaje profético-escatológico se relacionaba con su realidad presente. Por ejemplo, Von Rad (1967) observa:

> Amós e Isaías trabajan en la sombra de la amenaza de Asiria, Jeremías ve el desastre venir del norte, de los neobabilónicos, Deutero Isaías conoce plenamente el emerger del persa Ciro, y Hageo y Zacarías se dan cuenta de las convulsiones que estremecieron el Imperio persa en el 521. Esta correlación entre los profetas y la historia mundial es la clave verdadera para entenderlos correctamente, ya que colocaban los nuevos hechos históricos de Dios que veían alrededor suyo en exactamente la misma categoría de

los eventos básicos antiguos de la historia canónica —de hecho, gradualmente se dieron cuenta que esta nueva acción histórica iba a superar y, por tanto, hasta cierto punto, sustituir lo viejo (p. 89).

Su predicción tenía un objetivo claro. El profeta pretendía que en respuesta a su mensaje el pueblo modificara aquello que no estaba bien a los ojos de Dios. Su labor tenía dos ejes: denunciar el pecado y anunciar la palabra de Yahweh, que podía ser de juicio o de redención. Jesús continuaría con aquella característica profética en todo su ministerio. Las enseñanzas de Jesucristo estaban íntimamente ligadas a sus acciones. Su mensaje escatológico, como lo vemos en Mateo 25, tenía como énfasis activar a sus oyentes en esa expectativa escatológica: aquellos que son llamados a heredar el reino son los mismos que le dieron de comer cuando tuvo hambre, le dieron de beber cuando tuvo sed, lo recogieron cuando era forastero, lo cubrieron cuando estaba desnudo, lo visitaron en su enfermedad, y en la cárcel fueron a él, a ellos Mateo les llama justos. A lo largo del Evangelio según San Mateo, Jesús no se cansa de llamar a hacer justicia. En el llamado "Sermón del monte" lo enfatiza una y otra vez (Mt. 5:6, 10, 20; 6:1, 33). En este último versículo ordena buscar primeramente el reino de Dios y su justicia. Y explicando la parábola escatológica del trigo y la cizaña, indica que: *"Entonces los justos resplandecerán como el sol en el reino de su Padre. El que tiene oídos para oír, oiga"* (Mt. 13:43). Su anuncio del reino de Dios tenía implicaciones presentes:

De hecho, siguiendo la opinión unánime de los apóstoles y escritores del Nuevo Testamento, la escatología fue iniciada por Jesucristo. En ese sentido, podemos hablar de una "escatología realizada" o, mejor dicho, de una "escatología inaugurada y en proceso de realización ininterrumpida". Dios, que habló de muchas maneras en otros tiempos, por los profetas, "en estos días escatológicos nos habló por medio de su Hijo". ... El futuro ya comenzó... vivamos nuestros días escatológicos, con todo lo que eso significa en términos no solo de juicio, mas también de esperanza (Roldan, 2001, p. 152).

La Iglesia, comunidad escatológica

La Iglesia es una comunidad escatológica, por lo tanto, está plenamente relacionada con la justicia, elemento esencial en el mensaje escatológico de Jesucristo. Así podemos entender el actuar de sus discípulos:

> ... la justicia forma parte de las grandes características de la manera cristiana de vivir (1Ti. 6:11; 2Ti. 2:22; cf. Tito 1:8; 2:12). No es extraño, entonces, que se mencione el ejemplo de Jesús. Es un modo de mostrar que la justicia es la consecuencia lógica de la vinculación a Aquel que es justo: "Hijos míos, que nadie os engañe. Quien obra la justicia es justo como él [Jesús] es justo..." (Debergé, 2003, p. 49).

Por lo tanto, la comunidad reconoce a su Señor Jesucristo que en su mensaje escatológico le impele a no ceder ante cualquier otra orden que se contraponga a su justicia. Y la Iglesia siendo comunidad no puede existir sin justicia. Así la escatología se presenta en la comunidad como denuncia del mal y anuncio del bien, tanto al interior de ella como hacia afuera.

En cuanto a nuestra manera de cumplir la misión que Cristo Jesús nos encomendó de hacer discípulos a todas las naciones y su relación con la escatología, debemos considerar que:

> ... no fueron los apocalipsis (también muy difundidos entre las primeras comunidades cristianas), sino los evangelios los que se constituyeron en la forma literaria característica de la joven Iglesia... ¡La apocalíptica se entendió desde el evangelio, y no al revés! (Küng, 1983, p. 342).

Por lo tanto, la apocalíptica es un género literario que surge de la escatología. Ahora bien, la Buena nueva es la predicación del cristianismo y, por tanto, la escatología, y por ende también la apocalíptica bíblica, debe comprenderse a partir de esa Buena nueva, el Evangelio: Jesucristo mismo.

Finalmente, partiendo de nuestra explicación sobre la escatología como aliciente para la justicia ante la expectativa del Reino, en la sociedad donde vivimos debemos levantar la voz frente a los abusos que la azotan. Solo así nos acercamos más al concepto de Iglesia como cuerpo de Jesucristo, el Justo. La escatología bíblica provee al ser humano esperanza. Esta esperanza emerge del Señor Jesucristo quien predicó el Reino de Dios cuya característica es la justicia. No puede haber esperanza sin justicia. La esperanza de todo ser humano es la gloriosa venida del Señor Jesucristo. Por ello clamamos: ¡Ven Señor Jesús!

Herejías y errores

Nuevamente aparecen aquí errores, no tanto herejías, aunque algunos surgen al dividir la persona de Cristo. Roldan (2001, pp. 151-152) especifica que existen tres dicotomías comunes: la dicotomía del ser, del tiempo, y de la Iglesia y el mundo.

La dicotomía del ser

En primera instancia se requiere erradicar el docetismo que disecciona al ser humano en lo espiritual y lo material. Tal dicotomía se evidencia en frases como "ganar almas para Cristo" y sus implicaciones en el evangelismo donde solo importa que hagan una confesión de fe, mientras que sus necesidades de salud o económicas no interesan en lo más mínimo; o concepciones en las que se le da mayor valor a lo espiritual que a lo material, así en algunos ámbitos evangélicos, cuando una persona tiene alguna enfermedad, se ora por ella, se le unge, incluso se le exorciza solicitándole que tenga fe, pero no se le permite ir al médico pues ello sería muestra de duda o incluso un pecado; también deriva de esta dicotomía el énfasis en lo demoníaco y la llamada lucha o guerra espiritual, que desconoce la responsabilidad humana. Eliminar tal error doctrinal a través de la catequesis, permitirá que el cristiano pueda hacerse cargo de las necesidades del ser humano, por ejemplo: su alimentación, educación, trabajo, prestar consejería adecuada en torno a lo emocional y sexual, tener mayor participación en la justicia social, medioambiental, económica, política, etc.

La dicotomía del tiempo

Debemos "dejar de soñar ociosamente en un futuro desligado de la historia". Esta noción es muy común, en ideas como "en el cielo las cosas serán mejores", "aquí nos toca llorar, pero allá el Señor enjugará nuestras lágrimas", el presente se vive bajo una cosmovisión negativa, apesadumbrada y triste, mientras que se espera imaginando un futuro de puro placer y éxtasis. La vida es contemplada como una pesada carga de dolores, penas y sufrimientos. Por otro lado, también es común el temor al futuro y que este sea causa de ansiedad y preocupación: recuerdo el caso de un padre de familia quien acongojado me decía que estaba seguro de que pronto sería la venida del Señor. Al seguir indagando el porqué de su tristeza, reveló que se debía a que no podría ver crecer a su hija ni disfrutar de su compañía, de sus risas, juegos y cumpleaños, no creía que llegaría a cumplir quince años sin que antes fuera la venida de Cristo; en otras palabras, se encontraba afligido porque la idea que tenía de la venida del Señor no le permitía disfrutar la vida ahora. ¡Que distorsión terrible de la esperanza bienaventurada! (Tito 2:13). Por lo cual, debemos eliminar estas nociones deformadas que dividen los tiempos y los malinterpretan.

La dicotomía entre Iglesia y sociedad

En este punto, debemos aclarar que el mensaje escatológico no solamente trata con la Iglesia, sino con todo lo creado (*"por medio de él* [Cristo] *reconciliar consigo todas las cosas, así las que están en la tierra como las que están en los cielos, haciendo la paz mediante la sangre de su cruz"*, Col. 1:20; *"Porque la creación fue sujeta a vanidad, no por su propia voluntad, sino por causa del que la sujetó en esperanza; porque también la creación será libertada de la esclavitud de corrupción, a la libertad gloriosa de los hijos de Dios"*, Ro. 8:20ss). La Iglesia como comunidad escatológica debe ser un agente activo en relación con toda la creación. La comunidad escatológica no vive aislada del resto de la sociedad, ha sido llamada a ser luz en medio de tinieblas.

Si consideramos esto, serviremos a Dios en dondequiera que nos encontremos haciendo justicia. Moltmann (1992, pp. 22-23), expresa que la Iglesia debe considerar hacer y fomentar la justicia en el ámbito económico (trabajos estables, bien remunerados, mercado justo, etc.), intergeneracional (pensando en lo que hemos de heredar a la siguiente generación, desde la educación, la cultura, ética, moral, lo social, incluso la fe misma) y ecológico (el cuidado de la tierra en la cual el Señor nos ha puesto como mayordomos).

Para continuar la reflexión

1. ¿Cuál es el posicionamiento doctrinal escatológico de tu iglesia? ¿Estás de acuerdo con ello? Indica porqué sí o porqué no.
2. ¿Qué otras ideas y prácticas erradas consideras que existen entre los cristianos acerca de la escatología?
3. A partir de lo expuesto en este capítulo, ¿qué evaluación darías sobre el autodenominado "movimiento profético" actual?
4. Menciona tres propuestas concretas que podrían implementarse, ya sea de manera individual o en tu comunidad eclesial, para hacer justicia económica, intergeneracional y ecológica.

CAPÍTULO 8

Creo en el Espíritu Santo

Habiendo comenzado diciendo que el cristiano cree en un Dios trino, siendo la comunión intratrinitaria la que se desdobla hacia la humanidad y le hace partícipe de esa misma relación y esa misma vida, es necesario entonces proseguir el estudio sobre la persona y obra del Espíritu Santo. Para hacerlo, veremos qué revela tanto el Antiguo como el Nuevo Testamento acerca del Espíritu Santo, pero antes examinaremos su relación con la Escritura.

El Espíritu y la Escritura

Al momento hemos estudiado el dogma cristiano acerca de la persona y obra del Padre y del Hijo, cuyo fundamento ha sido la Escritura, pero ¿de dónde deriva la autoridad de esta? ¿En qué sentido se le designa como Palabra de Dios? Respondiendo a estas cuestiones, analizamos en seguida algunos conceptos clásicos: la revelación, inspiración, inerrancia, canonicidad e interpretación.

Revelación

Dios se autorevela al ser humano y la Biblia lo registra. Pero, como bien se señala en Artola (1994, p. 43), "aunque el texto bíblico está en todo momento en las manos del estudioso, su condición de Palabra de Dios es tan difícil observar, verificar y controlar como lo divino del Verbo en la humanidad de Jesús...". En otras palabras, se debe tener cuidado en cómo se entiende el texto bíblico, pues se corre el peligro de hacer dicotomías, como las que ya hemos visto respecto a la persona de Jesucristo, al negar o menospreciar ya sea su condición de escritura humana o de escritura inspirada divinamente. La revelación se preserva en la Escritura, en ese sentido se puede decir que es palabra de Dios, en tanto que esta da testimonio de esa misma revelación de Dios. Así entendían los profetas y el pueblo judío los escritos, como testimonio de la palabra de Yahweh: *"Yahweh dijo a Moisés: Escribe tú estas palabras; porque conforme a estas palabras he hecho pacto contigo y con Israel"* (Éx. 34:27; cf. Dt. 4:45; 6:17; 6:20; 1Re. 2:3; 2Re. 23:3; Sal. 19:7; 25:10). Más claro: *"Ve, pues, ahora, y escribe esta visión en una tabla delante de ellos, y regístrala en un libro, para que quede hasta el día postrero, eternamente y para siempre"* (Is. 30:8; cf. Jer. 30:2; 36:2, 28; Hab. 2:2).

Las Escrituras apuntan hacia Cristo, dan testimonio de él: *"Escudriñad las Escrituras; porque a vosotros os parece que en ellas tenéis la vida eterna; y ellas son las que dan testimonio de mí"* (Jn. 5:39, junto con el testimonio del Padre y de sus obras), quien es la revelación de Dios (Jn. 1:18; 2Co. 4:6), la imagen del Dios invisible (Col. 1:15), el Logos encarnado (Jn. 1:1-3, 14). Por eso, bien señala el autor de Hebreos: *"muchas veces y de muchas maneras en tiempos pasados Dios habló a los padres por medio de los profetas, en estos días escatológicos nos ha hablado por el Hijo..."* (1:1-2a, traducción personal).

Inspiración

Si se acepta que la Escritura preserva la revelación de Dios, entonces se debe responder a cómo es esto posible. La pregunta básica es cómo es que Dios se revela en los escritos. La respuesta es la inspiración. El texto clave es 2 Timoteo 3:15s, donde leemos que *"toda la Escritura es inspirada por Dios"*. Pueden considerarse las siguientes concepciones de 'inspiración' (Garret, 2006, pp. 122-136): 1) Inspiración verbal con inerrancia: indica que cada palabra fue inspirada por Dios y, por lo tanto, libre de error alguno. 2) Inspiración dinámica o inspiración verbal limitada: enfatiza la individualidad del autor inspirado y la inerrancia se afirma en cuestiones doctrinales y éticas. 3) Diversos grados de inspiración. Dios no permite que el autor yerre, eleva el pensamiento del autor, instruye en cuanto a qué debe escribir y determina las palabras que ha de utilizar. 4) Inspiración parcial: algunos aspectos de la Biblia no son inspirados, las ideas sí pero no necesariamente el lenguaje, ilustraciones, citas o alusiones. 5) Inspiración cristiana universal: tal como es inspirado todo creyente por el Espíritu Santo, así también los autores bíblicos. 6) Inspiración natural: tal cual como los poetas, dramaturgos, filósofos y grandes sabios en la historia.

Respecto a ellas debemos evitar los extremos radicales, repitiendo que se deben eliminar las dicotomías. Por ejemplo, las de aquellos que consideran a la Escritura como absolutamente divina, rechazando toda participación humana (es interesante la observación de que es el Islam —no el cristianismo— el que proclama que su texto, el Corán, cayó directamente del cielo sin ningún tipo de intervención humana); y las de quienes la consideran como "un texto sagrado" más, al lado de los vedas, el Corán o el Libro del Mormón.

La inspiración, pues, ha de entenderse como la persuasión-impresión divina realizada por el Espíritu Santo en el escritor (hagiógrafo) acerca de una verdad revelada con el objetivo de comunicarla, quien a su vez la razona y la plasma haciendo uso de su conocimiento limitado, desarrollándola bajo los influjos de su contexto sociocultural, económico, político, e incluso religioso. Así la Escritura se comprende como el testimonio histórico del pueblo de Dios (judíos y gentiles, Antiguo y Nuevo Testamento) que razona su fe y dialoga con él, porque él ha querido darse a conocer (revelación). Se reitera: "Toda la Biblia está llena del diálogo entre Dios y el hombre... Hay una dimensión divina y una dimensión humana en la Revelación" (Levoratti, 1997, p. 97).

Inerrancia

Por lo general, este concepto se entiende como la ausencia de cualquier error en el texto bíblico, sea doctrinal, histórico e incluso gramatical.

Por eso, también siempre se le relaciona con los escritos originales, no con las copias ni con sus traducciones. El problema de esta postura es que socaba aquella dimensión humana, incurriendo en la dicotomía del texto. Esta doctrina surge del fundamentalismo evangélico norteamericano de principios del siglo XX, en respuesta al liberalismo teológico europeo. Este, habiendo integrado distintas ciencias, como la arqueología, la historia, la sociología, la antropología, la psicología, la filosofía, la literatura y la lingüística, desde el siglo XVIII, gradualmente fue desarrollando estudios importantísimos para la comprensión del texto bíblico, pero algún grupo de eruditos llegó a negar tanto la inspiración divina del texto como la divinidad de Jesucristo. La respuesta de los evangélicos norteamericanos buscó hacer frente a tales resultados, pero de una manera pueril, si se me permite llamarle así a lo que ellos mismos llamaron fundamentalismo: tratando de recuperar la sacralidad del texto por su inspiración divina desarrollaron la doctrina de la inerrancia.

El mayor problema con esta concepción (de esencia negativa: no-error) es que no ofrece ningún fundamento firme para la fe. Es decir, aparenta ser fundamental cuando no lo es. Ello se puede ilustrar con el caso de Bart Ehrman (y muchos otros más), quien habiendo crecido en un entorno evangélico fundamentalista fue enseñado desde joven con la doctrina de la inerrancia de la Escritura. Pues bien, al entrar al seminario y estudiar los idiomas bíblicos, así como la historia de la Iglesia, tuvo una crisis tremenda al toparse con inconsistencias en lo que se le había enseñado y que atentaban contra su fe, llegando finalmente a renegar de ella y presentarse a sí mismo como agnóstico. Este modo de pensar es como sigue: 1) la Biblia no tiene errores porque, puesto que es palabra de Dios, es verdad y no puede tener falsedad en ella; 2) si tiene algún error, incluso en la referencia a una fecha o a algún nombre, entonces no es totalmente verdad; 3) si en aquello mínimo no puedo confiar, menos en sus aseveraciones doctrinales sobre la persona y obra de Jesucristo. Situaciones como estas se repiten constantemente en ese tipo de cristianismo donde la fe fundamentalista es tan rígida que irónicamente se quiebra ante las dudas y los cuestionamientos propios de la vida y del estudio serio y profundo bíblico teológico.

Ahora bien, si se quiere mantener este concepto, sugeriría que tal inerrancia entonces no se refiera a cada dato o palabra o relato particular, sino a la naturaleza de Dios y su propósito que nos son revelados en ella para salvación. La Escritura es eficaz en dar testimonio de Jesucristo para que le conozcamos y en él gocemos de la vida eterna. Juan lo resume así en su Evangelio: "... *estas cosas han sido escritas para que crean que Jesús es el Cristo, el Hijo de Dios, y para que al creer, tengan vida en su nombre*" (20:31, traducción personal); ese es su propósito y en ello no hay yerro.

Canonicidad

La palabra griega canon tiene probablemente como origen el hebreo *qâneh* que designa la "caña" que sirve para medir (cf. Ez. 40:35). El latín transcribió simplemente el vocablo griego: *kanon*. El término se refería a una vara o una caña, utilizada como medida, como regla o como modelo. Luego, en un sentido derivado, se aplicó a la cosa regulada o medida (Paul, 1985, p. 45).

Así, cuando hablamos del canon de las Escrituras nos referimos a los escritos que fueron aprobados habiendo cumplido con la norma requerida. Este canon no se realizó por solo algunas personas. Hay al menos tres razones que fueron esenciales para establecer el canon: a) a los propios creyentes, según derivaban mayor o menor edificación de lo que leían, y en el grado en que sentían y experimentaban su inspiración y autoridad; b) por la lectura, que se iba haciendo más usual, de algunos de ellos en los cultos, con exclusión de otros y; c) por los dictámenes de los obispos que iban, en casos aislados y particulares, autorizando tales o cuales libros y negándoles su autorización a otros (Baez-Camargo, 1992, p. 133).

En medio de ello no se puede dejar de lado la obra del Espíritu mismo, que fue preservando el texto, a través del copiado y las traducciones realizadas, a fin de que nosotros, ahora, cientos de años después, podamos leerlo y conocer al Señor Jesucristo, revelación y revelador del Padre. Es bueno acotar también que el Espíritu Santo sigue obrando en el proceso de traducción de la Escritura a decenas de idiomas de pueblos que aún no han sido evangelizados o no cuentan con ella para su edificación.

Interpretación

Si la dogmática es tarea de la Iglesia, obvio, la interpretación de la Escritura también. Dicha responsabilidad recae en cada cristiano, no tan solo en el liderazgo, llámese pastor, maestro, teólogo, etc. Todo creyente puede y debe interpretar el texto bíblico. Para hacerlo correctamente existen ciertos parámetros (por ejemplo, el lector puede considerar mi obra *Manual para la interpretación bíblica* en la que se ofrece una guía en el proceso desde la lectura activa, el análisis lingüístico, gramatical, de términos, contextual, sociohistórico, teológico, hasta la aplicación: Durán, 2019). Como presupuesto, el intérprete requiere fe en la misma Palabra. Sin la fe no puede acceder al mensaje de la Escritura ni está autorizado para hablar de ella, parafraseando a Ernst Fuchs (citado en Gibellini, 1998). Aquí entra de nueva cuenta la obra del Espíritu Santo:

Sin embargo, hablamos sabiduría entre los que han alcanzado madurez; y sabiduría, no de este siglo, ni de los príncipes de este siglo, que perecen. Mas hablamos sabiduría de Dios en misterio, la sabiduría oculta, la cual Dios predestinó antes de los siglos para nuestra gloria, la que ninguno de los príncipes de este siglo conoció; porque si la hubieran conocido, nunca habrían crucificado al Señor de gloria. Antes bien, como está escrito: cosas que ojo no vio, ni oído oyó, ni han subido en corazón de hombre, son las que Dios ha preparado para los que le aman. Pero Dios nos las reveló a nosotros por el Espíritu; porque el Espíritu todo lo escudriña, aun lo profundo de Dios. Porque ¿quién de los hombres sabe las cosas del hombre, sino el espíritu del hombre que está en él? Así tampoco nadie conoció las cosas de Dios, sino el Espíritu de Dios. Y nosotros no hemos recibido el espíritu del mundo, sino el Espíritu que proviene de Dios, para que sepamos lo que Dios nos ha concedido, lo cual también hablamos, no con palabras enseñadas por sabiduría humana, sino con las que enseña el Espíritu, acomodando lo espiritual a lo espiritual. Pero el hombre natural no percibe las cosas que son del Espíritu de Dios, porque para él son locura, y no las puede entender, porque se han de discernir espiritualmente. En cambio, el espiritual juzga todas las cosas; pero él no es juzgado de nadie. Porque ¿quién conoció la mente del Señor? ¿Quién le instruirá? Mas nosotros tenemos la mente de Cristo (1Co. 2:6-16).

Vemos entonces que el Espíritu es quien habitando en el creyente le permite comprender lo profundo de Dios, sin el Espíritu Santo todo ello es considerado locura. Puesto que el Espíritu Santo es el Espíritu de Cristo, puede afirmar Pablo que tenemos la mente de Cristo, es decir, su manera de pensar y, por tanto, la capacidad de comprender e interpretar la Escritura. Por esta razón, también el lector-intérprete debe esforzarse en explicar y aplicar aquel mensaje de la Escritura de manera clara y responsable a su propio contexto. Ahora, habiendo abordado estos puntos básicos, veamos entonces qué dice la Escritura, el Antiguo y Nuevo Testamento acerca del Espíritu Santo.

El Espíritu en el Antiguo Testamento

Para tener una aproximación adecuada, primero, se debe considerar el monoteísmo judío expresado claramente en el *Shema*, la oración confesional, del Deuteronomio 6:4: *"Oye, Israel: Yahweh nuestro Dios, Yahweh uno es"*. Segundo, el término hebreo *ruah* (רוח) puede traducirse como: aliento, soplo, viento, espíritu. La designación 'Espíritu Santo' se encuentra solo en dos pasajes: Is. 63:10-14 y en Sal. 51:11, pero sin tener la connotación de persona, sino apuntando a la santidad de Yahweh. Se ha señalado que "para el AT el 'espíritu de Yahve' es más bien una de las potencias de Yahvé, sin que se le reconozca a este espíritu naturaleza ni función autónomas" (Preuss, 1999, p. 283). La teología judía, así como no concibe que Jesucristo sea Dios, tampoco admite la persona divina del Espíritu, sino que lo entiende como el poder de Dios o una manifestación de su fuerza.

En la creación

Haciendo una lectura del AT, sin considerar el NT, *ruah Elohím* del Génesis 1:2 es entendido como una gran tempestad: "es preferible traducirlo por 'tempestad de Dios' = tempestad terrible" (cf. 'montañas de Dios', 'países de Dios', 'plata de Dios' simplemente en sentido superlativo) (Von Rad, 2008, p. 58). Pero a partir de la teología que surge de la revelación del Nuevo Testamento, se apunta, en retrospectiva, que el Espíritu Santo obró en la creación, es:

"el Espíritu creativo de Dios, el principio de toda la vida (Sal. 33:6; 104:30) que trabajó sobre la deforme e inanimada masa separando, apresurando y preparando las formas vivientes, las cuales fueron llamadas a la existencia por las creativas palabras que siguieron" (Keil y Delitzsch, 2008, p. 34).

Del mismo modo, obró en la creación del ser humano (*"Entonces Yahweh Dios formó al hombre del polvo de la tierra, y sopló en su nariz aliento de vida, y fue el hombre un ser viviente"*, Gn. 2:7; *"que todo el tiempo que mi alma esté en mí, y haya hálito de Dios en mis narices"*, Job 27:3; *"si él pusiese sobre el hombre su corazón, y recogiese así su espíritu y su aliento, toda carne perecería juntamente, y el hombre volvería al polvo"*, 34:14-15; cf. Sal. 104:29-30). La vida misma es obra del Espíritu Santo. No solo la vida espiritual, sino también, claro está, la vida biológica. ¡Es impresionante poder cerrar los ojos y respirar y darse cuenta que el latir de nuestro corazón junto con todos los procesos y funciones del organismo suceden gracias a que el Espíritu sustenta cada instante de nuestra vida!

En la historia de la salvación

Se observa al Espíritu actuando en la obra salvífica liberadora de Yahweh para su pueblo:

Pero se acordó de los días antiguos, de Moisés y de su pueblo, diciendo: ¿dónde está el que les hizo subir del mar con el pastor de su rebaño? ¿dónde el que puso en medio de él su santo espíritu, el que los guio por la diestra de Moisés con el brazo de su gloria; el que dividió las aguas delante de ellos, haciéndose así nombre perpetuo, el que los condujo por los abismos, como un caballo por el desierto, sin que tropezaran? El Espíritu de Yahweh los pastoreó, como a una bestia que desciende al valle; así pastoreaste a tu pueblo, para hacerte nombre glorioso (Is. 63:11-14; cf. Éx. 14:21; 15:8).

Es el Espíritu de Yahweh quien libera a Israel y lo guía. Esa acción se muestra también claramente a lo largo del libro de los Jueces, donde viene sobre aquellos hombres y mujeres para fortalecerlos y hacerles cumplir el designio salvador y liberador de Yahweh, dándoles la victoria en batalla contra las otras naciones (en el libro se repite *"y el Espíritu de Yahweh vino sobre..."*, lo cual resulta en la liberación del pueblo por medio del juez, cf. Jue. 3:9-10; 6:34; 11:29, 32; 13:24-25; 14:6, 19; 15:14-15). Como ya se ha señalado, el Espíritu actuaba en la unción del rey (1Sa. 9:16; 10:1; 1Sa. 16:13; 1Re. 1:39; cf. Sal. 2). Ante el fracaso de la monarquía se empieza a gestar la esperanza mesiánica, la profecía de un nuevo rey-mesías (2Sa. 23:1-7; Is. 11; 42:1-9; 61:1-3).

Los profetas preexílicos entienden el obrar del Espíritu en ellos para anunciar el mensaje de Dios (*"Mas yo estoy lleno de poder del Espíritu de Yahweh, y de juicio y de fuerza, para denunciar a Jacob su rebelión, y a Israel su pecado...",* Miq. 3:8). Por eso, se debe tener presente que "los profetas desde los tiempos de Amós se ven a sí mismos (cosa bien notable) no como portadores del espíritu, sino como proclamadores de la palabra de Yahvéh" (Von Rad, 2000, p. 79). Es durante el exilio que la acción profética se relaciona con la del mesías-rey (*"El Espíritu de Yahweh el Señor está sobre mí, porque me ungió Yahweh; me ha enviado a predicar las buenas nuevas...",* Is. 61:1; cf. 42:1ss). En el período postexílico se atribuye al Espíritu la palabra profética (*"les testificaste con tu Espíritu por medio de tus profetas",* Neh. 9:30; cf. Ez. 11:5; Zac. 7:12). Esta palabra trae nueva revelación que se estima va superando a lo antiguo. Por ejemplo, en Ezequiel 11.17-20 leemos:

Por tanto, di: Así ha dicho Yahweh el Señor: Aunque les he arrojado lejos entre las naciones, y les he esparcido por las tierras, con todo eso les seré por un pequeño santuario en las tierras adonde lleguen. Di, por tanto: Así ha dicho Yahweh el Señor: Yo os recogeré de los pueblos, y os congregaré de las tierras en las cuales estáis esparcidos, y os daré la tierra de Israel. Y volverán allá, y quitarán de ella todas sus idolatrías y todas sus abominaciones. Y les daré un corazón, y un espíritu nuevo pondré dentro de ellos; y quitaré el corazón de piedra de en medio de su carne, y les daré un corazón de carne, para que anden en mis ordenanzas, y guarden mis decretos y los cumplan, y me sean por pueblo, y yo sea a ellos por Dios.

Este pasaje expresa una nueva creación y puede leerse entre líneas, un nuevo éxodo; luego, en 36:25-27 además de una nueva creación se establece un nuevo pacto, que consiste en que el Espíritu es dado no al profeta ni al rey, sino a todo el pueblo:

Esparciré sobre vosotros agua limpia, y seréis limpiados de todas vuestras inmundicias; y de todos vuestros ídolos os limpiaré. Os daré corazón nuevo, y pondré espíritu nuevo dentro de vosotros; y quitaré de vuestra carne el corazón de piedra, y os daré un corazón de carne. Y pondré dentro de vosotros mi Espíritu, y haré que andéis en mis estatutos, y guardéis mis preceptos, y los pongáis por obra.

Y en 37:1-14 se apunta hacia una nueva vida, es decir, resurrección, que en su contexto refiere a la vida dada por el Espíritu de Yahweh al pueblo judío tras el exilio babilónico. Luego, en el oráculo de Joel 2:28-29, el ofrecimiento del Espíritu se extiende a todo ser humano:

Y después de esto derramaré mi Espíritu sobre toda carne, y profetizarán vuestros hijos y vuestras hijas; vuestros ancianos soñarán sueños, y vuestros jóvenes verán visiones. Y también sobre los siervos y sobre las siervas derramaré mi Espíritu en aquellos días.

Con todo, al estudiar lo anterior tenemos que el AT no establece que el Espíritu de Dios sea una persona, sino más bien recalca la obra de Dios por su Espíritu, como agente o potencia. Obra no solo en la creación, sino sustentando la vida continuamente. Actúa de manera especial en, y a través de, reyes y profetas guiando al pueblo. También notamos que hay un proceso de revelación de Dios por medio del Espíritu. El AT apunta hacia lo nuevo que trae consigo el Espíritu: nuevo éxodo- liberación, nueva creación, nueva vida-resurrección, así como un nuevo pacto en la persona del Mesías.

El Espíritu en el Nuevo Testamento

Como vimos en el apartado anterior, la revelación progresiva por medio del Espíritu apuntaba ya hacia la persona del Mesías. Detengámonos en algunos aspectos respecto a la relación de la obra del Espíritu con la persona de Jesucristo y con el creyente.

El Espíritu Santo con relación a Jesucristo

En el tercer enunciado ya vimos que el Espíritu obró en la Encarnación del Hijo (Mt. 1:1, 18-20; Lc. 1:27, 35; 3:32). Los evangelios también registran su obra en el bautismo de Jesús (Mt. 3:13-17; Mr. 1:9-11; Lc. 3:21-22; Jn. 1:29-34). El descenso del Espíritu sobre Jesús en su bautismo es indicador clarísimo de su unción como Mesías. Entonces, la paloma debe entenderse como:

> … símbolo figural que 'realiza' lo que significa la conexión del Espíritu en el marco del bautismo y de la voz celestial… El Espíritu, en figura de paloma, sustenta como realidad carismático-visionaria la vinculación entre el Padre y el Hijo, enunciada por la voz celestial (Balz y Schneider, 2005).

La voz celeste *"este es mi Hijo amado"* reitera la divinidad de Jesús, así como el inicio del cumplimiento de la promesa mesiánica (Is. 42:1; cf. 2Sa. 7:14; Sal. 2:7). Es a partir de entonces que Jesús inicia su misión.

Inmediatamente después de su bautismo, Jesús enfrenta la tentación satánica (Mt. 4:1-11; Mr. 1:12s; Lc. 4:1-13). Aquí debe observarse que es el Espíritu quien "lleva" o "impulsa" a Jesús al desierto para ser tentado. Lucas inicia esta sección diciendo que Jesús estaba *"lleno del Espíritu"*. Y es así, lleno del Espíritu, que se enfrentó a las tentaciones de: 1) satisfacer su necesidad personal a costa de su filiación divina; 2) obtener poder rechazando su filiación divina y; 3) demostrar su filiación divina en independencia del Padre. Las tentaciones giran en torno a la persona de Jesús como Hijo de Dios. También se observa la relación entre el Espíritu de Dios y la Escritura, citada por Jesús en contraste a la utilización satánica de la misma. Jesús refuta y enfrenta la tentación citando la Escritura lleno del poder del Espíritu.

Tras vencer la tentación satánica, Lucas indica que Jesús volvió del desierto a Galilea *"en el poder del Espíritu"* (4:14): "Anticipándose a los relatos que siguen, se expresa de esta manera que de Jesús, lleno del poder del Espíritu, dimanan efectos maravillosos en palabras y prodigios" (Balz y Schneider, 2005, I, p. 1083). En ese poder del Espíritu *"enseñaba en las sinagogas de ellos y era glorificado por todos"* (4:14s). Luego, en la sinagoga lee Isaías 61.1-2, texto evidentemente mesiánico, ¡y concluyendo asevera: *"Hoy se ha cumplido está escritura delante de vosotros"*! (4:16-21).

El Espíritu santo obra también en los milagros que Jesús efectúa. Mateo explica las sanidades de Jesús como evidencia de que él es el Siervo de Yahweh:

Y cuando llegó la noche, trajeron a él muchos endemoniados; y con la palabra echó fuera a los demonios, y sanó a todos los enfermos; para que se cumpliese lo dicho por el profeta Isaías, cuando dijo: Él mismo tomó nuestras enfermedades, y llevó nuestras dolencias (Mt. 8:16-17, cf. Is. 53:4).

Jesús se comprende a sí mismo como Mesías, como el ungido por el Espíritu para hacerlo. Después de sanar a un hombre con una "mano seca", en una sinagoga, con los fariseos tramando hacerle daño, Jesús se aleja solicitando que no lo publicaran. Tal situación es interpretada por Mateo:

Para que se cumpliese lo dicho por el profeta Isaías, cuando dijo, He aquí mi siervo, a quien he escogido; mi Amado, en quien se agrada mi alma; pondré mi Espíritu sobre él, y a los gentiles anunciará juicio. No contenderá, ni voceará, ni nadie oirá en las calles su voz. La caña cascada no quebrará, y el pábilo que humea no apagará, hasta que saque a victoria el juicio. Y en su nombre esperarán los gentiles (Mt. 12:9-21, cf. Is. 42:1-4).

Además, la expulsión de demonios realizada por Jesús es por el Espíritu de Dios, así *"ata al hombre fuerte"*, es decir, vence al diablo, y esto es evidencia de la venida del Reino de Dios. Jesús mismo lo anuncia así: *"si yo por el Espíritu de Dios echo fuera los demonios, ciertamente ha llegado a vosotros el reino de Dios"* (cf. Mt. 12:22-32; Hch. 10:38). El rechazo de los fariseos a la persona de Jesús y su obrar en el Espíritu atribuyéndolo a la acción satánica, aún después de escuchar sus enseñanzas y presenciar sus milagros, es lo que constituye la blasfemia contra el Espíritu, lo cual no tiene perdón (Mt. 12:31-32; Mr. 3:28-30; Lc. 12:10). Tal blasfemia se trata del rechazo a Jesús como Cristo, ungido por el Espíritu de Dios, y la cerrazón a la obra divina del Reino de Dios que Jesús realiza.

Ya también hemos escrito sobre la resurrección de Jesús, pero es importante resaltar que esta es llevada a cabo por el Espíritu Santo, tal como el Apóstol Pablo lo anuncia: *"… acerca de su Hijo, nuestro Señor Jesucristo, que era del linaje de David según la carne, que fue declarado Hijo de Dios con poder, según el Espíritu de santidad, por la resurrección de entre los muertos…"* (Ro. 1:3-4), y luego: *"Y si el Espíritu de aquel que levantó de los muertos a Jesús mora en vosotros, el que levantó de los muertos a Cristo Jesús vivificará también vuestros cuerpos mortales por su Espíritu que mora en vosotros"* (8:11).

Finalmente, Jesús promete otro Consolador, *Paracleto* en griego, que es el mismo Espíritu Santo (Jn. 14:15-26 y 16:7) y lo otorga a sus discípulos después de su resurrección (Jn. 20:22). A partir de este pasaje, algunos infieren que la donación del Espíritu realizada por Jesús a sus discípulos se registra en dos momentos, uno es este que leímos del Evangelio de Juan y otro en Hechos 2. Así, por ejemplo, Robertson (2003, p. 265): "Jesús da a sus discípulos una degustación anticipada del gran Pentecostés". Otros grupos dentro del pentecostalismo, relacionando ambos pasajes, creen encontrar evidencia de un "segundo bautismo" o una "segunda obra de gracia". Sin embargo, tal conclusión es errada puesto que el Evangelio según Juan es una obra aparte, sin relación redaccional al libro de los Hechos. Hechos ha de leerse e interpretarse junto al Evangelio según Lucas.

El Espíritu Santo con relación al creyente

El Espíritu Santo obra de manera continua en nuestras vidas como creyentes en el Señor Jesucristo. Todo lo que él hizo, hace y seguirá haciendo es parte de la salvación. La salvación es mucho más que un evento en nuestras vidas. Y es el Espíritu Santo quien obra en todo ese proceso salvífico. Por ello, es necesario que conozcamos su obra de manera que podamos adorarle y glorificarle agradecidos por su presencia en nuestras vidas. A continuación, abordaremos panorámicamente tres cuestiones: el bautismo, la llenura y los dones.

El bautismo del Espíritu Santo...

Dios había prometido derramar su Espíritu sobre toda carne (Jl. 2:28-32), estableciendo un nuevo pacto (Ez. 36:25-27). Juan proclamaba que vendría uno que bautizaría en Espíritu Santo y fuego (Mr. 1:8; Mt. 3:11; Lc. 3:16; Jn. 1:33). Jesús mismo dijo que enviaría a su Espíritu, la promesa del Padre (Jn. 14:26; 15:26s; Lc. 24:49, cf. Hch. 1:4, 8). Esta promesa se cumple en Pentecostés, en el marco festivo de la Alianza o Pacto en Sinaí después del Éxodo cuando el pueblo judío es constituido pueblo de Dios. De manera que el bautismo del Espíritu se trata de una Nueva Alianza, un Nuevo Pacto, conformando un nuevo pueblo de Dios (Hch. 2:1-4, cf. Éx. 19; 20:18; 24:17; Dt. 4:10). Con ello también se cumple la profecía de Joel 2:28-32, el Espíritu derramado sobre toda carne (así lo interpreta Pedro en Hch. 2:14-21).

El bautismo del Espíritu otorga el poder para la proclamación evangélica. Lo vemos así en Hechos 1:8, esquema programático que Lucas registra indicando la obra del Espíritu en la misión de la Iglesia: *"pero recibiréis poder, cuando haya venido sobre vosotros el Espíritu Santo, y me seréis testigos en Jerusalén, en toda Judea, en Samaria, y hasta lo último de la tierra"*. A partir de ello es que desarrolla su obra: 4:8, judíos; 8:14-17, samaritanos; 10:44-48, gentiles. El libro de los Hechos culmina con Pablo *"predicando el reino de Dios y enseñando acerca del Señor Jesucristo, abiertamente y sin impedimento"* en Roma, que era entendida como *"hasta lo último de la tierra"* (28:30-31). La proclamación por el Espíritu se registra también en Jn. 15:26-27, allí se emplea la terminología 'dar testimonio':

> *Pero cuando venga el Consolador, a quien yo os enviaré del Padre, el Espíritu de verdad, el cual procede del Padre, él dará testimonio acerca de mí. Y vosotros daréis testimonio también, porque habéis estado conmigo desde el principio.*

Ahora bien, en el NT encontramos dos pasajes clave para la comprensión correcta del bautismo del Espíritu, en Hechos y en 1 Corintios, veamos cada uno en su contexto:

... en Hechos

Lucas escribe su obra hacia el 75-80 d. C. En su primera parte, el Evangelio, relata la vida y ministerio de Jesús, concluyendo con su ascenso al Padre. En la segunda parte, el libro de los Hechos, describe la obra del Espíritu de Jesús enviado por el Padre a sus discípulos. Hechos 1 retoma lo sucedido antes de la ascensión de Jesús, recordando la promesa del Espíritu Santo que vendría sobre los discípulos. Hechos 2:1-13 narra lo acontecido en Pentecostés; aquí el texto dice: *"Y fueron todos llenos del Espíritu Santo..."* (2:4). Luego, en Hechos 2:14-42 se presenta la interpretación petrina de lo sucedido como el cumplimiento de la profecía de Joel 2:28-32 (Hch. 2:14-21), y sigue la proclamación del Evangelio (2:22-42), con lo que se evidencia que han recibido poder del Espíritu para ser testigos de Jesucristo (1:8).

Hechos 10-11 describe el encuentro de Cornelio, un centurión, un gentil, y Pedro, apóstol, judío. Pedro le predicaba el Evangelio cuando *"el Espíritu Santo cayó sobre todos los que oían el discurso"* (10:44). Los judíos se sorprenden *"de que también se derramase el don del Espíritu Santo"* sobre los gentiles (10:45). Pedro les informa a los demás judeo-cristianos lo ocurrido (11:1-18):

> *... cayó el Espíritu Santo sobre ellos también, como sobre nosotros al principio. Entonces me acordé de lo dicho por el Señor, cuando dijo: seréis bautizados con el Espíritu Santo. Si Dios, pues, les concedió también el mismo don que a nosotros que hemos creído en el Señor Jesucristo, ¿quién era yo que pudiese estorbar a Dios? Entonces, oídas estas cosas, callaron, y glorificaron a Dios, diciendo: ¡De manera que también a los gentiles ha dado Dios arrepentimiento para vida!* (Hch. 11:15-18).

Siguiendo el relato tenemos lo siguiente:

Promesa	Cumplimiento	Recuerdo del cumplimiento
Hechos 1:8	Hechos 2	Hechos 11
"... recibiréis poder, cuando haya venido sobre vosotros el Espíritu Santo"	*"... fueron llenos del Espíritu Santo"*	*"... cayó el Espíritu Santo sobre ellos también, como sobre nosotros al principio. Entonces me acorde de lo dicho por el Señor, cuando dijo: seréis bautizados con el Espíritu Santo"*

La conclusión de Pedro es que el bautismo se llevó a cabo en Pentecostés, esto apunta ya a que solo hubo y ha habido un bautismo en el Espíritu Santo. De manera que, aunque en Hechos encontramos otros relatos donde el Espíritu Santo obra de manera parecida, debemos interpretarlos a la luz de la conclusión de Pedro y en sí, considerando el mismo texto narrativo. Así, en Hechos 8:14-17, quienes reciben al Espíritu son samaritanos, lo cual explica que *"la salvación viene de los judíos"* (Jn. 4:22, nótese que estas palabras de Jesús son expresadas en su diálogo con la mujer samaritana), específicamente de Jesús, y son los Apóstoles quienes están autorizados para comunicar el Espíritu. En Hechos 10:44-48 es sobre los gentiles que se derrama el don del Espíritu y, como vimos, la situación refiere al bautismo en Pentecostés, indicando la nueva realidad de la comunidad en la que ya no hay separación entre judíos y gentiles. Finalmente, en Hechos 19:1-7, el Espíritu viene sobre ciertos discípulos de Juan que no habían conocido el Evangelio de Jesucristo.

Es importante señalar que Lucas no establece una terminología clara en Hechos sino que, como podemos notar, emplea diversos términos intercambiándolos: el Espíritu es la *"promesa del Padre"* (1:4; 2:33; cf. Lc. 24:49), se habla del *"bautismo con el Espíritu"* (1:5; 11:16), el Espíritu *"viene sobre"* (1:8), los creyentes son *"llenos del Espíritu"* (2:4), reciben el *"don"* del Espíritu (2:38; 10:45), *"reciben"* el Espíritu (8:15, 17; 10:47; 19:2), el Espíritu *"desciende sobre"* (8:16), el Espíritu *"cae sobre"* (10:44; 11:15), el Espíritu se *"derrama sobre"* (2:33; 10:45), el Espíritu *"viene sobre"* (19:6). Su objetivo, evidentemente, no es desarrollar una doctrina sobre el Espíritu Santo o acerca del bautismo del Espíritu, sino, más bien, desea registrar su obra.

... en 1 Corintios

Pablo también escribe al respecto en 1 Corintios, por el año 55 d. C., esto es antes de que se escribiera el Evangelio de Lucas. Examinemos algunos puntos de suma importancia a partir del pasaje clave en 12:13: *"Porque por un solo Espíritu fuimos todos bautizados en un cuerpo, sean judíos o griegos, sean esclavos o libres; y a todos se nos dio a beber de un mismo Espíritu".*

Primero, el texto griego emplea la preposición *en* y no *por. En un Espíritu*: "testifica que el bautismo tuvo lugar en la esfera del Espíritu Santo, que crea armonía" (Balz y Schneider, 2005). Segundo, el verbo se encuentra en voz pasiva, *fuimos bautizados*; se trata de un pasivo teológico, Dios es quien realiza la acción: el creyente no hace nada para obtener el bautismo, no requiere ninguna preparación ni disposición previa ni ninguna serie de pasos que seguir para ser bautizado; el tiempo es aoristo, lo cual indica una acción realizada en el pasado ya consumada, lo cual descarta repetición alguna; emplea el pronombre en primera persona plural, *nosotros*, estableciendo así que sus destinatarios y él mismo habían sido bautizados ya. Tercero, la preposición griega εἰς traducida en RVR60 como *en* (*"en un cuerpo"*) debería traducirse mejor como *hacia* (*"hacia un cuerpo"*), pues expresa movimiento o dirección: al ser bautizado el creyente es incorporado al cuerpo de Cristo. Cuarto, en la expresión *"a todos se nos dio a beber de un mismo Espíritu"*, el 'beber' implica la apropiación dada al creyente del Espíritu, es decir, el Espíritu habitando en el creyente.

Esta doctrina del bautismo del Espíritu, por lo general, también llega a confundirse con la llenura del Espíritu, por lo que es indispensable examinar esta última.

La llenura del (o mejor, "con el") Espíritu

El libro de los Hechos presenta distintas narrativas donde se emplea la terminología *"llenos del Espíritu"*: 2:4; 4:8; 6:3, 5; 7:55; 9:17; 11:24; 13:9; 13:52; su uso en varias ocasiones es intercambiable con otros, como vimos anteriormente, refiriendo al bautismo del Pentecostés. Por eso no se puede recurrir a Hechos como fundamento de la noción teológica de llenura del Espíritu. De modo que nuestra base la encontraremos en otro lado, en las Epístolas, cuyo objetivo principal es adoctrinar, allí esta terminología se emplea una sola vez: en Efesios 5:18ss, donde se presenta como mandato. Por lo tanto, veamos a detalle este texto.

Como contexto inmediato se observa que a partir del capítulo 4 se les da a los cristianos en Éfeso una serie de indicaciones sobre el vivir en el Espíritu, en unidad como Iglesia. Se hace un contraste entre las tinieblas y la luz, y la manera de vivir en ambos ámbitos. Los cristianos deben andar en la luz, y a ellos se les escribe: *"No os embriaguéis con vino, en lo cual hay disolución; antes bien sed llenos del Espíritu"*.

En la primera parte del versículo se tiene un verbo imperativo presente junto con la partícula negativa "no", *no os embriaguéis con vino*; se trata de 1) una prohibición a no hacerlo por regla general, es decir, nunca; o 2) un mandato a dejar de hacer algo que ya se estaba haciendo. Por el contexto, indicado desde el capítulo 4:17 en adelante, pareciera que el mandato específico a los Efesios es a dejar de hacer algo que ya hacían, las alusiones a lo que se hace en tinieblas refuerza esta interpretación; aunque también, pudiera ser un mandato a nunca hacerlo.

En la embriaguez *"hay disolución"*. Algunos, al momento de leer este último término (en las traducciones RVR60 y LBLA), interpretan que el efecto de la embriaguez se termina y que, por lo tanto, es mejor el efecto permanente de la llenura del Espíritu. Pero ese no es el sentido del sustantivo ασωτια (*asotía*), sino que significa "libertinaje" (BJ) o "desenfreno" (DHH, NVI). El estar borracho lleva al desenfreno o al libertinaje.

En total oposición se tiene la segunda parte, *"antes bien sed llenos del Espíritu"*. Algunos confundidos, poniendo en paralelismo los términos emborracharse/ser llenos, han desarrollado la idea de estar "borrachos en el Espíritu" (más común en Estados Unidos: *drunk in the Spirit*). Quienes lo interpretan así, dan a entender que estar "borracho en el Espíritu" es un estado de enajenación total sin la capacidad de controlarse uno mismo, como lo está quien se emborracha con vino o cualquier otra bebida alcohólica. Pero aquí no se establece un paralelismo. La conjunción es adversativa: "al contrario" o "sino", lo cual indica una oposición.

No se emborrachen con vino en el cual hay desenfreno	Vs.	Sean llenos con el Espíritu hablando, cantando, alabando, agradeciendo, sometiéndose

Una mejor traducción del mandato es *"sean llenos con el Espíritu"* (πληρουσθε εν πνευματι). El verbo es imperativo, presente y pasivo: el que el modo sea imperativo implica que es un mandato, una orden que exige obediencia; que el tiempo sea presente implica que debe realizarse constantemente; y el que la voz sea pasiva expresa que la persona no participa activamente en la acción, sino más bien pasivamente, es decir, se debe dejar llenar con el Espíritu. De ahí que no exista una metodología para alcanzar la llenura, tal como se ha querido imponer en ciertos círculos evangélicos.

Siguiendo con el versículo, la preposición griega que generalmente las Biblias traducen como *"del"* es εν, que mejor ha de traducirse como *"con"*; por eso es que el Espíritu es el medio por el cual somos llenos. Wallace (1996, p. 375) explica que, de acuerdo con una lectura

completa de la Epístola, somos llenos de la plenitud de Dios (3:19) y
el agente final de la acción es Cristo mismo (4:10).

El texto continúa:

> *hablando entre vosotros con salmos, con himnos y cánticos espirituales, cantando y alabando al Señor en vuestros corazones; dando siempre gracias por todo al Dios y Padre, en el nombre de nuestro Señor Jesucristo. Someteos unos a otros en el temor de Dios* (vv. 19-21).

Aquí, después del mandato, se tiene una cadena de participios griegos, por lo general se traducen al español como gerundios. Estos siempre están subordinados al verbo principal, que en nuestro pasaje es *"sean llenos"* y, por lo tanto, son participios adverbiales. Existen varios usos de los participios adverbiales que pueden determinar o modificar el verbo principal, en nuestro pasaje se han interpretado de tres maneras: 1) Participios adverbiales de medio: explicarían el medio por el cual la acción del verbo principal es realizada, respondiendo a la pregunta "¿cómo?". En este pasaje la pregunta sería: "¿Cómo ser lleno del Espíritu?". La respuesta es *"hablando... cantando y alabando... agradeciendo... sometiéndose..."*. Si así fuera, estos serían los pasos para obtener la llenura, pero ya se ha explicado que la voz pasiva del verbo "déjense llenar" descarta la participación activa del creyente. 2) Participios adverbiales de propósito: indican el propósito de la acción del verbo principal. Responde a la pregunta "¿para qué?". La traducción del pasaje sería: "déjense llenar con el Espíritu para que hablen... canten y alaben... agradezcan... se sometan...". Aunque esta sería una interpretación viable, hay todavía una que cuadra mejor. 3) Participios adverbiales de resultado: indican el resultado de la acción del verbo principal. La traducción sería: "déjense llenar con el Espíritu, con el resultado de hablar... cantar y alabar... agradecer... someterse...".

Respecto al último participio, solo RVR60 lo traduce como imperativo: *"someteos"*, al hacerlo interrumpe el hilo discursivo. LBNP traduce unos como imperativos y otros como gerundios, descomponiendo todo el sentido del texto griego. LBLA traduce todos los verbos como gerundios consiguiendo la fluidez del pasaje, pero sin aclarar que son el resultado. BJ, NVI y DHH traducen todos los participios como imperativos, quitando del todo su dependencia del verbo principal. Nótese que todo lo que continúa en el pasaje acerca de las relaciones familiares de 5:22–6:9 (esposa-esposo, esposo-esposa, hijos-padres, padres-hijos, esclavos-amos, amos-esclavos) guarda relación con el 5:18 (!). En otras palabras, la llenura con el Espíritu Santo se manifiesta también en las relaciones personales.

Una observación más: en Colosenses 3:16-25 encontramos participios y términos similares a los de Efesios:

> *La palabra de Cristo more en abundancia en vosotros, enseñándoos y exhortándoos unos a otros en toda sabiduría, cantando con gracia en vuestros corazones al Señor con salmos e himnos y cánticos espirituales. Y todo lo que hacéis, sea de palabra o de hecho, hacedlo todo en el nombre del Señor Jesús, dando gracias a Dios Padre por medio de él* (Col. 3:16-17; el texto del 3:18–4:6 continua con el código doméstico similar a Ef. 5:22-6:9).

Existe un paralelismo entre el dejarse llenar con el Espíritu y el que abunde o more la palabra de Cristo en el creyente. En Colosenses, el verbo imperativo presente está en voz activa, lo que indica que toda la responsabilidad es del cristiano, debe ser él el que haga abundar la palabra de Cristo en su vida, leerla, escudriñarla, interpretarla, meditar en ella, memorizarla. La llenura del Espíritu es un mandato que todo cristiano debe obedecer. De nueva cuenta, el Nuevo Testamento demuestra la relación íntima entre el Espíritu de Cristo y la palabra de Cristo. ¡Que la palabra abunde en nosotros y dejémonos llenar con el Espíritu!

Los dones del Espíritu

Los escritos del Nuevo Testamento dan por sentado que los cristianos conocen y practican los dones del Espíritu, por ello no ofrecen ninguna definición de 'don del Espíritu' pues no es su prioridad. Su intención es orientarlos sobre su valor en la comunión de la Iglesia. Hay cuatro pasajes acerca de los dones del Espíritu: Romanos 12:3-8, 1 Corintios 12; Efesios 4:7-16; y 1 Pedro 4:10-11. Véase el listado siguiente:

Ro. 12:3-8	1Co. 12	Ef. 4:7-16	1Pe. 4:10-11
Profecía	Palabra de	Apóstoles	Hablar
Servicio	sabiduría	Profetas	(predicar)
Enseñanza	Palabra de	Evangelistas	Ministrar
Exhortación	ciencia	Pastores	
Dar	Fe	Maestros	
Presidir	Sanidad		
Misericordia	Hacer milagros		
	Descernimiento		
	de espíritus		
	Lenguas		
	Interpretación		
	de lenguas		
	Apóstoles		
	Profetas		
	Maestros		
	Ayudar		
	Administrar		

Algunas anotaciones al respecto: 1) los autores bíblicos no tenían como objetivo explicar los dones del Espíritu, sino que los mencionan según el contexto así lo requería; 2) las listas que tenemos en los pasajes del NT no pretenden ser exhaustivas; por ejemplo, 1 Corintios 7.7 alude a un don de continencia; 3) todo cristiano tiene al menos un don (*"cada uno tiene su propio don de Dios, uno a la verdad de un modo, y otro de otro"*, 1Co. 7:7; cf. 12:7, 11; Ro. 12:3-6; 1Pe. 4:10); 4) los dones son concedidos por el Espíritu (*"hay diversidad de dones, pero el Espíritu es el mismo… Pero todas estas cosas las hace uno y el mismo Espíritu, repartiendo a cada uno en particular como él quiere"*, 1Co. 12:4, 11; cf. *"dones espirituales"* en 1Co. 12:1 y 14:1), a partir de la obra de Jesucristo (quien *"subiendo a lo alto, llevó cautiva la cautividad, y dio dones a los hombres"*, Ef. 4:7-8); 5) por tanto, los dones no son obtenidos por mérito propio ni por medio de algún tipo de superación espiritual (véase el caso de los corintios, que evidentemente no eran ejemplo de madurez: 1Co. 3); 6) todo don debe ser puesto en práctica para beneficio común de la

Iglesia (Ro. 12:4-5; 1Co. 12:7, 25; Ef. 4:12-16: nótese en estos pasajes la relación miembros–cuerpo; 1Pe. 4:10); y finalmente, 7) son para glorificar a Dios: *"para que en todo sea Dios glorificado por Jesucristo, a quien pertenecen la gloria y el imperio por los siglos de los siglos. Amén"* (1Pe. 4:11). Existe cierta discusión sobre la vigencia de algunos dones. Los pasajes revisados no dan ningún indicio de esta cuestión. Si acaso, 1 Corintios 13:10, que continúa la enseñanza acerca de los dones, podría dar pie a interpretar el cese de estos: *"mas cuando venga lo perfecto, entonces lo que es en parte se acabará"*. Algunos piensan que *"lo perfecto"* se refiere al canon de la Escritura, pero ello no tiene ningún fundamento del contexto; otros opinan que se trata de la *parusía*, lo cual está en mayor consonancia con el texto (véase 1Co. 1:7, *"de tal manera que nada os falta en ningún don, esperando la manifestación de nuestro Señor Jesucristo"*). Personalmente concuerdo en que todos los dones están vigentes, pero ello no significa que todas las comunidades eclesiales cuenten con cada uno de ellos o deban tenerlos, pues como hemos visto es el Espíritu quien los concede y ello acorde a las necesidades de cada Iglesia. Por eso, se puede escuchar de misioneros que tienen profecía, que hablan o interpretan lenguas, que a propósito siempre son idiomas inteligibles, cuyo contexto así lo requiere. El problema se encuentra en el orgullo, la jactancia, el mal uso de los dones y las prácticas que desplazan los verdaderos dones espirituales, tal como ocurría en la Iglesia corintia. A pesar de todo ello, debemos poner en práctica los dones que el Señor nos ha dado para servirle.

En conclusión, el Espíritu Santo no es una fuerza abstracta, sino una persona de la Trinidad. La Escritura, siendo fuente del dogma en tanto que es inspirada por el Espíritu, nos muestra que este obra en la creación, da y sustenta la vida, actuó en la liberación del pueblo judío, trajo la revelación de Dios a través de los profetas, ungió a los reyes de Israel, engendró a Jesucristo, autenticó su ministerio en el bautismo, por él Jesucristo venció la tentación satánica, y por él enseñó, anunció el reino, y obró milagros, sanó y expulsó demonios, el Espíritu obró en la resurrección de Jesucristo y tanto el Padre como el Hijo lo dieron a todo creyente.

Si se ha señalado que la eternidad del Padre, y por tanto su divinidad, se revela por el Hijo, y viceversa, es también porque el Espíritu de Dios es el Espíritu de su Hijo. Por tanto, el Espíritu es Dios en perfecta comunión con el Padre y con el Hijo. Esta comunión con Dios es la que también gozamos los creyentes en Jesucristo por el Espíritu, pues él nos ha bautizado incorporándonos al cuerpo de Cristo. Por lo tanto, también debemos dejarnos llenar con el Espíritu, en total dependencia de él, sirviendo a nuestra comunidad con los dones que nos ha dado a fin de glorificar al Padre.

Herejías y errores

El enunciado "creo en el Espíritu Santo", aunque básico, sin mayor explicación, es suficiente para reconocer su divinidad, junto al Hijo y al Padre. Siglos más tarde, se desarrollaría mejor la pneumatología en los Concilios, credos y tratados teológicos. Por lo pronto, lo visto en este breve capítulo nos permite identificar herejías y errores comunes respecto a su persona y obra.

El gnosticismo, una vez más...

Otra de sus enseñanzas era la concepción del Espíritu Santo como un eón, una emanación más. Expresaba que el Espíritu dotó de poder a la Sabiduría para crear al ser humano. Así, el ser humano tendría un cuerpo y un alma/espíritu o chispa divina. El gnosticismo formuló que había tres tipos de seres humanos, Ireneo de Lyon (2000) resume aquella herejía así:

> Son tres, pues, los tipos de hombre: el primero es *material* (*hylico*), al que llaman "de izquierda", que por necesidad perece, el cual es incapaz de recibir ningún soplo de incorrupción. El *animado* (*psychico*), también llamado "de derecha", que queda entre el *material* y el *espiritual*, que se inclinará hacia el lado que lo arrastre su propensión. Y el *espiritual* (*pneumático*) que fue enviado al *animado* a fin de que, estando en este, lo educase... (I 6, 1).

Esta noción sigue vigente, simplemente compárese con la idea ampliamente difundida en el evangelicalismo acerca de los tres tipos de personas: los naturales, los carnales y los espirituales (!). En el pensamiento gnóstico los animados o psíquicos son:

"aquellos que, mediante la fe sencilla y las obras han sido confirmados, pero no tienen la gnosis perfecta; estos somos los hombres que, según ellos, formamos la Iglesia. Por eso nos hace falta una buena conducta, pues de otra manera no podremos salvarnos" (Ireneo, 2000, I 6, 2).

La salvación para el gnóstico no es, por tanto, del pecado ni del mundo ni del diablo, sino de la ignorancia. Su salvación tampoco es por la fe en Jesucristo, sino por medio de un autoconocimiento de sí mismo a través de la *gnosis* (conocimiento) enseñada por Jesucristo a sus discípulos como grupo selecto y estos a su vez a unos cuantos (los *pneumáticos*): "… enseñan que ellos no se salvan por las obras, sino que, por el hecho de ser de naturaleza espiritual, automáticamente se salvan" (Ireneo, 2000, I 6, 2). Y ya que la materia es mala o carente de valor, enseñan que los psíquicos deben practicar un ascetismo riguroso con el fin de liberar el alma del cuerpo material, mientras que los espirituales permiten toda clase de goce sexual sin límites e incluso lo prescriben como medio de éxtasis para acceder a la gnosis. Además de negar la divinidad del Espíritu Santo, llegan a una antropología desfigurada, diseccionada.

Montanismo

Este movimiento surge entre el 155-160 d. C. en Frigia. Toma su nombre de Montano, un "sacerdote pagano de la diosa Cibeles, quien, una vez convertido al cristianismo, se desvió muy pronto de la verdadera fe cristiana" (Álvarez, 2001, p. 207). Sus doctrinas fueron difundidas también por sus dos profetizas, Priscila y Maximila. Puesto que profetizaban en éxtasis, "aseguraban que Dios les hablaba y les utilizaba como meros instrumentos" y afirmaban "que en ellas se revelaba el Paráclito que Cristo había prometido enviar", proclamaban traer nueva revelación independiente de la Escritura y de las autoridades eclesiásticas; predicaban la inminente venida del Señor con el fin del mundo, enfatizando la actividad del Espíritu previo a ello, decían que la Jerusalén celestial descendería allí en Frigia o Pepuza o Timión; y con miras a su venida requerían una ascesis rigorista incluyendo el ayuno y la prohibición al matrimonio (Moreschini y Norelli, 2009, p. 93). No se consideró como herejía, pero su error es evidente.

Hay cierto paralelismo con los grupos sectarios que aislados de la sociedad buscan establecer y vivir una sociedad utópica, bajo el mando de un líder carismático aceptando sus enseñanzas como revelación divina o teniendo un texto adicional a la Escritura o en lugar de ella. Otras semejanzas se tienen en prácticas pentecostales, neopentecostales, carismáticas o neocarismáticas donde se ensalzan las experiencias extáticas como la glosolalia, borrachera espiritual, risa santa, vómito santo, polvo de oro en las manos, aparición de diamantes en el piso o derramamiento de aceite en las paredes resultado, según ellos, de la obra del Espíritu.

Como hemos visto, la doctrina del Espíritu Santo abarca también la doctrina sobre la Escritura. Esto nos lleva a considerar que toda noción sobre el Espíritu debe basarse en la Escritura, la interpretación correcta de esta depende de la sujeción del creyente al Espíritu, y tanto la Escritura como el Espíritu Santo conducen al creyente a Jesucristo.

Confusión entre bautismo y llenura

No es herejía, sino más bien un error doctrinal que pueden traer consecuencias desastrosas. Repasando las secciones correspondientes de este capítulo, tenemos que el Nuevo Testamento enseña sobre el bautismo del Espíritu y la llenura del Espíritu. Pero en todo el NT no encontramos ningún mandato a ser bautizados en el Espíritu, no hay una sola orden a buscar el bautismo del Espíritu. Por otro lado, sí encontramos el mandato a ser llenos del Espíritu de manera constante. La Escritura señala que el bautismo del Espíritu Santo es otorgado a todos los creyentes, puesto que los incorpora al cuerpo de Cristo (1Co. 12:13). La noción de creyentes sin bautismo del Espíritu es absurda, ya que no puede haber creyentes en Cristo sin ser miembros de su cuerpo.

Respecto a la llenura del Espíritu, debemos señalar que el verbo imperativo pasivo indica que el mandato es a dejarse llenar con el Espíritu. Por eso, son errados los métodos ampliamente difundidos para obtener la llenura del Espíritu, donde se les pide a los creyentes que tengan una serie de ejercicios y experiencias sobrenaturales a fin de obtener la llenura, que llega a entenderse como la glosolalia (o el hablar en lenguas) o alguna otra manifestación espiritual. Me viene a la mente un pequeño librito bastante vendido sobre cómo ser lleno del Espíritu, en él se describen varios pasos para lograrlo, desde la lectura de la Biblia, la oración, el ayuno, hasta la meditación y la evocación de sentimientos que atraigan al Espíritu; otros recomiendan incluso poner la mente en blanco y comenzar a balbucear o repetir sílabas aleatoriamente. El texto bíblico no admite tales ideas ni prácticas extrañas.

Las experiencias extáticas incontrolables deben ser tomadas con mucho cuidado, pues los resultados del ser llenos con el Espíritu cuentan siempre con los procesos volitivos, emotivos y cognitivos del creyente, consciente en todo momento de sus actos. En ocasiones, la parafernalia sobrenatural usurpa la verdadera obra del Espíritu en las comunidades eclesiales y, claro está, en la vida diaria del creyente.

Algunos, en búsqueda del bautismo del Espíritu, entendiéndolo como una segunda obra de gracia o la adquisición del don de lenguas, viven anhelando poseerlo, y ante la presión de sus profetas o apóstoles o de los creyentes de su comunidad, llegan a fingir haberlo alcanzado, con el paso del tiempo o creen su propia mentira o frustrados reniegan de esa fe deformada, no sin antes sentir las miradas de desaprobación y las frases condenatorias por su falta de fe o por su espiritualidad pobre que, por lo general, provienen de otros que están fingiendo tanto como ellos lo hicieron o que se encuentran engañados aún, en todo caso, sin los resultados de la verdadera llenura del Espíritu que obra la comunión de los hermanos.

Otros viven buscando esos picos eufóricos de experiencias sobrenaturales, incurriendo en todo tipo de prácticas suplantadoras de la fe cristiana. Se encierran en un círculo vicioso semejante al de las adicciones en el que se tiene la manifestación deseada y la satisfacción personal que dura poco tiempo, luego del frenesí viene el período de búsqueda, como un *delirum tremens*, caracterizado por la ansiedad o desesperación, la sensación de no ser espirituales, de que algo les falta, de esa manera asisten a todos los conciertos evangélicos, campamentos, retiros, encuentros, veladas, todo lo que pueda concederles esa experiencia. En ese ciclo, la Escritura no tiene mayor relevancia y el Espíritu Santo solo es utilizado para obtener esa gratificación egoísta.

Para continuar la reflexión

1. ¿Qué lección te pareció más importante de este capítulo? ¿Por qué?
2. ¿Hubo algún cambio en tu comprensión o percepción respecto al Espíritu Santo? ¿Cuál fue?

3. ¿Sabes qué don o dones te ha dado el Señor? ¿Cómo los estás poniendo en práctica al servicio de tus hermanos en tu Iglesia?

4. Si se estudia este libro en grupo, comenten sus impresiones sobre la sección de herejías y errores.

5. A continuación, se muestra un cuadro con algunas citas de la Escritura referentes a la obra del Espíritu Santo, no es una lista exhaustiva. Revisa los pasajes y en una hoja aparte apunta qué indican sobre la acción del Espíritu Santo en la vida del creyente.

Mt. 10:20; Mr. 13:11	Ro. 8:15	2Co. 1:22	Ef. 4:30
Jn. 3:6	Ro. 8:16	2Co. 3:3	Ef. 5:18
Jn. 14:26	Ro. 8:23	2Co. 3:17	1Ts. 1:5s
Jn. 15:26	Ro. 8:26	2Co. 3:12-18	1Ts. 5:19
Jn. 16:7-11	Ro. 9:1	2Co. 3:18	2Ts. 2:13
Jn. 16:12s	Ro. 14:17	2Co. 5:5	1Ti. 4:1
Hch. 1:8	Ro. 15:15	2Co. 13:14	Tit. 3:5
Hch. 13:2, 4; 16:7	1Co. 2:4-5	Gá. 3:14	Heb. 10:29
Hch. 20:28	1Co. 2:10	Gá. 4:6-7	1Pe. 4:14
Ro. 5:5	1Co. 2:12	Gá. 5:16 21	1Jn. 3:24; 4:13
Ro. 8:1	1Co. 2:13	Gá. 5:22-23	1Jn. 4:2 6
Ro. 8:2	1Co. 3:16	Gá. 5:25	Jud. 19
Ro. 8:5	1Co. 6:19	Ef. 1:13-14	Jud. 20
Ro. 8:11	1Co. 12:3	Ef. 2:18	Ap. 2:7, 11, 17, 29;
Ro. 8:13	1Co. 12:4ss	Ef. 3:16	Ap. 3:6, 13, 22
Ro. 8:14	1Co. 12:13	Ef. 4:3-4	Ap. 22:17

6. En oración agradece a nuestro Dios y Padre por haberte dado a su Espíritu, alaba al Espíritu Santo por su obra en tu vida, por todo aquello que has podido comprender acerca de él en la Escritura, y por esa comunión que puedes disfrutar en Cristo con tus hermanos y hermanas de la Iglesia.

CAPÍTULO 9

En la Santa Iglesia católica, la comunión de los santos

Seguramente, al leer "Santa Iglesia *Católica*", el lector de trasfondo evangélico o protestante habrá sentido cierta repulsión o incomodidad, por la simple asociación con lo que actualmente evoca tal terminología: quizás la figura del Papa, el clero, los ritos, las peregrinaciones o las fiestas de santos vinieron a su mente. Sin embargo, el término católico significa "de acuerdo con el todo" y, por ende, universal. En otras palabras, refiere a la única Iglesia de la cual somos miembros, junto con todos los creyentes a lo largo de la historia. Esta aclaración es suficiente por el momento y nos permite continuar sin prejuicios.

La santa Iglesia

Küen (2001, pp. 57-58) da la siguiente explicación a partir de los ele mentos que conforman el término griego *ekklesía*, traducido al español como "Iglesia":

Primero, está compuesto por el verbo *kaleo*, "llamar", el cual refiere al llamamiento que viene de Dios para ser parte de su Iglesia. Esto se aprecia en Hechos 2:47, donde el Señor es quien añade a su Iglesia a quienes van siendo salvados. De manera aún más clara se lee en Romanos 8:29-30 los conceptos afines: Dios conoció, predestinó, llamó, justificó, y glorificó a los creyentes en su Hijo. Este llamamiento se hace por medio de la proclama del Evangelio, según 2 Tesalonicenses 2:13-14:

> *Pero nosotros debemos dar siempre gracias a Dios respecto a vosotros, hermanos amados por el Señor, de que Dios os haya escogido desde el principio para salvación, mediante la santificación por el Espíritu y la fe en la verdad, a lo cual os llamó mediante nuestro evangelio, para alcanzar la gloria de nuestro Señor Jesucristo.*

Lo segundo es la preposición *ek*, que se traduce como "de", indicando un movimiento o dirección de un punto a otro: en Hechos 2:40 la exhortación es a ser *"salvos de esta perversa generación"*; mientras que en 26:18 el ministerio de Pablo tiene como objetivo que los gentiles *"se conviertan de las tinieblas a la luz"*. También 1 Pedro 2:9 indica que Dios nos *"llamó de las tinieblas a su luz admirable"*. En 2 Corintios 6:17 se amonesta a los creyentes a salir *"de en medio de"* los incrédulos y apartarse de ellos. Gálatas 1:4 expresa que Jesucristo *"se dio a sí mismo por nuestros pecados para librarnos* del *presente siglo malo"*. De esa manera, el llamamiento de Dios nos saca de un estado o un ámbito o una condición a otra radicalmente distinta. Dios nos llama hacia su Iglesia por medio de una separación del mundo, esto es la consagración a él o la santificación. Por lo tanto, la *eklessia* es la asamblea o reunión de los creyentes que han sido llamados por Dios a la comunión en Cristo por su Espíritu.

La edificación de la Iglesia

Jesucristo anunció a Pedro y a los demás discípulos que edificaría su Iglesia (*"Y yo también te digo que tú eres Pedro, y sobre esta roca edificaré mi iglesia"*, Mt. 16:18). Esto implica que durante su ministerio terreno no existía todavía la Iglesia. Aun después de la resurrección, el Señor Jesucristo prometió el bautismo del Espíritu Santo a sus discípulos, este ocurrió en Pentecostés y allí se constituyó el nuevo pueblo de Dios. Es hasta entonces cuando se habla de Iglesia (*"Y el Señor añadía cada día a la iglesia los que habían de ser salvos"*, Hch. 2:47). La Iglesia no existía antes de esto, pues para que la Iglesia fuera edificada se requería: 1) la resurrección de Jesucristo, puesto que él es la cabeza de la Iglesia que es su cuerpo (Ro. 12:5; 1Co. 12:12, 27; Ef. 1; 5:23, 29; Col. 1:18); 2) la venida del Espíritu Santo, ya que es el Espíritu de Cristo y, por lo tanto, la Iglesia goza de plena comunión por él (1Co. 12:12ss; 2Co. 13:14). Nótese además que, como fue señalado en el apartado anterior, es el Espíritu obrando en el creyente quien lo incorpora al cuerpo de Cristo. El teólogo griego, Juan Zizioulas (2003), actual obispo metropolitano de la Iglesia ortodoxa en Pérgamo, explica y aclara la obra de Cristo y del Espíritu en la institución y constitución de la Iglesia:

> Solo desde una perspectiva cristológica se puede hablar de la Iglesia como *instituida* (por Cristo), pero desde la perspectiva pneumatológica tenemos que hablar de ella como *constituida* (por el Espíritu). Cristo *instituye* y el Espíritu *constituye*. La diferencia entre esas dos preposiciones (*in-* y *con-*) puede ser enorme para la eclesiología. La "institución" es algo que se nos presenta como un hecho, más o menos como un *fiat-accomplit*. Como tal, es una provocación a nuestra libertad. La "constitución" es algo que nos implica en su propio ser, algo que aceptamos libremente, porque participamos en su aparición. En el primer caso, la autoridad es algo que se nos impone, mientras que en el segundo caso es algo que surge de entre nosotros (p. 174).

Católica

El término debe ser entendido no en referencia a una iglesia mística o invisible o universal o en contraste a una iglesia local, sino más bien ha de comprenderse como lo completo o, mejor dicho, la plenitud de la Iglesia como cuerpo de Cristo. La catolicidad de la Iglesia se debe a Cristo y no a ella misma (Gá. 3:28; Ef. 2:11-22). Revelarse al mundo y en la historia como Iglesia, como cuerpo de Cristo, solo es posible por el Espíritu Santo. Esto se realiza en su comunión (específicamente en la eucaristía, cf. 1Co. 10:16-17) y servicio a la sociedad en la que se encuentra.

> "Así, la Iglesia se revela en el tiempo como lo que es escatológicamente, es decir, una Iglesia católica que se sitúa en la historia trascendiendo todas las divisiones en la unidad de todo en Cristo mediante el Espíritu santo para gloria de Dios Padre" (Zizioulas, 2003, p. 183).

La comunión de los santos

La Iglesia no es un edificio o una construcción ni un ámbito espiritual, místico o metafísico, sino la comunión de personas que confiesan a Jesucristo como Señor, por lo que son santos, en virtud de la obra del Espíritu en ellos:

> Cuando los hombres se unen aquí y allá en el Espíritu Santo, aquí y allá nace una *comunidad cristiana visible*. Lo mejor sería que no se aplicase el concepto de invisibilidad a la Iglesia; todos tenemos tendencia a resbalar con ello hacia una *civitas platonica* o algún reino imaginario en el que los cristianos están ligados de manera interior e invisible, mientras que la Iglesia visible es desdeñada. En la confesión apostólica de fe no se pretende hablar de una entidad invisible, sino de una asamblea muy visible que tiene su comienzo en los doce apóstoles. La primera comunidad fue un grupo visible que provocó una agitación visible y pública. Cuando la Iglesia no tiene esa visibilidad, no es la Iglesia. Si digo "comunidad", lo primero que me viene a la mente es la forma concreta de la comunidad en un determinado lugar. Naturalmente, cada una de esas comunidades tiene sus problemas, lo mismo las de Roma que las de Jerusalén, etc. (Barth, 2000, pp. 164-165).

Si bien estos problemas dentro de las comunidades han suscitado las críticas y, en ocasiones, el rechazo hacia el cristianismo por parte de los incrédulos, la Iglesia permanece como la manifestación concreta y visible del cuerpo de Cristo que proclama a su Señor.

Dos son los principios que de esto derivan, primero: la necesidad de comprender la comunión como aspecto constitutivo, ontológico, de la Iglesia y no como algo que deba realizarse por esfuerzo propio. Para ello, esta precisión de Bonhoeffer (2003):

Fundada únicamente en Jesucristo, la comunidad cristiana no es una realidad de orden *psíquico*, sino de orden *espiritual*. En esto precisamente se distingue de todas las demás comunidades. La Sagrada Escritura entiende por "espiritual" el don del Espíritu santo que nos hace reconocer a Jesucristo como Señor y Salvador. Por "psíquico", en cambio, lo que es expresión de nuestros deseos, de nuestras fuerzas y de nuestras posibilidades naturales de nuestra alma (p. 23).

Pone el ejemplo de aquella persona que tiene una idea de la comunidad, de lo que esta debería ser, con sus propios ideales, imágenes de lo que según él quisiera que fuera su Iglesia, pero al llegar a ella y encontrarse con la realidad, sus nociones de ética y justicia propia se van desquebrajando y se desilusiona. Ese proceso y ese acto es muestra de la gracia de Dios que no permite que esa ilusión sea el fundamento de la comunidad cristiana. Pues sucede que cuando se insiste en que esa imagen personal de la Iglesia sea la realidad, tal persona se convierte en juez de sus hermanos, poniéndose por encima de ellos, usurpando al mismo tiempo el lugar del Señor Jesucristo y la comunidad comienza a ser destruida:

Dios aborrece los sueños piadosos porque nos hacen duros y pretenciosos. Nos hacen exigir lo imposible a Dios, a los demas y a nosotros mismos. Nos erigen en jueces de los hermanos y de Dios mismo. Nuestra presencia es para los demás un reproche vivo y constante. Nos conducimos como si nos correspondiera a nosotros crear una sociedad cristiana que antes no existía, adaptada a la imagen ideal que cada uno tiene. Y cuando las cosas no salen como a nosotros nos gustaría, hablamos de falta de colaboración, convencidos de que la comunidad se hunde cuando vemos que nuestro sueño se derrumba. De este modo, comenzamos por acusar a los hermanos, después a Dios y, finalmente, desesperados, dirigimos nuestra amargura contra nosotros mismos.

Todo lo contrario sucede cuando estamos convencidos de que Dios mismo ha puesto el fundamento único sobre el que edificar nuestra comunidad y que, antes de cualquier iniciativa por nuestra parte, nos ha unido en un solo cuerpo por Jesucristo; pues entonces no entramos en la vida en común con exigencias, sino agradecidos de corazón y aceptando recibir. Damos gracias a Dios por lo que él ha obrado en nosotros. Le agradecemos que nos haya dado hermanos que viven, ellos también, bajo su llamada, bajo su perdón, bajo su promesa. No nos quejamos por lo que no nos da, sino que le damos gracias por lo que nos concede cada día... La hora de la gran decepción por causa de los hermanos puede ser para todos nosotros una hora verdaderamente saludable, pues nos hace comprender que no podemos vivir de nuestras propias palabras y de nuestras obras, sino únicamente por la palabra y de la obra que realmente nos une a unos con otros, esto es, el perdón de nuestros pecados por Jesucristo. Por tanto, la verdadera comunidad cristiana nace cuando, dejándonos de ensueños, nos abrimos a la realidad que nos ha sido dada (Bonhoeffer, 2003, pp. 19-20).

Y es exactamente la gracia de Dios que hace del Cristo resucitado la cabeza de la Iglesia-cuerpo. Así, el que cree en Jesucristo, es hecho miembro de ese cuerpo de Cristo, se le concede vida eterna y perdón de pecados, ya no es culpable, sino que ha sido justificado (Ro. 5:1).

Es esto lo que efectivamente hace posible que la vida del creyente sea separada del pecado, apartada para la santificación. Nótese que en ninguna porción de la Escritura a los creyentes o cristianos se les llama "pecadores redimidos", idea común en algunos ámbitos denominados reformados, donde pareciera que entre más se denigre al creyente, más se glorifica a Cristo. Al contrario, la Escritura llama a los creyentes, santos. Por eso, esta santa Iglesia católica es la comunión de los santos (Hch. 26:10; Ro. 1:7; 15:25; 1Co. 1:2; 14:33; 16:1; 2Co. 1:1; Ef. 1:1; 2:19; 5:3; Fil. 1:1; 4:21; Col. 1:2, 12, 22, 26; 1Ts. 5:27; Heb. 3:1; 13:24; Jud. 3; Ap. 14:12; etc.).

Hay un cambio radical en la vida del creyente: deja de ser pecador para ser santo, se trata de una nueva criatura: *"De modo que, si alguno está en Cristo, nueva creatura es; las cosas viejas pasaron; he aquí todas son hechas nuevas"* (2Co. 5:17). Ahí el error de Lutero y su concepto de *simul iustus et peccator*. El texto bíblico contraviene por completo aquella idea, falta revisar, por ejemplo, Romanos 6, 7, 8 o 1 Juan para darse cuenta de ello. El problema que trae consigo es que hace al creyente pensar: "si peco, es porque soy pecador", o incluso aunque se emplee la expresión "pecador redimido", el acento recae en "pecador", no en la redención. Además de que pecador refiere al ser no al acto, ser pecador es practicar el pecado, por eso es totalmente incompatible este ser pecador con el ser santo o justo. O se es incrédulo o se es creyente, se es pecador o se es justo; no puede ser las dos cosas al mismo tiempo.

El cambio obrado por el Espíritu en el creyente es ontológico, luego la praxis o el hacer depende del ser. Por eso también existe la responsabilidad en el creyente de crecer en santidad (Ro. 6; 1Pe. 1:13-25). Para comprenderlo de manera clara, se ha hecho una distinción entre la santidad posicional en Cristo, efectuada ya por el Espíritu, y la santidad progresiva, proceso guiado por medio de la dependencia al Espíritu. Otro modo de verlo es que no se obedece para ser santos, sino que obedecemos como consecuencia de ser santos.

En segundo lugar, la Iglesia se distingue del mundo, aunque está en él (Jn. 15:19). Debemos comprender que la Iglesia no existe aislada de su entorno, está presente en una sociedad, cultura o país determinado y allí tiene su misión. Jesús enseñaría al respecto en el Sermón del monte con dos metáforas bastante claras: *"ustedes son la sal de la tierra"*, *"ustedes son la luz del mundo"* (Mt. 5:13-15). Su tarea, por tanto, es salar o alumbrar. No cumplir con su misión resulta en un sinsentido ontológico: la sal pierde su sabor y la luz se oculta.

¿Pero en qué consiste esta misión? Lo que viene a la mente del creyente de forma casi automática es la evangelización o la gran comisión de Mateo 28:19-20, lo cual es correcto, pero debe entenderse a la luz del mensaje de todo el Evangelio y ello dirige nuestra atención al Sermón del monte, la sección más amplia del texto donde se describe la ética y moral de los discípulos. Allí es donde tenemos las metáforas expuestas anteriormente: el guardar todas las cosas que Jesucristo ha enseñado implica salar o alumbrar. Esto es hacer buenas obras, es decir, hacer justicia y misericordia, para que todos lo vean y así glorifiquen al Padre (Mt. 5:16). La evangelización no puede hacerse si no se obra justicia.

Herejías y errores

Este capítulo enfrenta varios errores, más que herejías. Algunos de ellos ya se han mencionado, pero siempre hay más. Aquí, otros bastante comunes:

Desinterés y desprecio por la Iglesia antes de la Reforma

En la experiencia que tengo como docente al impartir la materia de Historia de la Iglesia, he visto la laguna que existe en la comunidad evangélica respecto al período que va desde el siglo II hasta la Reforma protestante. Hay un desconocimiento preocupante y a veces cierto desdén en su estudio. Se cree que ese tiempo fue de engaños, mentiras, religiosidad, idolatría y abusos de la Iglesia católica. Pero debemos tener presente que durante esos catorce siglos hubo una sola Iglesia y que es durante ese período que nuestros dogmas fueron desarrollándose por los cristianos que pertenecían a esa única Iglesia: a esa época corresponde, por ejemplo, el establecimiento del canon bíblico, las doctrinas cristológicas como la Encarnación, su nacimiento virginal, su doble naturaleza, su consubstacialidad con el Padre, además de las doctrinas sobre la Trinidad, el Espíritu santo, etc.

También he visto que se tiene una arrogancia enorme al creer que ahora la Iglesia sí conoce y comprende adecuadamente su fe. Incluso se ha adoptado el término "Iglesia primitiva"—que a propósito, surgió en el contexto de la teoría de la evolución aplicada a la historia y a la sociología—, para designar a aquellos primeros cristianos que, según se piensa, poco sabían de la revelación. Conocer la historia de la Iglesia nos permitirá darle su lugar a los cristianos que transmitieron fielmente la fe, haciendo frente a persecuciones y herejías, problemas sociales y políticos, difundiendo el Evangelio de Jesucristo en el campo y la ciudad, a ricos y pobres, cambiando por completo el mundo. La herencia que aquella Iglesia nos ha dejado es esencial para el cristianismo ahora. Haríamos bien en estudiarla.

"Mi Iglesia es la única verdadera"

Esta idea también es un gran problema. Quizá no llega a expresarse tal cual, pero el sentimiento de superioridad en algunas denominaciones parece tener esta frase como lema. Aunque, de hecho, ¡sí la he llegado a escuchar en boca de algunos hermanos en la fe! El orgullo, la jactancia, el menosprecio, rompen la comunión. Se ha expresado que la Iglesia protestante nació dividida, seguimos arrastrando con esas luchas. Necesitamos recordar que hay una sola cabeza que es Cristo, un solo cuerpo del cual somos miembros los unos de los otros, y que en la diversidad hay unidad. El debate respetuoso de las diferencias en doctrinas secundarias puede ser sumamente benéfico para afinar nuestros dogmas e ir, en la medida de nuestra dependencia al Espíritu, creciendo hacia la unidad de la fe.

Vale en este breve párrafo recordar el refrán de Rupertus Meldenius que cita John Stott (2013): "En lo esencial, unidad. En lo que no es esencial, libertad. En todo lo demás, caridad". Aclarando esto: "Lo esencial", pudieran ser, por ejemplo, las doctrinas de la Trinidad, la divinidad de Jesucristo, su doble naturaleza, la salvación por gracia, la divinidad del Espíritu Santo; allí encontramos nuestra unidad. "Lo no esencial" serían entonces doctrinas como el milenio, el rapto, la vigencia de los dones espirituales, o incluso, agitando un poco el avispero, la doctrina sobre la predestinación; son importantes, pero hay libertad en cómo se interpretan. "Todo lo demás" haría referencia al sistema de gobierno en la Iglesia, la manera en celebrar el culto, la frecuencia de la celebración de la cena del Señor, el bautismo de infantes, los instrumentos usados en la adoración, el tipo de predicación (expositiva, temática, etc.); en estos asuntos lo que debe primar es la caridad, palabra que significaba lo mismo que amor. Los problemas se suscitan cuando "lo no esencial" o "todo lo demás" se considera "esencial". ¡Ojalá aprendiéramos a aplicar estas pautas tan sencillas fomentando la unidad entre cristianos!

Para continuar la reflexión

1. A la luz de lo visto aquí, ¿qué valor tiene la Iglesia?
2. Desde el siglo III, se popularizó la frase de Cipriano de Cartago, *extra Ecclesiam nulla salus*, lo cual es "fuera de la Iglesia no hay salvación". A manera de debate y considerando lo estudiado en este capítulo, comenten en grupo sus puntos de vista respecto a esta afirmación.
3. ¿Cómo modifica tus hábitos y conductas la comprensión acerca del ser del creyente, especialmente las nociones de santificación posicional y progresiva?
4. Regresa a tu Símbolo personal, evalúa qué puntos corresponden a "lo esencial", a "lo no esencial" y a "todo lo demás". Si se estudia en un grupo interdenominacional, compartan sus puntos de vista y dense a la tarea de elaborar uno en conjunto.
5. ¿Qué acciones concretas podría implementar tu Iglesia para alumbrar con sus buenas obras a los vecinos de la calle y colonia donde se ubica?

6. Si se lleva este estudio grupalmente, elaboren un plan de ministerio que integre las acciones propuestas en la pregunta anterior. ¡Qué puedan llevarlo a cabo y el Espíritu Santo les dirija para que sus vecinos alaben a nuestro Dios Padre y conozcan así al Señor Jesucristo!

CAPÍTULO 10

El perdón de pecados

El pecado busca esconderse, de manera que es difícil tratar con él. En muchas iglesias ya no se acepta que se predique al respecto, prefieren hablar de una espiritualidad superficial o de temas motivacionales e inspiradores de superación personal. Para otras más, todo es pecado y su discurso obsesivo contra este surge de una moral arrogante. Y en medio, las iglesias que sí abordan la cuestión del pecado, considerándolo desde la misericordia de Dios, son tildadas de intolerantes o complacientes. No es cosa fácil comprender apropiadamente esta doctrina sobre el pecado (hamartiología), por eso veamos qué nos revela la Escritura y la teología al respecto.

Pecado

Primero veremos algunos textos importantes de la Escritura, particularmente en Génesis. Luego estudiaremos algunas nociones teológicas.

El pecado en Génesis

Este texto bíblico no da una definición del pecado, pero asume su realidad y describe cómo se consuma y cuáles son sus resultados o consecuencias, a veces lo hace de manera sobria y otras, explícita y gráficamente. El relato de la creación del capítulo 1 repite una y otra vez lo "bueno" que Dios había visto en ella, finalizando con un *"y he aquí que era bueno en gran manera"* (1:31), excluyendo así cualquier indicio de mal. El relato del capítulo 2:4ss hace lo propio al presentar a Adán y a su mujer desnudos sin avergonzarse (2:25). El capítulo 3 entonces presenta la figura enigmática de la serpiente descrita simplemente como *"astuta, más que todos los animales que Yahweh Dios había hecho"*, quien cuestiona a la mujer tramposamente: 1) haciéndole dudar de la palabra de Dios: *"¿Con que Dios ha dicho..."* (3:1); 2) tergiversando la palabra de Dios añadiendo "de todo" a la pregunta *"no comáis de todo árbol del huerto"* (3:1) y; 3) contradiciendo la palabra de Dios abiertamente con el *"no moriréis"* (3:4, cf. 2:17); argumentando que Dios les privaba de algo ocultándolo (*"sino que sabe Dios que el día que comáis de él..."*, 3:5), ofreciéndole el conocimiento como la esencia de Dios mismo (*"serán abiertos vuestros ojos, y seréis como Dios, sabiendo el bien y el mal"*: ojos abiertos como apertura al conocimiento, que equipara a ser como Dios).

Entonces, se describe todo el proceso interior en la mujer que le lleva al acto: *"vio... que era bueno para comer, agradable a los ojos, árbol codiciable para alcanzar la sabiduría"* (3:6). El deseo que comenzó por la duda va intensificándose, todo el ser se desboca hacia el acto: lo corporal y sensorial, manifestado en el ver; lo emotivo y volitivo, en lo agradable y codiciable; y lo intelectual, fijado en la sabiduría. Finalmente, la consumación del acto: *"tomó de su fruto y comió"*, haciendo partícipe también a su marido, que en todo el relato no se menciona pero que en este punto asume que estuvo allí presenciando todo, como un cómplice: *"comió, así como ella"*. Con ello, podemos entender que al comer del fruto del árbol de la ciencia del bien y del mal, desobedecieron la palabra de Dios. De esta manera podemos decir que el pecado es desobediencia a la palabra de Dios. También, el relato muestra que el pecado no forma parte de la creación de Dios; el pecado surge del deseo incitado por la tentación.

El relato sigue y presenta que efectivamente hay un "abrir de ojos", pero esta apertura es a la comprensión de su desnudez, no más, no hay sabiduría, no hay tal conocimiento divino, no son como Dios; el engaño del pecado se ve con claridad. Los resultados del pecado, que aparentan ser la máxima satisfacción, son totalmente contrarios, el texto no deja que leamos si disfrutaron del sabor. Ya en esa condición irreversible, intentan hacer algo para resolverlo: con los delantales de hojas se evidencia este intento desesperado de cubrir la falta (3:7). Por supuesto, la intentona no soluciona nada. En el relato, Dios está cercano, pero ellos tratan de esconderse de él; así se expresa que el pecado destruye la comunión, primeramente, entre el ser humano y Dios (3:8).

Ante el distanciamiento de parte de ellos, Dios persiste en su búsqueda: *"¿Dónde estás tú?"* (3:9). La respuesta del hombre va dejando más lecciones sobre la devastación del pecado: *"tuve miedo, porque estaba desnudo, y me escondí"* (3:10). Nótese el contraste con lo escrito en 2:25, *"estaban ambos desnudos, Adán y su mujer, y no se avergonzaban"*. Luego Dios continúa con una serie de preguntas cuya respuesta obviamente conoce, pero las hace deseando que el varón asuma su responsabilidad; cosa que no llega, pues se dan una serie de evasiones.

Ahora, la ruptura de comunión se observa entre el varón y la mujer. De quien antes se había expresado *"eres carne de mi carne…"*, ahora se le refiere como *"la mujer que me diste"*, ella es la culpable según el varón (3:12). Luego, Dios interpela a la mujer, también dándole oportunidad de responder, pero esta culpa a la serpiente (3:13). Así se observa la triple ruptura ocasionada por el pecado: 1) ruptura de la comunión entre el ser humano y Dios; 2) ruptura de la comunión social, entre el varón y la mujer (la familia, núcleo de la sociedad) y, 3) ruptura de la comunión ecológica, entre el ser humano y la creación. El pecado es entendido de este modo como ruptura y por lo tanto muerte, en tanto que se ha roto la relación con la vida misma, Dios, también fuente de la vida.

Por lo tanto, el juicio de Dios abordará esos tres ámbitos: contra la serpiente y su lucha constante contra la humanidad (3:14s); contra la mujer, en lo más íntimo de su ser: el dolor aumentado en el proceso del parto (pero al mismo tiempo aquí se muestra la misericordia de Dios, que sigue dando vida), y su subordinación al varón (nótese que claramente esto es el juicio por su pecado: 3:16). Mientras, contra el varón, se le reprocha su obediencia a la mujer y, por lo tanto, desobediencia contra Dios, por lo cual la tierra sería maldita haciendo más difícil la agricultura (3:17). También aquí son notorias las consecuencias del pecado humano en la naturaleza: la producción de espinos y cardos (3:18), reitera lo arduo que ahora le resultará el trabajar la tierra y, finalmente, la sentencia de muerte (3:19).

Con todo, el versículo 20 es esperanzador en tanto que Adán da el nombre de Eva a su mujer, *"por cuanto ella era madre de todos lo vivientes"*: a pesar de la muerte, la vida continúa. En esa misma línea, podemos entender la acción de Dios de vestir al ser humano con túnicas de pieles (3:21); implicando ello, muerte sustitutoria. El intento humano de un delantal de hojas era absolutamente insuficiente, Dios es quien cubre su falta. Seguido de esto, Dios expulsa al ser humano del huerto, lo cual también muestra su misericordia a fin de que no comieran del fruto del árbol de la vida y vivieran en esa condición de separación para siempre (3:22). Se va a dar un desplazamiento geográfico que al mismo tiempo muestra un alejamiento relacional. El huerto queda resguardado, protegiendo su santidad (3:23s).

Del capítulo 4 es aleccionadora la manera en la que Dios trata con Caín ya fuera del huerto. Ante la libre elección de Dios por la ofrenda de Abel, Caín se enfureció y *"decayó su semblante"* (4:5), literalmente se ensombreció al mirar hacia abajo con su ceño fruncido. Dios lo cuestiona esperando su respuesta, tal como lo hizo con sus padres (4:6). En 4:7 continúa *"si bien hicieres, ¿no serás enaltecido?"*, podría levantar su rostro y quitar de él toda sombra de ira o resentimiento al hacer el bien. En la siguiente parte del versículo, Dios presenta al pecado como una fiera, *"está a la puerta"*, mejor traducido como *"está al acecho"*, agazapado, esperando la oportunidad; sin embargo, el pecado no controla a Caín, al contrario, Dios le indica: *"con todo esto, a ti será su deseo, y tú te enseñorearás de él"*.

Este relato es de suma importancia para la hamartiología ya que presenta el trato de Dios hacia la humanidad fuera del jardín: 1) Dios busca al hombre constantemente, incluso aún antes de cometer pecado, advirtiéndole del peligro y; 2) demuestra que el ser humano tiene dominio sobre el pecado, en otras palabras, es completamente responsable de sus decisiones, capaz de controlar sus actos.

El relato continúa con el asesinato de Abel, un homicidio premeditado, bien planeado. Después de haber perpetuado el crimen, Dios una vez más cuestiona a Caín, esperando el reconocimiento e incluso el arrepentimiento de su parte: *"¿Dónde está Abel tu hermano?"*. La respuesta es tajante, completamente sinvergüenza, incluso provocadora, impertinente: *"No sé. ¿Soy yo acaso guarda de mi hermano?"* (4:9).

El juicio de Dios es maldición directamente sobre Caín, la tierra no le volvería *"a dar su fuerza"*, por eso, siendo que era agricultor, tendría que ser nómada, *"errante y extranjero"*, buscando siempre el fruto de la tierra, pues a ella le había hecho beber sangre de hermano (4:10-12). Caín entonces se queja de lo pesado del castigo, repite que será *"errante y extranjero"* y añade que podrían tomar venganza contra él y matarlo (4:13s). Viene entonces una segunda parte del juicio: una marca sobre Caín que impediría de algún modo que este fuera asesinado (4:15). Aquí tenemos la obra de juicio-misericordia de parte de Dios: la violencia de Dios sobre Caín, restringe la escalada de la violencia humana. El relato termina con la salida de Caín delante de Dios, con un dato superficialmente geográfico, pero con una noción trascendentemente ontológica: *"Nod"*, que en hebreo suena a vagabundo, apuntaría al vagabundeo del pecador, y la dirección *"al oriente del Edén"* implicaría un alejamiento cada vez mayor entre el ser humano y Dios, por la ruptura ocasionada por el pecado.

El pecado así va acrecentándose, llegando al colmo y requiriendo el juicio divino sobre toda la creación, pero al mismo tiempo junto con ese juicio se mostraría la misericordia de Dios en los relatos del diluvio (Gn. 6-10).

Nociones teológicas sobre el pecado

Primero, el término griego αμαρτια (*hamartía*) significa, siguiendo a Balz y Schneider (2005):

> ... el *yerro* cometido por error y/o por culpa (que hace que no se alcance un objetivo), y no solo considerado como un hecho, sino también en cuanto a la condición de este hecho... [En la LXX y luego en el NT, se entiende] el "pecado" como culpabilidad que se contrae o que se ha contraído ante Dios y ante los hombres (I, pp. 195-196).

Lo indicado en esta definición se explica también con los conceptos de omisión y comisión. Pecado de omisión sería aquella falta de no hacer lo que se debe, pecado de comisión es la falta producida al hacer lo que no se debe. Y estos pueden cometerse de manera consciente (culpablemente) o inconsciente (por error), lo cual no deja fuera la propia responsabilidad.

Segundo, el pecado es universal, así lo expresa tanto el Antiguo como el Nuevo Testamento (Is. 53:6; cf. 64:6; Job 15:14; Pr. 20:9; Sal. 14:3; 53:1-3; Ro. 3:23; 5:12-21; 2Pe. 3:9). Aunque el ser humano es pecador, no era así en el principio, como ya lo vimos (Gn. 1:31). De manera que el pecado deshumaniza y conduce a la muerte, el pecado es "(1) una realidad que socava a la humanidad y; (2) un rechazo de la exigencia de Dios en una autoafirmación humana" (Kittel, 2003, p. 57).

Tercero, el pecado puede entenderse como deuda (Mt. 6:12), pero no en sentido jurídico, sino ontológico. El ser humano fue creado por Dios para darle honra, precisamente al ser creado a su imagen debía glorificar a aquel a quien representa. En el Medioevo, uno de los padres del Escolasticismo, San Anselmo de Canterbury desarrollaría su antropología y hamartiología en esa línea de pensamiento, expresándolo así (citado en González, 1998): "El que no da a Dios este honor debido, quita a Dios lo que es suyo, y le deshonra; y esto es precisamente el pecado", entonces al haber pecado "o el hombre satisface libremente o es castigado contra su voluntad"; pero el ser humano no puede satisfacer por su propio pecado porque todo lo que intente hacer o haga en favor de ello, es lo ya debido a Dios (pp. 363-365). De ahí que sea imposible que pague su deuda por sí mismo.

Cuarto, el pecado se puede comprender también, como lo explica Santo Tomás de Aquino: "un dicho, hecho o deseo, contrario a la ley eterna", precisándolo lo define como todo acto contrario al amor. El pecador hiere a Dios "en su amor de Padre que quiere el bien de su creatura más amada", y así, "el pecado ha destruido su amor por su Creador" (González, 1998, p. 376). Puede conjuntarse esto con la siguiente noción ya que el pecado se entiende en el ámbito relacional.

Quinto, se ha observado que el pecado rompe el *shalom* de Dios. Este término posee un significado mucho más amplio que "paz", y paz no entendida como un sentimiento o estado mental. *Shalom* implica armonía, comunión plena con Dios y con todo lo creado, tal como se presenta en los primeros dos capítulos del Génesis. Platinga (2001) explica cómo se entiende el shalom en la Escritura:

... significa *florecimiento, integridad y deleite universales,* una situación pletórica en la que se satisfacen las necesidades naturales y se utilizan con provecho los dones naturales; una situación que nos inspirará un asombro gozoso ante el Creador y Salvador que abre puertas y acoge a las criaturas en las que se deleita. *Shalom,* en otras palabras, es como deberían ser las cosas (p. 36).

Con esto en mente, "el pecado es cualquier acto —pensamiento, deseo, emoción, palabra u obra— o ausencia de acto, que desagrada a Dios y merece reproche", así como la disposición de cometer pecados:

> Dios odia el pecado no solo porque viola su ley, sino —lo cual es más fundamental— porque viola el *shalom,* porque quebranta la paz, porque interfiere con la forma en que se supone que son las cosas. En realidad, la razón por la que Dios establece leyes en contra de toda una serie de pecados es para proteger el *shalom*... En síntesis, el pecado es una ruptura culpable del *shalom* (Platinga, 2001, pp. 39-40).

Así, el pecado no solo afecta a la persona que lo comete, sino a todos y todo a su alrededor, tal como lo revela el Génesis. Expresiones como "es mi pecado, a ti qué" o "es su pecado, allá él" son muestra de esa idea equivocada que sigue viendo al pecado como algo individual y que no ve sus repercusiones comunitarias.

El perdón de pecados

Aunque las nociones anteriores son esclarecedoras, el pecado solo puede entenderse apropiadamente desde el perdón de Dios otorgado en Jesucristo (Lc. 24:45-49; Col. 1:14; Ro. 3:24s; Ef. 1:7; 1Jn. 4:10).

Si bien el perdón es fundamental, no se lo desarrolla fuertemente a nivel conceptual (como lo muestra la poca frecuencia de εφιεναι, etc. en Pablo y Juan). Pero ciertos conceptos conexos dejan claro: a. que se mantiene la responsabilidad ante Dios como Juez; b. que se sabe que el perdón es acto de Dios, no una deducción teórica; c. que como acontecimiento escatológico el perdón significa una renovación total y; d. que el perdón se recibe cuando el juicio de Dios se afirma en la confesión de los pecados (1Jn. 1:9; Stg. 5:16; Hch. 19:18), la penitencia (Lc. 24:47; Hch. 2:38; Heb. 6:1) y la fe (en Pablo y en Juan) (Kittel, 2003, p. 92).

Siguiendo con las nociones de pecado vistas anteriormente, primero respecto al concepto de deuda en San Anselmo, el perdón se explica así (citado en González, 1998, p. 366): Jesucristo, al no cometer pecado y libremente morir en favor nuestro, satisface por nuestros pecados y, además, por su calidad de Hijo de Dios los méritos de su muerte sacrificial son infinitos, los cuales otorga al ser humano para su redención.

Mientras que, para Santo Tomás, que ve al pecado como acto contrario al amor, la cruz no es la causa de la salvación, sino el signo del profundo amor salvífico. González (1998) resume: "Y es que por la pasión de Cristo el hombre descubre cuánto lo ama Dios, y se siente inducido a corresponder en amor: y por este amor se realiza la salvación humana" (p. 377). Es decir, el amor se observa como un movimiento que viene desde Dios al ser humano, este amor es manifestado en la pasión de Cristo en la cruz. De manera que es el perdón de Dios el que hace evidente nuestro pecado:

> Lo que sea pecado, desde Jesús, se comprende desde el perdón, más que este desde aquel. Esto para nada quita gravedad a la realidad del pecado, pero la *mystagogía*, para que se llegue a reconocerlo y en toda su gravedad, acaece desde el perdón. Y no se piense que ello facilita las cosas, pues el ser humano puede preferir retener lo suyo propio, aunque sea su pecado, a ser liberado de él, si el precio a pagar es ser perdonado gratuitamente... En palabras de Rahner, "solo el perdonado se sabe pecador". La acogida del perdón es lo que descubre cabalmente el hecho de ser pecador, lo que da fuerza para reconocerse como tal y para cambiar radicalmente. La conversión tan radicalmente exigida por Jesús viene precedida de la oferta del amor de Dios. No es la conversión la que va a exigir que Dios acoja al pecador, sino, a la inversa, es la acogida de Dios la que va a hacer posible la conversión (Sobrino, 1992, pp. 141-143).

Esta cita de Sobrino es muy precisa, especialmente la última parte. No son pocos quienes creen que para recibir el perdón debe existir arrepentimiento previo. Esta enseñanza circula libremente en las Iglesias, poniendo entonces nuevamente el fundamento de las obras y quitando, por tanto, la gracia divina. El perdón no se gana. El perdón es ofrecido por Dios en Jesucristo quien libremente se da a sí mismo. El perdón de los pecados permite el arrepentimiento, no al revés.

Por eso, el que cree en Jesucristo ya no es pecador, puesto que se ha pagado (o satisfecho, en la terminología anselmiana) la deuda que tenía, el amor y el *shalom* se han reestablecido, ha recibido el perdón de Dios que lo acoge, ahora se halla en comunión con Él por su amor mostrado en la cruz de Cristo:

> *Porque Cristo, cuando aún éramos débiles, a su tiempo murió por los impíos. Ciertamente, apenas morirá alguno por un justo; con todo, pudiera ser que alguno osara morir por el bueno. Mas Dios muestra su amor para con nosotros, en que siendo aún pecadores, Cristo murió por nosotros. Pues mucho más, estando ya justificados en su sangre, por él seremos salvos de la ira. Porque si siendo enemigos, fuimos reconciliados con Dios por la muerte de su Hijo, mucho más, estando reconciliados, seremos salvos por su vida. Y no solo esto, sino que también nos gloriamos en Dios por el Señor nuestro Jesucristo, por quien hemos recibido ahora la reconciliación* (Ro. 5:6-11; cf. 2Co. 5:17-21; Col. 1:15-23).

Pero, ¿qué del pecado que aún está presente en el creyente? Podemos señalar lo siguiente:

Ya hemos sido perdonados

Debemos contemplar siempre que el perdón de pecados y el ser santos nos han sido dados por el Espíritu en Cristo Jesús, no por lo que hagamos o dejemos de hacer. Por otro lado, cuando el creyente llega a pecar debe tener presente que ya ha sido perdonado en la cruz de Cristo, pues en la cruz, ¿qué pecados fueron perdonados? ¿tan solo los cometidos antes de creer? ¿o todos aquellos pecados pasados y futuros? ¡Todos nuestros pecados fueron perdonados en la cruz de Cristo!

> *Y a vosotros, estando muertos en pecados y en la incircuncisión de vuestra carne, os dio vida juntamente con él, perdonándoos todos los pecados, anulando el acta de los decretos que había contra nosotros, que nos era contraria, quitándola de en medio y clavándola en la cruz...* (Col. 2:13-14).

Debemos perdonar

Si hemos recibido el perdón de nuestros pecados, es necesario que también nosotros perdonemos: *"Antes sed benignos unos con otros, misericordiosos, perdonándoos unos a otros, como Dios también os perdonó a vosotros en Cristo"* (Ef. 4:32; cf. Mt. 5:21-26; 6:12; Lc. 11:4; Stg. 5:20). No se trata de un mero sentimentalismo o de ignorar el pecado de mi hermano, cosa que solamente conduce a la jactancia, rompiendo así también la comunión. Al contrario, otorgar el perdón tal como Cristo me lo ha dado es posible únicamente por él. Bonhoeffer (2003) comenta:

El pecado de nuestro prójimo es aún más difícil de soportar que su libertad [1Co. 8:1-11], porque destruye la comunión que tenemos con Dios y con los hermanos. Nosotros debemos soportar aquí la ruptura de la comunidad que Jesucristo ha instituido entre nosotros. Sin embargo, también aquí puede manifestarse todo el poder de la gracia sobre aquellos que saben soportar el pecado del hermano. El no menospreciar al pecador, sino atreverse a soportarlo, significa no darlo por perdido, aceptarlo como tal y facilitarle, por el perdón, el acceso a la comunidad. "Hermanos, si alguno fuere hallado en falta... corregidle con espíritu de mansedumbre" (Gá. 6:1). Porque Cristo nos soportó y aceptó como pecadores, nosotros podemos soportar y aceptar a los pecadores en su Iglesia, fundada sobre el perdón de los pecados. Ya no necesitamos juzgar los pecados de los otros, sino que se nos concede el poder de soportarlos. Esto es una gracia, pues ¿cuál es el pecado que se comete en la comunidad que no nos obligue a examinarnos y a juzgarnos a nosotros mismos de nuestra falta de perseverancia en la oración y en la intercesión, de nuestra negligencia en el servicio, amonestación y consuelo a nuestros hermanos, en una palabra, de todo el mal que hemos hecho a la comunidad, a nuestro prójimo y a nosotros mismos, por nuestro pecado y nuestra indisciplina personal? Todo pecado personal es una carga y una acusación que pesa sobre toda la comunidad, por eso la Iglesia se alegra por cada nuevo dolor, por cada nueva carga que soporta por el pecado de sus miembros. Porque así se sabe juzgada, digna de llevar y perdonar los pecados. "Mira, tú soporta a todos, como ellos también te soportan a ti; todas las cosas, buenas o malas, nos son comunes a todos" (Lutero).

El ministerio del perdón de los pecados es un servicio diario. Se ejerce silenciosamente en los ruegos que cada uno hace por los otros; y el cristiano que no se cansa de prestar este servicio puede estar seguro de que sus hermanos ruegan también por él. Aquel que soporta a los otros sabe que los otros también le soportan a él, y esto es lo que le da fuerzas para poder hacerlo (pp. 95-96).

Debemos exhortar al que peca

El pecado afecta a toda la comunidad, por ello también es necesario extirparlo, pues como un cáncer puede invadir amenazando la salud de la Iglesia (1Co. 5; 1Ti. 1:18-20; 2Ti. 2:15-19). Bonhoeffer (2003) continua:

> La amonestación es necesaria siempre que el hermano cae en un pecado manifiesto; es mandato de Dios. La disciplina debe comenzar a ejercerse a partir del ámbito más estrecho de la comunidad. Se trata de hablar clara y firmemente siempre que la comunidad familiar —y por lo mismo la iglesia— está amenazada por modos de vivir o de pensar que reniegan de la palabra de Dios. Nada puede ser más cruel que esa forma de indulgencia que abandona al prójimo en su pecado. Y nada puede ser más caritativo que la seria reprimenda que le saca de su vida culpable. Dejando que entre nosotros únicamente la palabra de Dios despliegue su poder de juicio y salvación, estamos cumpliendo un acto de misericordia, y ofrecemos al prójimo una última posibilidad de auténtica comunión fraterna. No somos nosotros los que juzgamos; solo Dios juzga, y su juicio es recto y saludable.
>
> Hasta el último momento no podemos hacer otra cosa que servir al hermano sin elevarnos nunca sobre él; y continuaremos sirviéndole incluso cuando debamos transmitirle la palabra que condena y separa, rompiendo de este modo, por obediencia a Dios, nuestra comunión con él. Porque nosotros sabemos que no es nuestro amor humano lo que nos mantiene fieles al prójimo, sino el amor de Dios, al mismo tiempo que le juzga, está sirviendo al hombre; y es aceptado el juicio de Dios como el hombre recibe la ayuda que necesita... No tenemos en nuestras manos el destino de nuestro prójimo, y cuando las ataduras tienen que disolverse, nosotros no podemos impedirlo. Dios, sin embargo, une en la ruptura, religa en el mismo acto de la separación, concede su gracia en el juicio. No obstante, ha puesto su palabra en nuestra boca, y quiere que sea pronunciada por nosotros. Si nos guardamos su palabra, la sangre de nuestro hermano caerá sobre nosotros (pp. 100-101).

No se puede pasar por alto el pecado en la Iglesia, como si fuera algo normal, puesto que ya no debe tener parte en nuestro ser santificado por el Espíritu. Como expresaría mi amado profesor, amigo y hermano, McKernon: "Debemos ser duros con el pecado", pues si no, ¿por qué murió nuestro Señor Jesucristo? Con total claridad, somos responsables de confrontar a nuestro hermano cuando peca, protegiéndole a él y a la comunidad. Por supuesto, esto debe hacerse en amor, sin jactancia ni orgullo. Es el amor de Dios y a los hermanos el que nos impele a esa confrontación.

Debemos confesar nuestros pecados

Si comprendemos que Dios nos ha perdonado en Jesucristo por su Espíritu, debemos vivir en santidad cada día. Pero si pecamos, podemos y debemos confesar nuestros pecados ante Dios (Sal. 51; 1Jn. 1:9; 2:1-2) y entre nosotros como hermanos: *"Confesaos vuestras ofensas unos a otros"* (Stg. 5:16). Bonhoeffer (2003) explica que la confesión de pecados unos a otros hace posible el acceso a cuatro ámbitos: 1) acceso a la comunidad, puesto que el pecado aísla y aliena, siendo perpetuado en lo oculto, la confesión lo hace evidente, no se está solo en la lucha contra el pecado, la confesión impide así que el pecado rompa la comunión; 2) acceso a la cruz, ya que nos da un mayor entendimiento de la obra de Cristo quien sufrió la humillación pública por causa de nuestro pecado y por quién también nosotros podemos humillarnos ante nuestro hermano, quitando todo orgullo de nuestro ser, muriendo así a nuestro viejo hombre; 3) esto implica consecuentemente el acceso a la nueva vida, una vida a la imagen de nuestro Señor; 4) finalmente, la confesión unos a otros da acceso a la certeza: pues existe el riesgo de que ante la negativa a exponer nuestro pecado al hermano, oremos creyendo que nos confesamos ante Dios, cuando en realidad confesamos nuestro pecado a nosotros mismos y somos nosotros mismos quienes nos perdonamos (!). La confesión implica admitir que Cristo vive en mi hermano y Cristo mismo en él me escucha y perdona (pp. 105-112).

> Cristo se hizo nuestro hermano para socorrernos, y desde entonces, a través de él, nuestro hermano se convierte para nosotros en Cristo, con toda la autoridad de su encargo. El hermano está ante nosotros como signo de la verdad y de la gracia de Dios. Nos es dado como ayuda. Escucha nuestra confesión en lugar de Cristo y guarda, como Dios mismo, el secreto de

nuestra confesión. Por eso cuando me dirijo a mi hermano para confesarme, me dirijo a Dios mismo. La invitación a confesarse con el hermano y a recibir el perdón fraternal en el seno de la comunidad cristiana es una invitación a aceptar la gracia de Dios en la Iglesia (Bonhoeffer, 2003, pp. 106-107).

Así, por el perdón de pecados en Jesucristo, tenemos comunión con Dios y entre nosotros por medio del Espíritu. El *shalom* ha sido reestablecido. De manera que el ser humano puede vivir de acuerdo con el plan de Dios para su creación. El perdón se otorga al prójimo tal como Dios nos lo ha otorgado libremente. Por el perdón de pecados ya concedido podemos confrontar nuestros pecados propios y los de los demás. Podemos confesarnos unos a otros, reconociendo a Jesucristo en nuestro hermano. De esta manera, en la comunidad eclesial vivimos anticipadamente ese *shalom*, aunque aún esperamos la venida de nuestro Señor, quien traerá consigo la liberación de la esclavitud de la creación, al igual que la redención de nuestro cuerpo (Ro. 8:19-23), estableciendo de esta manera la plenitud del *shalom*.

Herejías y errores

Este enunciado permite corregir varios errores, entre ellos:

El desbalance en cómo se aborda y trata el pecado

Por un lado, está el ver todo como pecado. Así el caso de algunos seminarios bíblicos donde hacen sentir a sus estudiantes como pecadores, cuando por sus reglamentos controladores y manipuladores convierten en pecado lo que no es pecado. Por ejemplo, restringen tanto el trato entre varones y mujeres en el alumnado que este comienza a concebir las relaciones interpersonales con el sexo opuesto como algo pecaminoso en sí mismo.

También suele haber iglesias donde semana a semana se predica sobre el pecado y se exhibe a quienes han fallado. Dos casos trágicos me vienen a la mente: cuando estudiaba en Guatemala, un compañero me invitó a la Iglesia donde se reunía. El servicio transcurría como en cualquier otra Iglesia, la predicación extenuante del pastor versaba sobre el pecado y el juicio necesario. Al llegar a su conclusión mencionó que debía exponer lo que recién había sucedido, así que pasó al frente a una familia: esposo, esposa e hijos. Ante toda la congregación externó que el varón había sido infiel con otra hermana de la Iglesia. El ambiente tenso y pesado, murmuraciones por aquí y por allá, gritos de enojo contra algunas de esas personas, lágrimas y llantos, los hijos llorando tratando de ocultar la pena y el dolor: todo un espectáculo. El otro caso se dio recientemente en una Iglesia que visitábamos en la Ciudad de México, allí el pastor después del culto hizo pasar a un joven matrimonio para decirle a toda la comunidad que ellos habían pecado al no seguir su consejo y que se habían casado sin su aprobación, pero que ahora estaban arrepentidos y buscaban reintegrarse a la Iglesia. Tanto el varón como la mujer tomaron el micrófono y compartieron que habían pecado contra el pastor al casarse sin aceptar sus consejos y que, aunque ya habían recibido su perdón, querían ser aceptados por la Iglesia. En casos como estos, los conceptos de justicia y disciplina están terriblemente distorsionados, falta la gracia, la prudencia, la pastoral auténticamente bíblica.

Por otro lado, está la actitud de ciertas comunidades complacientes con el pecado. Creyéndose muy espirituales, al estilo de los corintios, permiten cualquier pecado entre ellos pensando que no les afecta en lo absoluto debido a su "madurez". Incluso, algunos en sus retorcidas enseñanzas alientan a sus seguidores más impresionables a pecar teniendo reuniones juveniles donde se consume alcohol, "como los reformadores", dicen. Otros, abiertamente admiten cualquier tipo de pecado e incluso forman sus propias comunidades, como LGTB cristianos, fomentando la inmoralidad sexual, argumentando que Dios es amor y no solo en el sentido de la gracia y la misericordia, sino que lo relacionan con el amor erótico y sexual que puede ser expresado de cualquier manera, dicen: "amor es amor", no importa si heterosexual u homosexual o lo que sea, "Dios es amor, Jesús es amor", etc.

Manifiestan tal cual la definición de herejía que Tertuliano precisó como "la selección arbitraria de tal o cual doctrina", dejando de lado, la santidad, la justicia, la piedad, la bondad, la pureza de Dios, su deseo acerca de nuestra santificación (1Ts. 4:3; 1Pe. 1:13-16), la presentación de nuestro cuerpo como sacrificio viviente, la transformación por medio de la renovación de nuestro entendimiento (Ro. 12:1s), y el abandono de la manera de vivir antigua (Ro. 6; 1Co. 6; Gá. 5:16ss.; Col. 3:15ss).

La noción de pérdida de salvación

Recuerdo una conversación chusca pero triste a la vez. Me encontraba en un viaje misionero con jóvenes cristianos de diversas denominaciones, habíamos ido a la sierra en Oaxaca para compartir el Evangelio y tener una Escuelita bíblica de vacaciones con los niños de la región. Uno de los jóvenes que nos acompañaba, me cuestionó acerca de la pérdida de salvación, pues enseñaban eso en su Iglesia. Después de pasar un buen tiempo con él revisando varias porciones de la Escritura, recalcando que la salvación no depende de nuestras obras, lo que hagamos o dejemos de hacer, sino de la obra de Jesucristo, vida, muerte y resurrección (Ef. 2:1-10, por ejemplo), me preguntó: "Entiendo, ¿pero entonces, por qué mi pastor enseña que la salvación se pierde?". Le dije que no tenía respuesta certera para ello, quizás así le habían enseñado a él; interrumpiéndome, exclamó racionalizando: "¡Ah, ya sé, nos enseña así para que tengamos miedo y no nos alejemos!". Sea cual sea la razón de tal enseñanza, es un error. El estudio de este artículo del Símbolo, junto con los demás, nos ofrece libertad, paz y gozo al saber que todos nuestros pecados, pasados, presentes y futuros, han sido perdonados en la cruz de Cristo (Col. 2.13s), nada nos puede separar del amor de Dios que es en Cristo Jesús, nada, absolutamente nada (Ro. 8:28-39) y, además, su Espíritu que habita en nosotros nos ha sellado hasta la redención (Ef. 1:3 14).

La renuencia a confesar nuestros pecados unos a otros

La confesión de pecados puede sonar "muy católico", en oposición a lo evangélico o protestante. Viene a la mente la parroquia, el cura o sacerdote, el confesionario, lo cual impide practicar la confesión. Otras razones pueden ser el énfasis individualista de la salvación: "esto es solamente entre tú y Dios"; o como vimos, el orgullo que no nos permite compartir nuestras luchas, tentaciones y pecados con otro para no recibir represión alguna; o el temor a ser rechazados y juzgados; o la falta de confianza por alguna mala experiencia en la que fuimos traicionados. Pero a pesar de todo ello, resaltamos: el confesar nuestros pecados unos a otros es un mandato, se obedece o se desobedece.

Para continuar la reflexión

Este enunciado nos deja grandes lecciones, en este apartado quiero hacerlo un poco más personal todavía. Hemos visto que hemos sido perdonados al creer en Jesucristo y, por lo tanto, debemos arrepentirnos de los pecados que cometemos y confesarlos, perdonar y afrontar el pecado. Por lo tanto, lee las indicaciones, toma tu tiempo, realiza una introspección, ora, y busca hacer lo siguiente (si se está estudiando este libro en grupo, pueden hacer la actividad entre ustedes de ser necesario).

1. Elige un hermano, si eres varón; o si eres mujer, una hermana; que tenga buen testimonio de madurez cristiana. Organiza una reunión con esa persona, en un lugar apropiado y con tiempo suficiente. Una vez se encuentren, primero oren juntos pidiendo al Padre que su Espíritu les santifique y cree en ustedes un corazón sincero y de confianza mutua. Con total franqueza, con valor, *confiesa los pecados que has cometido*, teniendo en cuenta que lo haces delante del Señor, quien está presente en tu prójimo.

2. Ora pidiéndole al Señor que ilumine tu corazón y haga evidente en tu mente si es necesario que pidas el perdón de alguna persona (ya sea dentro de la Iglesia, de tu familia, de la escuela o trabajo, que esté presente o distante). *Acércate a tal persona y pide su perdón, explica bien por qué se lo pides (si es porque te burlaste, si traicionaste, si has sido grosero, indiferente, etc.).* Recuerda que en el acto de pedir perdón no tienes control sobre la respuesta del otro, si te otorga o no su perdón es su decisión. No trates de convencerle. Has simplemente lo que te corresponde y deja que el Espíritu Santo obre. En caso de que no te perdone, acepta esa respuesta; solamente agradécele por haberte escuchado y ponte a su disposición de manera que sepa que la puerta está abierta para la reconciliación.

3. Si has visto que alguno de tus hermanos ha incurrido en alguna falta, ora pidiéndole sabiduría al Señor para hablar con él o ella y *confróntale en amor*, así como Cristo te ama a pesar de tus pecados. Acude a la persona con un corazón humilde, no con actitud de superioridad, sino como un hermano que sinceramente está preocupado por el bienestar de su prójimo.

4. En caso de que tú seas quien recibe la confesión de tu prójimo, guarda discreción. Recuerda que Cristo mora en ti y tú eres su representante.

5. En caso de que tú estés cargando con algún rencor o resentimiento y debas perdonar, hazlo. Habla con la persona involucrada, exponle la razón claramente, y *perdónale*.

6. En caso de recibir la exhortación de parte de algún hermano, acéptala con humildad. Evalúa que es lo que debes modificar ya sea en tu actitud o en tu comportamiento. Agradécele por animarte a hacer lo correcto.

7. Si se está estudiando este texto en grupo, puedes compartir con los demás cómo te fue, cómo sucedió, qué sentiste, y qué aprendiste de estas actividades. Ojo: no hace falta dar detalles ante todos de los pecados tratados.

CAPÍTULO 11

La resurrección de la carne

Hemos tratado ya el asunto de la resurrección de Jesucristo y la obra del Espíritu en él. Por lo cual, este enunciado aborda la resurrección como esperanza del creyente que vive a la espera de su Señor.

La resurrección

Se ha confesado que Cristo resucitó de entre los muertos. Esto es el triunfo de Cristo sobre la muerte. La doctrina acerca de la resurrección la encontramos propiamente en el Nuevo Testamento y es Jesucristo quien la explicita a partir del Antiguo Testamento, *"las Escrituras"* (Mr. 12:18-27; Mt. 22:23-33; Lc. 20:27-40). La resurrección de vida es otorgada a los justos, designación del creyente en el AT (cf. Lc. 14:14); aunque también habrá una resurrección de condenación:

> *No os maravilléis de esto; porque vendrá hora cuando todos los que están en los sepulcros oirán su voz; y los que hicieron lo bueno, saldrán a resurrección de vida; mas los que hicieron lo malo, a resurrección de condenación* (Jn. 5:28-29).

Así, la predicación cristiana incluye la resurrección de entre los muertos (Hch. 4:1-2; 17:18, 32). La resurrección de entre los muertos pertenece al plan salvífico de Dios para el ser humano y antecede a la encarnación de su Hijo (*"Porque si no hay resurrección de muertos, tampoco Cristo resucitó"*, 1Co. 15:13; nótese que la lógica que sigue Pablo no expresa que debido a la resurrección de Cristo es que hay resurrección de muertos, sino a la inversa: ¡puesto que hay resurrección de muertos, Cristo resucitó! No es un "plan b", ¡la resurrección ya estaba contemplada en el plan salvífico!), pero es revelada en la resurrección de Jesucristo como el primero entre muchos (*"Porque por cuanto la muerte entró por un hombre, también por un hombre la resurrección de los muertos"*, 1Co. 15:21; *"Y él es la cabeza del cuerpo que es la iglesia, él que es el principio, el primogénito de entre los muertos, para que en todo tenga la preeminencia"*, Col. 1:18; cf. Jn. 11:25), y es el Espíritu Santo por medio de quien se realiza (Ro. 8:11).

El creyente espera entonces la resurrección, pues esta aún no ha sucedido en la historia (*"Porque si fuimos plantados juntamente con él en la semejanza de su muerte, así también lo seremos en la de su resurrección"*, Ro. 6:5; *"Así también es la resurrección de los muertos. Se siembra en corrupción, resucitará en incorrupción"*, 1Co. 15:42; en contraste a la falsa enseñanza de que ya se había efectuado, 2Ti. 2:18). Es fundamento de su esperanza:

> *Bendito el Dios y Padre de nuestro Señor Jesucristo, que según su grande misericordia nos hizo renacer para una esperanza viva, por la resurrección de Jesucristo de los muertos, para una herencia incorruptible, incontaminada e inmarcesible, reservada en los cielos para vosotros, que sois guardados por el poder de Dios mediante la fe, para alcanzar la salvación que está preparada para ser manifestada en el tiempo postrero* (1Pe. 1:3-5).

De manera que la resurrección es parte del fundamento cristiano. Incluso el autor de Hebreos la considera entre *"los rudimentos de la doctrina de Cristo"* (6:1-2). Ahora bien, debemos recordar que la resurrección no es meramente espiritual, sino de la carne.

... de la carne

'Carne' no indica una parte del ser humano, como si se tratara de la muy difundida idea del ser bipartito: que lo disecciona en cuerpo y espíritu; o tripartito: cuerpo, alma y espíritu —que son categorías más bien platónicas. De manera contraria, 'carne' (σαρξ; *sarx*) en el Nuevo Testamento, generalmente alude al ser con la connotación pecaminosa o como poder o fuerza ajena al ser que busca controlarlo y destruirlo; pero lo hace a la luz de la esperanza. Karl Barth (2000) lo explica de este modo:

> ¿Qué significa la *esperanza* cristiana en esta vida? ¿Una vida tras la muerte? ¿Un acontecimiento aparte de la muerte? ¿Una almita que, como mariposa, sale revoloteando sobre la tumba y todavía se conserva en algún lugar para seguir viviendo de manera inmortal? Así se han imaginado los paganos la vida tras la muerte. Pero no es esta la esperanza cristiana. "Creo en la *resurrección de la carne*". La carne es en la Biblia, sencillamente, el hombre, el hombre bajo el signo del pecado, el hombre vencido. Y a este hombre se le promete: tú resucitarás. Resurrección no quiere decir continuación de esta vida, sino *consumación* de la vida. A este hombre se le dice un sí al que no puede hacer frente la sombra de la muerte. La resurrección concierne a nuestra vida, a nosotros los hombres, tal como somos y con nuestras circunstancias. Resucitamos *nosotros*, ningún otro ocupa nuestro lugar. "Seremos transformados" (1Co. 15) no quiere decir que en este momento empiece una vida totalmente distinta, sino que "*este ser corruptible se revestirá de incorruptibilidad; y este ser mortal se revestirá de inmortalidad*". Entonces quedará de manifiesto que "la muerte ha sido devorada por la victoria". La esperanza cristiana atañe, por tanto, a nuestra vida entera: *esta* vida nuestra será consumada. Lo que se siembra en deshonra y en debilidad resucitará en gloria y en fortaleza. La esperanza cristiana no nos aleja de esta vida. Ella es la superación de la muerte, pero no una huida al más allá. Se trata de la *realidad* de esta vida. Precisamente la escatología es, bien entendida, lo *más práctico* que imaginarse pueda. En el *eschatón*, la luz penetrará en nuestra vida desde arriba (pp. 178-179).

En este enunciado, por tanto, 'carne' designa a todo el ser, indicando que todo el ser resucita, no solo el cuerpo, no solo el alma, no solo el espíritu. En otras palabras, es una breve apología del ser comprendido bíblicamente.

Al tratar este punto y a modo de clarificación, me gusta hacer las siguientes preguntas: ¿qué fue lo que resucitó de Jesús? ¿solo su alma? ¿solo su espíritu? ¿solo su cuerpo? Cuando examinamos los relatos de la resurrección y las apariciones de Jesús vemos en primer lugar que las mujeres al visitar la tumba escuchan el anuncio de los ángeles, ¡con la invitación a verificar que no hay cuerpo! (Mr. 16:6; Mt. 28:6; Lc. 24:3 especifican *"no hallaron el cuerpo del Señor Jesús"*, la aparición de los ángeles y el anuncio viene después). En su aparición, estas mujeres le pueden abrazar (específicamente *"los pies"*), pues se postraron para adorarle y, por lo tanto, le reconocieron (Mt. 28:9). El resto de los discípulos también lo ven y lo adoran, aunque algunos dudan (Mt. 28 17).

Se dice también que apareció a dos de sus discípulos *"en otra forma"* (Mr. 16:12), lo cual no debe hacer suponer que cambió de cuerpo o apariencia, sigue siendo el mismo Jesús pero glorificado, pues lo reconocen. En el relato de su encuentro con dos discípulos de camino a Emaús, indica que *"los ojos de ellos estaban velados, para que no le conociesen"* (Lc. 24:16); después de que Jesús les explica lo que las Escrituras decían acerca de él, se sienta con ellos a la mesa, toma el pan, lo bendice, lo parte y se los da, una acción bastante familiar, sus ojos *"fueron abiertos y le reconocieron"*, aún más, se registra cómo externaron su sentir: *"¿No ardía nuestro corazón en nosotros...?"*, tenían esa misma sensación cuando Jesús les enseñaba tiempo atrás. Un poco después apareció entre todos los discípulos, quienes pensaron espantados *"que veían un espíritu"*, a lo que Jesús responde: *¡"Mirad mis manos y mis pies, que yo mismo soy; palpad, y ved, porque un espíritu no tiene carne ni huesos, como veis que yo tengo"* y luego comió pez asado y miel! (Lc. 24:36ss).

Otra tradición de la resurrección transmite que, al aparecerse a sus discípulos, Jesús *"les mostró las manos y el costado"* (Jn. 20:20), refiriéndose claramente a sus cicatrices; ocho días después insta a Tomás a que con su dedo y su mano toque sus manos y su costado a fin de que crea (Jn. 20:24-29). Y en una tercera manifestación se asume que comió con ellos un suculento pescado asado (Jn. 21:9-15).

Todo el ser de Jesús resucita, de igual manera así resucitaremos también. Ahora bien, esta noción de resurrección tiene implicaciones presentes. Primero, la santificación de todo nuestro ser:

> En el cristianismo, el cuerpo está llamado a la santidad, llamado a participar plenamente de la gloria de Dios. En su carne es donde nos ha salvado Cristo. Su carne crucificada ha sido glorificada. En ningún momento, en

la memoria de los apóstoles, vendrá la resurrección a *borrar* la experiencia de la cruz. La resurrección de la carne manifiesta la seriedad que tiene toda vida humana para Dios y justifica el combate de la iglesia por toda vida humana. La muerte no es el fin último del cuerpo, porque no es la última experiencia del hombre. En nombre de la resurrección de Jesucristo, creemos en el compromiso de Dios en la historia humana. Dios ha querido resucitar en él esa manera de vivir que se expresó en la encarnación. En la medida en que vivimos del Espíritu Santo derramado sobre toda carne, afirmamos que Dios no hará por nosotros otra cosa distinta de la que ya ha realizado para su Hijo (Bezançon, et al, 1988, p. 142).

Segundo, esto incluye también el cuidado de nuestro ser en todo sentido, no solo en el ámbito de la moral o específicamente acerca de la sexualidad, como casi siempre se enfatiza, sino en cuanto a la salud integral. Implica una serie de cambios tanto en los hábitos de higiene personal, la alimentación balanceada y nutritiva, ejercicio regular, así como también en nuestra vida pensante, lo que vemos, escuchamos y leemos.

La resurrección: cómo y cuándo

Estas son dos preguntas muy comunes y cuyas respuestas, en ocasiones, llegan a ser controversiales y hasta inquietantes. Acerca del cómo ya vimos lo que los Evangelios nos dicen sobre la resurrección de Jesús, que es tal cual será la nuestra. En un solo párrafo podemos compartir la explicación concisa del Artículo 11 del *Catecismo* (Vatican, 2014):

> Cristo resucitó con su propio cuerpo: "Mirad mis manos y mis pies; soy yo mismo" (Lc. 24:39); pero Él no volvió a una vida terrenal. Del mismo modo, en Él "todos resucitarán con su propio cuerpo, del que ahora están revestidos" (Concilio de Letrán IV: DS 801), pero este cuerpo será "transfigurado en cuerpo de gloria" (Fil. 3:21), en "cuerpo espiritual" (1Co. 15:44).

Respecto al cuándo, resaltamos que, a pesar de todos los mapas escatológicos que han sido desarrollados por distintos posicionamientos doctrinales…

No se puede saber el tiempo exacto de ello, lo que sí sabemos es que será: "Sin duda en el 'último día' (Jn. 6:39-40, 44, 54; 11:24); 'al fin del mundo' (LG 48). En efecto, la resurrección de los muertos está íntimamente asociada a la Parusía de Cristo"(cf. 1Ts. 4:16; 1Co. 15:51-53) (Vatican, 2014).

Por tanto, no es bueno aferrarse a una asignación del tiempo especificada, pero sí es necesario vivir cada día de nuestra vida responsablemente de cara a la resurrección. Dos ritos nos lo recuerdan de manera muy clara: el bautismo y la eucaristía, veamos.

La resurrección en el bautismo y en la eucaristía

Estos son rituales propios del cristianismo. Para comprender este término, Lluís Duch (2001) distingue los términos 'culto', 'ritual' y 'rito':

"Se entiende por culto el conjunto de la vida ritual de una religión determinada y, en consecuencia, se habla del culto de la antigua religión romana, del culto de la iglesia católica, etc. Un ritual es un complejo de acciones rituales, que se práctica por unas circunstancias muy precisas como, por ejemplo, la misa católica o el bautismo cristiano. Como rito se designan los componentes de un ritual como, por ejemplo, la triple aspersión con agua del neófito o la muestra de la hostia después de la consagración en la misa católica" (p. 184).

Estos rituales tienen como fin establecer la comunión de la persona con la divinidad y con la comunidad religiosa a la que se pertenece. El cristianismo evangélico los designa como ordenanzas, puesto que son mandatos que los creyentes han de obedecer. Los dos ritos u ordenanzas son el bautismo y la eucaristía o cena del Señor.

El ritual del bautismo cristiano es entendido como la incorporación al cuerpo de Cristo: *"Porque por un solo Espíritu fuimos todos bautizados en un cuerpo..."* (1Co. 12:13). La cena del Señor, o eucaristía, le hace participar de la comunión con él en el marco de la mesa compartida de unos con otros:

La copa de bendición que bendecimos, ¿no es la comunión de la sangre de Cristo? El pan que partimos, ¿no es la comunión del cuerpo de Cristo? Siendo uno solo el pan, nosotros, con ser muchos, somos un cuerpo; pues todos participamos de aquel mismo pan (1Co. 10:16s).

En el bautismo, por obra del Espíritu, el creyente es partícipe, desde ahora, de la resurrección de Jesucristo, lo cual implica cambios en su cosmovisión, conducta, ética y moral (*"sepultados con él en el bautismo, en el cual fuisteis también resucitados con él, mediante la fe en el poder de Dios que le levantó de los muertos"*, Col. 2:12; léase todo el texto desde el versículo 2:9 hasta el 4:6, donde se enseña claramente el cambio ra dical que debe haber en la vida del creyente a consecuencia de su fe en Cristo, expresada en el bautismo; cf. 1Pe. 3:9-22). Debe recordarse que el Símbolo es expresado principalmente en la celebración bautismal por el mismo creyente bautizado.

Por su parte, eucaristía significa "acción de gracias" y refiere a la cena del Señor debido a la oración en gratitud por la sangre derrama-da y el cuerpo entregado por el Señor Jesucristo, manifestados en la copa y el pan. Por tanto, también es un signo de la resurrección, pues al comer el pan y beber la copa se anuncia la muerte y venida de Cristo (*parusía*) quien nos ha convidado a su mesa:

Porque yo también recibí del Señor lo que también os he enseñado· que el Señor Jesús, la noche que fue entregado, tomó pan; y habiendo dado gracias, lo partió, y dijo: Tomad, comed; esto es mi cuerpo que por vosotros es partido; haced esto en memoria de mí. Asimismo, tomó también la copa, después de haber cenado, diciendo: Esta copa es el nuevo pacto en mi sangre; haced esto todas las veces que la bebiereis, en memoria de mí. Así, pues, todas las veces que comiereis este pan, y bebiereis esta copa, la muerte del Señor anunciáis hasta que él venga (1Co. 11.23-26; cf. Mr. 14:22-25; Mt. 26:26-29; Lc. 22:14-20).

La repetición de este ritual nos anima a vivir esa nueva vida recor-dando constantemente el sacrificio del Señor Jesucristo en comunión unos con otros a la espera de su venida. Es por ello que el bautismo se realiza una sola vez en la vida del creyente, mientras que la cena del Señor se practica una y otra vez. El enfoque del cumplimiento de estas dos ordenanzas es, por tanto, obediencia en la comunión del cuerpo de Cristo, la vida nueva a la que hemos resucitado junto con nuestro Señor.

Herejías y errores

A partir de este enunciado del Símbolo, únicamente señalo algunos problemas con ciertas prácticas comunes y comparto algunas guías para afrontarlos.

Acerca del cuerpo

La apropiada comprensión del valor de nuestra carne delante de Dios, expresado en la gloriosa resurrección de nuestro Señor de entre los muertos, evitaría las banalidades como los tatuajes, las perforaciones, y los implantes estéticos sin razones de salud. Así también, la resurrección de la carne debería ser suficiente para renunciar a otros hábitos malsanos como la ingesta de comida rápida o chatarra. Es triste que nuestros pastores padezcan de obesidad por falta de autocontrol y aun es más preocupante que esto se normalice, tal como se expresa en el dicho: "pastor sin panza no es de confianza", o en los chascarrillos entre seminaristas que, al subir de peso durante su tiempo de estudios, se excusan diciendo que la barriga es su "púlpito integrado". Se ha dicho que la causa de muerte número uno en pastores es por alguna cardiopatía, pero habrá de indagarse cuál es la correlación de ello con la obesidad y la falta de ejercicio. La resurrección de la carne, por supuesto, debería impulsar al creyente a abandonar cualquier tipo de adicción: drogas, alcohol, marihuana, cigarro, pornografía, etc. Necesitamos, sin duda, una pastoral que pueda aconsejar y guiar en estos casos eliminando toda dicotomía.

Acerca del bautismo

El bautismo es practicado por todos los cristianos, aunque existen diferencias en cómo se realiza. Algunos lo hacen solo en el nombre de Jesús, siguiendo lo narrado en Hechos (8:16; 10:48; 19:5), radicalizado en el grupo sectario de Sólo Jesús, el cual sigue la herejía modalista pero con la variante de reconocer solo a Jesús como Dios, siendo el Padre y el Espíritu modos de manifestarse. Sin embargo, la gran mayoría del cristianismo a lo largo de la historia ha bautizado en el nombre del Padre y del Hijo y del Espíritu Santo, de acuerdo con el mandato de Jesús (Mt. 28:19).

Otra discusión común es si el bautismo ha de hacerse por inmersión (sumergiendo a la persona totalmente en el agua) o aspersión (rociando o vertiendo un poco de agua sobre la cabeza). Hay libertad para ello según ciertas condiciones, por ejemplo, cuando una persona tiene algún problema de salud que le impida sumergirse en el agua, o por la falta de agua obviamente, o por la inclemencia del clima, en tales casos es mejor la aspersión; pero si no hay obstáculo alguno, es mejor bautizar por inmersión por la riqueza de significado evocada.

Una disputa más es el bautismo de infantes: las iglesias presbiterianas tienen esta práctica indicando que el infante es introducido al nuevo pacto por la fe de sus padres, en esto se acercan a la Iglesia Católica y a la Ortodoxa griega que lo defienden teológicamente en los escritos patrísticos desde el siglo III; otras denominaciones, como la Pentecostal o Bautista, reservan el bautismo a las personas que poseen total comprensión de sus implicaciones y que voluntariamente desean ser bautizados: en tanto que el debate sigue abierto, me inclino por lo último personalmente.

En esa línea sugiero la siguiente liturgia: delante de la comunidad eclesial e incluso de invitados no creyentes, el catecúmeno o discípulo candidato a ser bautizado desciende a las aguas (siempre y cuando no tenga ningún impedimento físico o de salud) con quien le ha de bautizar. Este no necesariamente debe ser el pastor o líder; incluso instaría a que sea cualquiera que le haya compartido el Evangelio, de manera que se cumpliría efectivamente el real sacerdocio de todo creyente, como se expresa en 1Pe. 2:9, y el mandato de Jesús, en Mt. 28:19-20, dado a todos los creyentes de hacer discípulos, bautizarles y enseñarles. Allí, el bautizado expresa el Símbolo Apostólico, sea recitado o en respuesta a las preguntas de quien le bautiza (*interrogatio fide*): "¿Crees en Dios Padre todopoderoso... y en Jesucristo, su Hijo unigénito... y en el Espíritu Santo...?". Al responder afirmativamente o hacer su confesión de fe públicamente, quien bautiza enuncia: "En obediencia al mandato del Señor Jesucristo expresado en Mateo 28:18-20, y en presencia de tantos testigos, te bautizo en el nombre del Padre y del Hijo y del Espíritu Santo". Entonces el catecúmeno es sumergido, lo cual representa la participación en la sepultura con Cristo para muerte de la ya pasada vida de pecado, y al emerger del agua, da su primer respiro a la vida nueva, así como Cristo resucitó de entre los muertos

(Ro. 6:4; Col. 2:12). Allí en el agua aún, habiendo representado en el bautismo en agua la incorporación al cuerpo de Cristo en analogía al bautismo del Espíritu (1Co. 12:13), ora juntamente con todos los creyentes el Padrenuestro en total comunión. Finalmente, si es posible por el entorno, al ascender del agua y secarse, es abrazado por sus hermanos y hermanas.

Acerca de la cena del Señor

La primera diferencia dentro del cristianismo al respecto es si se trata de un mero símbolo o un acto trascendental espiritual. En el evangelicalismo el pan y el vino generalmente se entienden como símbolos. Por su parte, en el catolicismo se habla de transubstanciación, esto es la conversión de la substancia del pan y del vino en la substancia del cuerpo y la sangre de Cristo (lo cual está resumido en el Concilio de Trento, pero proviene de la reflexión teológica patrística del siglo II, desde Ireneo de Lyon, Crisóstomo, Ambrosio, y hasta San Agustín entre otros; Vatican, S/F). Como vía media se tiene la consubstanciación, esta era la explicación de Lutero: "Cristo está presente en la eucaristía para ser comido", de manera que "el pan y el vino permanecen después de la consagración, aunque se une a ella una nueva sustancia" (Espeja, 1990, p. 69). Ante estos puntos, es importante retomar el mismo texto de 1 Corintios 15 acerca de las consecuencias físicas por participar indignamente de la cena del Señor, lo cual no tendría sentido si solo fuera un símbolo. También podemos recordar la aguda argumentación de Ireneo de Lyon (2000) ante las perspectivas dualistas gnósticas:

> ¿Cómo dicen que se corrompe y no puede participar de la vida, la carne alimentada con el cuerpo y la sangre del Señor? Cambien, pues, de parecer, o dejen de ofrecer estas cosas. Por el contrario, para nosotros concuerdan lo que creemos y la Eucaristía y, a su vez, la Eucaristía da solidez a lo que creemos. Le ofrecemos lo que le pertenece, y proclamamos de manera concorde la unión y comunidad entre la carne y el espíritu. Porque, así como como el pan que brota de la tierra, una vez que se pronuncia sobre él la invocación (*epiklésin*) de Dios, ya no es pan común, sino que es la Eucaristía compuesta de dos elementos, terreno y celestial, de modo semejante también nuestros cuerpos, al participar de la Eucaristía, ya no son corruptibles, sino que tienen la esperanza de resucitar para siempre (IV 18, 5).

Otras diferencias son cómo y cuándo ha de participarse de ella. En cuanto al cómo: primero, generalmente, debido a que se le considera primeramente un memorial, el sentir de los creyentes es de tristeza y culpa, se cree que es un sepelio por lo que se observan rostros demudados, sombríos. Sin embargo, se olvida el gozo de la resurrección y la venida de Cristo, ¡es una celebración! Participamos del anunció de su muerte, en efecto, pero también de su resurrección: eso está implicado en la repetición de la cena del Señor "hasta que él venga" (1Co. 11:26). Segundo, entre evangélicos es común también emplear una copita de jugo de uva y galletas, lo cual no tiene nada de malo, pero sería bueno tener presente que la cena del Señor se realizaba en el marco de una comida comunitaria (como puede leerse en los Evangelios, donde la institución de la cena se da durante la celebración de la Pascua judía; también en la práctica de las comunidades cristianas, como lo presenta 1Co. 11; y de igual modo en la *Didajé* VII, que es uno de los textos más antiguos del cristianismo, contemporáneo al Nuevo Testamento, donde se explica cómo ha de realizarse). Esta comida era conocida como ágape, o comida de amor, donde todos compartían los alimentos en comunión. Algunas pocas iglesias lo siguen celebrando. Retomar esta práctica reforzaría aún más la unidad de los creyentes.

Respecto al cuándo: algunas iglesias acostumbran tener la cena del Señor un domingo al mes, algunas el primer domingo del mes y otras el último; ¡otras Iglesias una vez al año! Los textos del NT indican que las comunidades eclesiales la celebraban en cada reunión (Hch. 20:7; 1Co. 16:1-2, cf. 11:20; y la *Didajé* XIV, 1, entre muchos otros textos patrísticos).

Acerca de quién puede participar o no de la cena del Señor, el debate es común también. Usualmente, se refiere a ello como participación abierta o cerrada. Se dice que es abierta cuando cualquier creyente puede participar, ya sea un visitante de otra Iglesia u otra denominación. Es necesario recordar que la cena del Señor es exclusivamente para los creyentes, puesto que es también expresión de la comunión en el cuerpo de Cristo. Es cerrada cuando tal o cual Iglesia solo permite que participen sus propios feligreses o miembros de su denominación; esto se practica, por ejemplo, en algunas iglesias de la denominación Bautista independiente o de las llamadas Bíblicas, que incluso llegan a solicitar que el creyente que quiera participar de la cena del Señor allí, se bautice nuevamente en la Iglesia bautista a fin de ser considerado miembro y apto para participar en la cena. La cuestión es que esto fractura y rompe la comunión constitutiva tanto del bautismo como de la cena del Señor. Por esto mismo, se puede cuestionar la prohibición a participar de la cena del Señor como medida disciplinaria a quien ha cometido algún pecado cuando ha mostrado ya arrepentimiento, pues así se le niega la reconciliación a la comunión con el Señor y los hermanos.

El énfasis en la celebración eucarística es la comunión, claro es el texto de 1 Corintios 10:17: *"Siendo uno solo el pan, nosotros, con ser muchos, somos un cuerpo; pues todos participamos de un mismo pan"*. La *Didajé* IX, 4, lo expresaría de esta manera:

> Como este fragmento de pan estaba disperso sobre los montes, y recogido se hizo uno, así sea unida tu Iglesia desde los confines de la tierra en tu reino, porque tuya es la gloria y el poder, por Jesucristo, en los siglos (en Espeja, 1990, p. 78).

Una vez más, insisto, se debe evitar todo individualismo.

Por último, al igual que en el bautismo existe el debate de la participación de infantes en la eucaristía. En la cena del Señor en particular, este tiempo puede ser de gran bendición para todas las familias, recordando que la eucaristía surge de la celebración pascual judía y es resignificada por el mismo Señor Jesús. En la Pascua, los niños judíos participaban activamente al cuestionar el porqué de tal ritual (Éx. 12:24-27). De igual manera, nuestros niños podrían participar comiendo del pan y tomando de la copa, dándoles la oportunidad de externar sus dudas e interrogantes y respondiéndoles explicando la abundante significación de la cena del Señor, fomentando así su comprensión del sacrificio de Cristo, la salvación y la comunión.

Para continuar la reflexión

1. ¿Para qué te sirve comprender la doctrina de la resurrección de la carne?
2. ¿Cómo se realiza el bautismo y la cena del Señor en tu Iglesia? ¿Cambiarías algo si tuvieras oportunidad?

3. Si se lleva este estudio en grupo, compartan cómo fue su bautismo. Si aún no lo has hecho, ¿qué esperas? ¡Anímate y confiesa tu fe públicamente!

4. ¿Qué opinas de la propuesta presentada sobre el bautismo?

5. ¿Qué opinión tienes del apartado *Acerca del cuerpo*? Si se tiene un estudio grupal compartan sus puntos de vista.

6. Para la siguiente ocasión que se celebre la cena del Señor en tu Iglesia, recuerda que anuncias tanto su muerte como su resurrección, participa con tus hermanos y hermanas gozosamente, sabiendo que el Señor viene. ¡Maranatha!

CAPÍTULO 12

La vida eterna. Amén

Llegamos al último enunciado del Símbolo con la proclama de la vida eterna, pero ¿qué es? Eso analizaremos a continuación.

La vida eterna

La resurrección es un evento de la vida eterna. Esta, se vislumbraba desde Da. 12:2, *"y muchos de los que duermen en el polvo de la tierra serán despertados, unos para vida eterna, y otros para vergüenza y confusión perpetua"*. Jesús habló sobre ella en varias ocasiones (Mr, 10:17-31, par.) y se presentó él mismo como la vida: *"Yo soy el camino, y la verdad, y la vida..."* (Jn. 14:6). También en 1Jn. 5:20 leemos: *"Pero sabemos que el Hijo de Dios ha venido, y nos ha dado entendimiento para conocer al que es verdadero; y estamos en el verdadero, en su Hijo Jesucristo. Este es el verdadero Dios y la vida eterna"*.

Jesús aseguró que quien cree en él 'tiene', en el presente, desde ahora, vida eterna (*"El que cree en el Hijo tiene vida eterna; pero el que rehúsa creer en el Hijo no verá la vida, sino que la ira de Dios está sobre él"*, Jn. 3:36; *"De cierto, de cierto os digo: El que oye mi palabra, y cree al que me envió, tiene vida eterna; y no vendrá a condenación, mas ha pasado de muerte a vida"*, 5:24; *"De cierto, de cierto os digo: El cree en mí, tiene vida eterna"*, 6:47; *"El que come mi carne y bebe mi sangre, tiene vida eterna; y yo le resucitaré en el día postrero"*, 6:54, nótese allí la referencia a la cena del Señor; *"y yo les doy vida eterna"*, 10:28; *"Y esta es la vida eterna: que te conozcan a ti, el único Dios verdadero, y a Jesucristo, a quien has enviado"*, 17:3; cf. Ro. 6:23; 1Ti. 6:12, 19; 1Jn. 5:11, 13). Aunque todavía esperamos la plenitud o la culminación de esta vida eterna (Mt. 25:44-46; Jn. 12:25; Ro. 2:5-8; 6:22; Jud. 21).

Pero ¿qué significa "vida eterna"? Puesto que es un concepto difícil de precisar, es viable acercarnos desde la distinción de lo que no es. De esta manera, Hans Küng (1983) explica: 1) no es un retorno a esta vida espacio-temporal; 2) tampoco es una continuación de esta vida espacio-temporal; 3) más bien, "es una asunción en la realidad último, primera absoluta" (pp. 190-193). En otras palabras, no es un regreso, no es una reencarnación. No todo seguirá igual o constante. Por eso se puede expresar como una asunción de la realidad, hay cambios en todo sentido, desde la resurrección de la carne, un cuerpo glorificado, hasta la reconciliación de todas las cosas, la renovación del mundo, la plenitud de Dios llenándolo todo.

La vida eterna trasciende esta vida y esta realidad. A nuestra mente, acostumbrada a lo temporal, se le dificulta comprender lo eterno. Por eso se cree que habrá tiempo de sobra o que se estará esperando algo más. Pero todo ello dista de lo que es la eternidad en sí, donde no hay tiempo ya. Una ilustración de este conflicto lo presenta José María Javierre (2002), donde comparte uno de sus diálogos con el gran filósofo Xavier Zubiri:

-Verás mis planes, en cuanto me muera.
Zubiri:
-Vas a morirte, ¿cuándo?
-Pronto.
-Quien sabe, todos morimos.
-A mí me han avisado, me han tocado el timbre, con leucemia y cuatro "by pass".
-¿Cuáles son tus planes?
-Los tengo bien meditados. Pediré a San Pedro autorización para aguardar a su lado en el portón celestial: tendré conmigo un gran termo con

excelente café cargado caliente; según lleguéis cada uno de mis amigos, os invitaré a tomar un cafelito, mientras os cuento cómo están las cosas por allá dentro, cómo se circula por las avenidas del edén, el color de vuestra ficha en los registros angélicos y si he conseguido que vuestro ángel de la guarda dé un retoque para disimular los deslices pasados: podremos charlar sin prisas, sin agobios...

Zubiri me había razonado su lección filosófica:

-A tu plan junto a san Pedro le falta el fundamento.

-¿Pues?

-Mira, tú aplicas a la eternidad los esquemas propios del tiempo histórico; durante nuestra trayectoria existencial, los acontecimientos ocurren uno detrás de otro, sucesivamente, como en la línea de una circunferencia; así nos morimos antes uno, después otro, y otro; con nosotros viaja el tiempo; en nosotros viaja, somos tiempo. Pero el círculo tiene un punto central, equidistante de todos y de cada uno de los "momentos" de la circunferencia: ese centro representa la eternidad, única, indivisible. Desde el centro, la trayectoria a la circunferencia aparece simultánea, están actuales todos los momentos del tiempo, presentes, coexistentes.

Me quejé al respecto filósofo:

-Estropeas mi café...

Zubiri, sonriente:

-Lo tomaremos todos juntos.

-¿No se enfriará?

-Juntos, de vez, sin espera.

Comprendí. Resulta insensato aplicar ideas, imágenes, palabras, el instrumental de relaciones humanas, a la otra orilla; fuera del tiempo, la eternidad rebasa el horizonte de nuestra masa encefálica. Ni ojo vio, ni oído oyó. La eternidad nos entra en nueva dimensión, nos introduce al centro equidistante.

Aquí somos tiempo. Allá seremos eternidad. "Allá", ¿dónde? En ningún sitio, fuera del espacio y fuera del tiempo.

En cierta ocasión, junto con hermanos de la Iglesia, compartíamos el Evangelio y alimentos con algunos maestros de Oaxaca que se hallaban en huelga en un plantón en el Monumento a la Revolución, en la Ciudad de México. Allí, un joven docente me cuestionaba acerca de qué era la vida eterna que mencionaba: "¿Qué es la vida eterna? ¿dónde es? ¿en qué lugar?".

El anuncio del Evangelio encontraba obstáculo ante la desfiguración de este concepto. ¡Ah! ¡las nociones espaciotemporales resultan insuficientes para explicar la vida eterna! Aunque estas pueden aplicarse a las visiones de los profetas respecto al reinado universal del Mesías, en las que tras su venida el *shalom*, la comunión, entre los pueblos, la naturaleza y Dios, habrá sido renovada (Is. 65:17-25, por ejemplo) y su correspondencia con los escritos novotestamentarios de la creación que espera la redención (Ro. 8:18ss), o los cielos nuevos y tierra nueva que trae consigo la venida del Señor Jesucristo (2Pe. 3; Ap. 21). Pero, de manera sencilla, simplemente podemos decir que la vida eterna es la comunión con Dios Padre, en el Hijo y por el Espíritu Santo; esa fue mi respuesta.

Tal comunión es la vida misma que determina el ser del creyente. De ahí que esa vida/comunión se viva ahora en comunidad con los demás creyentes, nuestros hermanos y nuestras hermanas, al mismo tiempo que manifestamos nuestra fe, por medio de nuestros hechos a fin de que todos los demás conozcan y glorifiquen a nuestro Padre y así puedan gozar junto con nosotros de la vida eterna que él nos da, todo ello mientras esperamos su plenitud en aquellos cielos nuevos y tierra nueva a la venida de nuestro Señor Jesucristo.

Amén

Finalmente, 'amén' es un término hebreo, la LXX lo traduce como γενοιτο (*genoito*), en ocasiones es transcrita αμην, y significa "así sea", "ciertamente", "en verdad" (Balz y Schneider, 2005, I, p. 206). Esta afirmación, este amén es pronunciado de manera personal, con la plena convicción de lo que se cree, pero también se expresa junto con la comunidad, la Iglesia. Todos los creyentes a lo largo de la historia han profesado este Símbolo y así nosotros junto con ellos afirmamos, nos apegamos y vivimos de acuerdo con nuestra fe.

Con el amén, damos testimonio de nuestra fe. De esta manera, habiendo ahondado un poquito más en nuestros dogmas cristianos a través del Símbolo Apostólico, podemos cerrar este libro con el exhorto de San Agustín (citado en el *Catecismo*, Vatican, S/F):

Que tu símbolo sea para ti como un espejo. Mírate en él: para ver si crees todo lo que declaras creer. Y regocíjate todos los días en tu fe.

Herejías y errores

De manera sencilla podemos decir que no hay reencarnación, en la que se regresa a esta vida con otro cuerpo según se haya vivido, como se cree en el hinduismo o en algunos sistemas de la Nueva era. La vida eterna es comunión con Dios Padre, en el Hijo, por el Espíritu, de manera que el que cree en Cristo tiene ya vida eterna. La plenitud de esta vida eterna será manifestada con la venida gloriosa de Jesucristo, quien instaurará el reino de Dios en una creación renovada, cielos nuevos y tierra nueva.

Por tanto, debemos vivir esa vida eterna que ya gozamos, ahora, según todo lo que el Señor en su Escritura nos ha enseñado.

Para continuar la reflexión

1. ¿Qué idea tenías anteriormente sobre la vida eterna?
2. ¿Este estudio ha cambiado en algo tu creencia anterior respecto a la vida eterna?
3. En tus propias palabras, ¿cómo explicarías la vida eterna?
4. ¿Cuál es la lección más significativa de este libro para ti?
5. ¿Recuerdas la primera actividad en la que escribiste tu propio credo? Es hora de revisarlo. A la luz de todo lo que hemos estudiado, ¿cambiarías algo? Si es así, ¿qué modificarías o precisarías?
6. Puedes seguir desarrollando tu credo en un cuaderno, a partir de las enseñanzas que escuches domingo a domingo en tu Iglesia, en conferencias, o que leas en libros o artículos teológicos, o que surjan de pláticas con otros creyentes de diversas denominaciones, e incluso tomando en cuenta tu experiencia, pero, sobre todo, de tu estudio diligente de la Escritura.

EPÍLOGO

A lo largo de la historia, los cristianos se han dedicado a reflexionar su fe y a confesarla públicamente. Muchos dieron su vida al confesar que Cristo es el Señor—aún hoy en día podemos saber de persecuciones y asesinatos de hermanos y hermanas que fielmente dan testimonio de su Señor. Otros, con mayor libertad, han podido dedicarse a la reflexión teológica, precisando la enunciación de la fe. Nos han dejado una herencia magnífica de doctrina cristiana.

Los cristianos en Latinoamérica conocemos poco de ese gran esfuerzo de aquellos que nos han antecedido. Hemos de confesar nuestro poco interés o renuencia a estudiar no sólo nuestra historia y el dogma, sino también el mismo texto bíblico. No sorprende que, debido a ello, proliferen tantas herejías, prácticas extrañas y erradas, y problemáticas al interior de la Iglesia, que son objeto de ridiculización por parte de los no creyentes y, peor aún, piedra de tropiezo para muchos. No hemos cuidado nuestra herencia.

Por tanto, es nuestro deber recuperar aquella herencia: leer la Escritura y estudiarla, al mismo tiempo que también vamos conociendo los escritos de los teólogos que pueden ayudarnos a robustecer nuestra fe. En ese sentir, en esta pequeña obra he compartido lo más esencial de la enseñanza que recibí, primero de mis padres, luego de mis maestros de seminario, de otros escritores y teólogos, pensando en ello como aquella herencia para mis hijos, Ian, Lev y Zoé, pero también con el fin de alentar al lector a que indague aún más en su fe, esperando haber contribuido a la herencia común que tenemos junto con todos los que confiesan el nombre de nuestro Señor Jesucristo en todo lugar. Gracia y paz.

APÉNDICE I

Revelación y dogma

Primeramente, es importante resaltar la distinción entre revelación y dogma:

La Revelación viene de parte de Dios. El dogma viene del ser humano. El ser humano recibe la Revelación, mientras que desarrolla, al reflexionar en ella, el dogma. Por tanto, resulta un error equiparar el dogma con la Revelación: este es el equívoco de los fundamentalismos. En segundo lugar, esa Revelación se da en la Historia. Así, la Revelación es recibida en un contexto determinado. Luego, se realiza el quehacer teológico para formular el dogma, también en un contexto particular. Por lo tanto, las expresiones dogmáticas no solo están mediadas por el momento histórico, sino que deben responder pertinentemente a dicho contexto. Por eso mismo, la formulación dogmática es inacabada, continua y creativa, debiendo siempre partir de la Revelación:

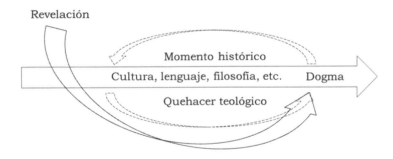

Revelación

Momento histórico

Cultura, lenguaje, filosofía, etc.   Dogma

Quehacer teológico

APÉNDICE II

Otros símbolos cristianos

Como se estudió en la introducción, el Credo Apostólico es también llamado *símbolo* en virtud de que su sentido solo es comprendido por los creyentes y al mismo tiempo los introduce a ese ámbito simbólico, llevándolos a profundizar en su significado. Claro está que el Símbolo Apostólico es un texto, pero este cumple con lo dicho anteriormente. A lo largo de la historia de la Iglesia se fueron desarrollando otros símbolos, algunos escritos, otros pictográficos. Aquí solo se presentan algunos correspondientes a los primeros siglos del cristianismo: el pez, el ancla y la cruz.

El pez

Puede encontrarse solo la imagen del pez o incluir el acróstico ΙΧΘΥΣ, como se muestra aquí (imagen creada por Erin_Silversmith, de dominio público, en https://commons.wikimedia.org/w/index.php?curid=893677):

IXΘΥΣ es el término griego, en letras mayúsculas, que significa 'pez'. No se lee "ixoye", sino "ijthis". Se trata de un acróstico, es decir, cada letra forma otra palabra:

Letra	Palabra	Pronunciación	Significado
I	Ιησους	(Iesús)	= Jesús
X	Χριστος	(Jristós)	= Cristo
Θ	Θεου	(Theú)	= de Dios
Υ	Υιος	(Juiós)	= Hijo
Σ	Σωτηρ	(Soter)	= Salvador

De manera que el pez simboliza a Cristo. El pez pertenece al ámbito bautismal por excelencia debido a su relación con el agua. Luego también llegó a simbolizar el pez a los mismos cristianos, a partir de textos como Marcos 1:17. Tertuliano, a inicios del siglo III expresaría: "Nosotros somos pequeños peces, llamados así debido a nuestro IXTHYS, nacemos en el agua y no tenemos otra salvación que la de permanecer en el agua" (Alves, 2008, p. 416), es decir, viviendo según la confesión bautismal.

De igual manera, esa fe en Jesucristo se grabaría en las lápidas de los cristianos, tal como se lee en el epitafio de Pectorio, entre el siglo II y III (Plazaola, 1996, p. 40):

> Raza divina del Pez celeste, conserva un corazón santo, habiendo recibido
> entre los mortales la fuente inmortal de aguas divinas.

Da vigor a tu alma, querido, con las aguas perennes de la enriquecedora sabiduría.

Recibe el alimento, dulce como la miel, del Salvador de los Santos; come con avidez, teniendo el Pez en tus manos.

Aquí también se muestra su relación con la comida eucarística, pues desde el judaísmo, el pez representaba el banquete mesiánico; por ejemplo, compárense las menciones de las manifestaciones del Cristo resucitado en las cuales come con sus discípulos precisamente pescado (Jn. 21:13s; Lc. 24:41-43).

El ancla

Esta simbolizó la esperanza en Cristo. Su representación se repite constantemente en lápidas de cristianos durante los siglos II-IV. Entre ellos se tiene el grabado en el epitafio de Antonia, en Roma, en la catacumba de Domitila:

En esta imagen se relacionan tres símbolos: la cruz, el ancla y los peces. Puede encontrarse el ancla sola o con dos peces, uno a cada lado, o también con las letras griegas A (alfa) y Ω (omega), aludiendo a Cristo (Ap. 22:13). El símbolo del ancla surge directamente del texto bíblico que refiere a la esperanza: "La cual tenemos como segura y firme ancla del alma..." (Hebreos 6:19).

223

La cruz

Llegó a constituirse como símbolo cristiano hasta finales del siglo IV. Previo a ello, solo aparecía muy ocasionalmente en escenas de la pasión en las que Jesús cargaba con ella. Era tenida como objeto de condenación y sufrimiento. Sin embargo, la cruz fue entendida por los creyentes como el símbolo de la salvación universal. Desde entonces se difundieron distintas formas de cruz; aquí la imagen de la cruz griega (por Eliashc, Reddi, Nixdorf, de dominio público, recuperada de https://commons.wikimedia.org/w/index.php?curid=905572):

El cambio del significado lo registra San León Magno (440-461) en su *Comentario a Isaías*, IX, 6 (Plazaola, 1996, pp. 80-81):

Entregado Cristo a la voluntad de sus crueles enemigos, para irrisión de su regia dignidad, se le obligó a portar él mismo el instrumento del suplicio, para que se cumpliese lo que había anunciado el profeta Isaías: "He aquí que ha nacido el Niño, se nos ha dado el Hijo, *cuyo imperio lo lleva sobre los hombros*". Puesto que cuando el Señor cargó con el madero de la cruz, que se convertía así en cetro de su poder, a los ojos de los impíos era aquello una gran ignominia, pero para los fieles quedaba manifiesto un gran misterio; pues el gloriosísimo vencedor del demonio y el triunfador de las potestades enemigas portaba hermosamente el trofeo de su triunfo; y sobre los hombros de su invicta paciencia llevaba el signo de la salvación que había de ofrecerse a la adoración de todos los reinos, como si con la misma imagen de su propia obra quisiera confirmar a sus seguidores diciéndoles: "Quien no carga con su cruz y me sigue, no es digno de mí".

También durante ese siglo se suscitó el monofisismo, que proclamaba una sola naturaleza de Cristo: la divina, por lo cual negaba su humanidad y, por tanto, sus padecimientos. Haciendo frente a esa herejía, a manera de apología, es que se comenzó a representar al Cristo muerto en la cruz.

Con el pasar de los años y los siglos, el Cristo muerto en la cruz ha perdido su sentido original y ha pasado a ser un amuleto en las expresiones de fe católica. Y el evangelicalismo norteamericano ha exportado la cruz como otra de sus modas en playeras, gorras e, incluso, tatuajes. Ante tal situación, el franciscano capuchino, doctor en teología bíblica, Herculano Alves (2008, pp. 158-159), cuestiona incisivamente:

> ¿No habrá un exceso de Cristos en la cruz, donde él ya no está? ¿No sería mejor representar una cruz desnuda, adornada, iluminada y con flores, como hacían los primeros cristianos, o sea, la cruz del resucitado? "Yo soy el primero y el último; yo soy el que vive. Estuve muerto, pero ahora vivo para siempre y tengo en mi poder las llaves de la muerte y del abismo" (Ap. 1:7-18). La cruz es el símbolo de los cristianos porque en ella el Hijo de Dios manifestó a la humanidad el mayor amor posible. ¿Qué uso haremos de ella? Jesús, más que llevar una cruz colgando en el cuello o en el coche o en otros lugares, nos pide llevar "nuestra cruz de cada día" y ayudar a los otros a llevar la suya. ¿Qué puedo y voy a hacer en este sentido?

Los símbolos cristianos nos ayudan a comprender mejor nuestra fe o a verla de una manera diferente, desde otros ángulos. Los símbolos pueden ser muy útiles para darle una forma más bella a esa muy comúnmente cuadrada dogmática. Sugeriría a quienes tienen esa sensibilidad estética que, habiéndose introducido al estudio de esta dogmática, pudieran expresar creativamente esa comprensión de la fe cristiana. ¡Qué maravilloso sería adorar al Señor con el arte como manifestación de una fe robusta!

APÉNDICE III

Símbolos Apostólico y Romano

Símbolo Apostólico en latín, mencionado en una carta del Sínodo de Milán al Papa Siricio, atribuida a San Ambrosio (s. IV; citado en Pelikan, J. y Hotchkiss V. R., 2003, p. 669):

Credo un Deum Patrem omnipotentem,
Creatorem coeli et terrae;

Et in Iesum Christum, Filium eius unicum,
Dominum nostrum,

qui conceptus est de Spiritu Sancto,
natus ex Maria Virgine,

passum sub Pontio Pilato, crucifix,
moitus, et sepultus,

descendit ad inferna, tertia die resurrexit a mortuis,

ascendit ad coelos,
sedet ad dextram dei Patris Omnipontetis,

inde venturus est iudicare vivos et mortuos;

Credo in Spiritum Sactum,

sanctam ecclesiam catholicam,
sanctorum communionem,

remissionem peccatorum,

carnis resurrectionem,

et vitam aeternam. Amen

Símbolo Romano en latín y griego (tomado de Kelly, 1980, pp. 128-129).

Credo in deum patrem omnipotentem;	Πιστευω εισ Θεον πατερα παντοκρατορα
et in Christum Iesum filium eius unicum, dominum nostrum,	Και εις Χριστον Ιησουν, [τον] υιον αυτον τον μονογενη, τον κυριον ημων,
qui natus est de Spiritu sancto et Maria virgine,	Τον γεννηθεντα εκ πνευματος αγιου και μαριας της παρθενοου,
Quis sub Pontio Pilato crucifixus est et sepultus	Τον επι ποντιου πιλατου σταυροθεντα και ταφεντα,
tertia die resurrexit a mortuis,	Τη τριτη ημερα ανασταντα εκ νεκρων,
ascendit in caelos,	Αναβαντα εις τους ουρανους
sedet ad dexteram patris,	Καθημενον εν δεξια του Πατρος
unde venturus est iudicare vivos et mortuos;	Οθεν ερχεται κριναι ζωντας και νεκρους
et in Spiritum Sanctum,	Και εις Πνευμα αγιον
sanctam ecclesiam	Αγιαν εκκλησιαν
Remisisonem peccatorum,	Αφεσιν αμαρτιων
Carnis resurrectionem.	Ζαρκος αναστασιν. Αμην.

APÉNDICE IV

Dogma y ética

El dogma no solo es una cuestión que atañe al cristianismo, sino que tiene implicaciones sociohistóricas (como se expuso en el Apéndice I). El dogma, siendo resultado del quehacer teológico, es la expresión de la reflexión de esa fe cristiana en relación con el mundo. Es decir, surge de un contexto determinado y al mismo tiempo dialoga con él, responde y propone. Allí encontramos el desarrollo de una ética cristiana.

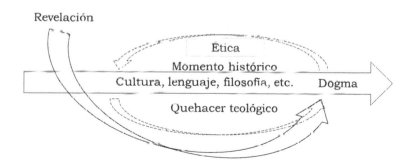

Partiendo de este esquema podemos explicar el surgimiento de la ética cristiana. La ética cristiana es producto del dogma.

Para aclarar más la cuestión consideremos paso a paso este proceso: 1) Dios se autorevela al ser humano; esta revelación se da en un momento histórico específico. Por ejemplo, en el Éxodo, Yahweh se dio a conocer: "Yo soy el que seré", le dijo a Moisés; en Sinaí con las tablas de la Ley, Dios mostró su santidad, estableciendo cómo el pueblo debía relacionarse entre sí, con las naciones vecinas, y con él; inspiró a los Profetas a fin de que exhortaran al pueblo a vivir en justicia, apuntando hacia el reinado del Mesías por venir; Dios se autoreveló en Jesucristo, su Hijo unigénito. La revelación de Dios se da en la historia con motivos concretos para el ser humano.

2) El ser humano recibe esta revelación y reflexiona en torno a ella, este es el quehacer teológico. Podemos verlo en la misma Escritura, desde el Antiguo al Nuevo Testamento, los autores demuestran ese proceso de intelección de la fe. Este quehacer teológico se realiza de igual manera en un contexto bien definido. Bíblicamente, el quehacer teológico nunca es especulativo desligado de la historia.

3) El quehacer teológico define el dogma que, como ya se ha visto, es la doctrina que se cree. El dogma es la expresión de la fe que busca ser universal; sin embargo, según los contextos, en ocasiones, debe reformularse, precisamente por estar mediada por la situación sociohistórica particular. Ahora bien, cuando se dice que el dogma debe reformularse, muchas veces llega a causar controversia, pues se ha identificado el dogma con la revelación, pero ya hemos visto también que son dos conceptos distintos. La revelación no cambia, el dogma sí. Este cambia debido a que debe precisarse; por ejemplo, el dogma de la persona de Cristo cambió en la medida que fue siendo cada vez más específico: a la confesión de fe "Jesucristo es Señor" le siguió el dogma "Jesucristo es Dios"; luego se presentaron problemáticas en la comprensión de este dogma: ¿en qué sentido es Dios? ¿existía antes de nacer? ¿era un mero hombre que llegó a ser Dios? ¿fue adoptado como Hijo de Dios, en el sentido que se creía de los reyes? ¿llegó a ser Dios por medio del Espíritu o por alguna iluminación? ¿era en apariencia humano? ¿convivían dos personas en su cuerpo, una divina y una humana? ¿o se trata de una persona con dos naturalezas? ¿cuál es la relación entre la divinidad y la humanidad en Jesucristo? ¿su divinidad

anuló, absorbió o restringió su humanidad? ¿y qué de su voluntad humana, fue esta oprimida por su voluntad divina? Cada uno de estos cuestionamientos, que en ocasiones eran presentados como doctrinas (heréticas), llevó a la precisión del dogma cristológico, ¡en un período de casi seis siglos! expresado en el Credo Nicenoconstantinopolitano (véase el Apéndice V).

4) Esta recepción de la revelación y este quehacer teológico, así como su formulación dogmática se da en el ámbito de la Iglesia en contextos específicos. A partir de la relación entre Iglesia y su contexto sociocultural surge un nuevo *ethos*. El *ethos* es el ámbito, el entorno, el hábitat o, por así decirlo, la casa en la cual se dan ciertas relaciones. Desde este *ethos* específico surge la ética, formada y guiada por lo que se cree, el dogma.

Por eso es vital para la Iglesia comprender su fe. En la medida que conozca su fe, por medio del quehacer teológico, estableciendo su dogma, podrá desarrollar una ética pertinente para su contexto. Así lo hicieron los primeros cristianos, quienes confesando "Cristo es Señor", tuvieron una ética totalmente diferente a la grecorromana: se negaron a adorar al César, aun cuando ello les condujera a la muerte; no mentían, no robaban, sino que trabajaban honrando a sus amos o patrones; en una sociedad patriarcal, las distinciones y las desigualdades buscaban ser superadas, "ya no hay hombre ni mujer"; protegían la vida, no se deshacían de sus hijos, no los abortaban, cuidaban de ellos, honraban a los padres; en esa sociedad estratificada y fundada en una economía esclavista, velaban por los pobres, trataban con dignidad a los esclavos, dándoles en ese nuevo *ethos* un lugar al igual que los demás, sin distinciones.

La ética cristiana fue respondiendo a los diferentes escenarios históricos. Por mencionar algunos cuantos casos: Dietrich Bonhoeffer, durante la Segunda Guerra Mundial, hizo frente al nacismo en Alemania (a propósito, puede consultarse su *Ética*); Martin Luther King, se opuso a la segregación racial en Estados Unidos; Desmond Tutu, galardonado con el premio Nobel de la paz en 1984, luchó contra el *Apartheid* en Sudáfrica. Los cambios sociales realizados por ellos fueron resultado de su ética cristiana.

Actualmente, ante las situaciones propias del posmodernismo, se requiere de una ética cristiana que pueda dialogar, responder y proponer, sin quebrarse ni comprometer sus principios bíblicos. Esta ética no es posible sin la debida reflexión teológica. Por eso mismo, muchas iglesias se han vuelto irrelevantes para su sociedad, pues no tienen fundamentos bíblicos ni teológicos. En ese sentido, el presente estudio del Símbolo apostólico como síntesis dogmática ofrece un punto de partida para la reflexión de la fe en nuestro contexto y el desarrollo de una ética pertinente.

APÉNDICE V

Credos cristianos antiguos

Debido al enfoque introductorio de esta obra, no es posible ahondar en la historia que dio lugar a cada uno de los Concilios y sus Credos correspondientes. Sin embargo, resulta necesario reproducir las porciones más elementales a fin de conocer cómo el Símbolo Apostólico sirvió de base para el desarrollo de la dogmática de la Iglesia cristiana y cómo esta respondió a las herejías mencionadas anteriormente. Consideramos los cuatro Concilios ecuménicos: Nicea, Éfeso, Calcedonia y Constantinopla (las citas de los Credos conciliares fueron tomadas de González, 1998, pp. 325, 337-338, 344, 349-350).

Nicea (325)

Creemos en un Dios, Padre todopoderoso, hacedor (creador) de todas las cosas, visibles e invisibles. Y en un solo Señor Jesucristo, Hijo de Dios, nacido unigénito del Padre; esto es, de la substancia del Padre: Dios de Dios, Luz de Luz, Dios verdadero de Dios verdadero: nacido (engendrado: *geneethénta*) no creado, de la misma substancia (*homooúsion*) que el Padre, por el cual fueron hechas todas las cosas, las de los cielos como las de la tierra; el cual por nosotros los hombres y por nuestra salvación bajó y se encarnó (*sarkothénta*) haciéndose hombre (*enenthropésanta*), y sufrió y re-

233

sucitó al tercer día, y subió a los cielos, y viene a juzgar a vivos y muertos. Y también en el Espíritu Santo. Mas quienes dicen: "hubo un tiempo en que no existió", y "antes de ser engendrado no existía" o bien que "llegó a ser de lo que no existía (esto es creado de la nada) o a partir de otra substancia (persona: ex heteras *hypostáseos*) o esencia" o afirmar que el Hijo de Dios es cambiante o mutable, los anatemiza la Iglesia católica.

Éfeso (431)

No afirmamos que el Verbo se haya transformado en su naturaleza para tornarse carne. Ni tampoco para transformarse en un hombre completo formado de alma y cuerpo; sino más bien que el Verbo, uniéndose a una carne animada por un alma racional en un orden personal, se hizo hombre de un modo inexplicable e incomprensible, y así asumió el título de Hijo de Hombre, no por sola voluntad o decisión; pero tampoco simplemente asumiendo una persona. Mas aunque las naturalezas son diversas, sin embargo forman una verdadera unión, de manera que de ambas resulta un ser, Cristo e Hijo. No quiere esto decir que desaparezca la diferencia de naturalezas por la unión; sino que para nosotros constituye un solo Señor y Cristo e Hijo, tanto divino como humano, por una concurrencia en la unidad para nosotros misteriosa e inefable... Porque no nació primeramente un hombre común, de la Santa Virgen, de modo que luego descendiese sobre él el Verbo: sino que ya desde el seno materno afirmamos que se unió con la carne según la concepción carnal, de tal manera que hizo propia la generación de la carne... Y así, no dudaron (los Padres) de llamar a la Santa Virgen Madre de Dios (*Theotókos*).

Calcedonia (451)

Siguiendo a los Santos Padres, enseñamos que se ha de confesar a un solo y mismo Hijo. Señor nuestro, el mismo perfecto en cuanto a la divinidad, y perfecto en cuanto a la humanidad; Dios verdadero y hombre verdadero en cuerpo y alma consubstancial con el Padre en cuanto a la divinidad y él mismo consubstancial con nosotros en cuanto a la humanidad; semejante en todo a nosotros, excepto en el pecado; engendrado por el Padre según la divinidad desde todos los siglos, y en los últimos tiempos (engendrado) de María la Virgen *Theotókos*, por nosotros y por nuestra salvación. El mismo y único Cristo, Señor e Hijo unigénito en dos naturalezas sin confusión, ni división, ni mutación, ni separación, ha de ser el objeto de nuestro reconocimiento, sin que de manera alguna desaparezca la diferencia de naturalezas por causas de la unión, sino más bien salvando la propiedad de cada naturaleza; aunque ambas concurren en una sola persona y subsistencia; no separado ni dividido en dos personas, sino una sola, que es el único y mismo *Logos*, Dios, Hijo unigénito, y Señor Jesucristo; según en otro tiempo nos enseñaron los profetas acerca de él, y el mismo Jesucristo lo hizo acerca de sí y como nos lo transmitió el símbolo de los Padres. Así, pues, una vez que hemos redactado todas estas cosas con todo cuidado y diligencia y en todos sus aspectos, este Santo Concilio Ecuménico lo ha definido, de manera que a nadie es lícito profesar otra fe, o escribirla o comprenderla, o sentirla, o transmitirla a los demás.

Constantinopla III (681)

De manera semejante predicamos también dos voluntades naturales o quereres en él, y dos operaciones (*energéias*), sin división, sin conversión mutua, sin separación, sin confusión, según la doctrina de los Santos Padres; pero esas dos voluntades no opuestas, por supuesto, según lo enseñaron los impíos herejes. Sino que su voluntad humana sigue sin resistencia ni oposición a su voluntad divina, a la que más bien está sujeta, por ser esta omnipotente. Porque convenía que la voluntad carnal se moviese, pero sujeta a la voluntad divina, como lo enseñó el sapientísimo Atanasio. Porque así como su carne animada, santísima y sin mancha, no quedó suprimida por estar divinizada, sino que permaneció en su propio límite y concepto, así tampoco su voluntad humana quedó suprimida por estar divinizada, sino quedó, por el contrario, más salvada, como dice el teólogo Gregorio: "Su querer, de quien llamamos nuestro salvador, no es opuesto a Dios, sino todo divinizado". Damos gloria igualmente a las dos operaciones naturales sin división, sin mutua conversión, sin confusión, sin separación, en el mismo Señor nuestro Jesucristo; es decir, una operación divina y otra humana; como lo dice claramente el divino predicador León: que una y otra forma (naturaleza) obra en comunión con la otra lo que le es propio; es decir, el Verbo obra lo que es propio del Verbo; y al mismo tiempo la carne lo que es propio de la carne. Porque no podemos ni levantar lo creado al nivel de la substancia divina, ni rebajar la excelencia de la naturaleza divina al nivel que pertenece a lo creado... Creemos que, aun después de la Encarnación, nuestro Señor Jesucristo es verdadero Dios, uno de la Santa Trinidad. Sus dos naturalezas resplandecen en una única persona (*hypóstasis*), en la que mostró así sus milagros como sus padecimientos, durante toda su economía salvadora, no de manera imaginaria, sino en verdad; porque debemos conocer en la misma hipóstasis la diferencia natural porque, aunque haya una mutua comunicación, una y otra opera sus propiedades, de manera indivisa e inconfusa. Según esto confesamos dos operaciones y dos voluntades, que concurren en él para la salvación del género humano. Una vez dispuestas estas cosas con todo cuidado, y con toda exactitud, definimos que a nadie le es permitido proferir otra fe, o escribirla, o comprenderla, o sentir o enseñar de manera diversa.

APÉNDICE VI

El ser-Padre de Dios y sus implicaciones

Una ayuda visual para comprender el concepto de Trinidad, en la medida de lo posible, es el diagrama tradicional del cristianismo occidental del Medioevo (ilustración de AnoonMoos, 2009, dominio público):

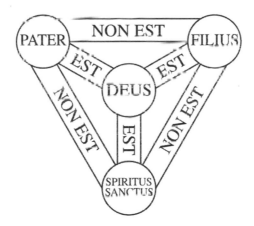

Indica que Dios es Padre, Hijo y Espíritu Santo. Pero también expresa que el Padre, siendo Dios, no es el Hijo ni el Espíritu Santo; el Hijo, siendo Dios también, no es el Padre ni el Espíritu Santo; y el Espíritu Santo no es ni el Padre ni el Hijo, pero él mismo es Dios. No son tres dioses, sino un Dios en tres personas. El esquema demuestra tanto la distinción de personas como la comunión de la Trinidad: nos ayuda a comprender la relación intratrinitaria adecuadamente.

Ahora bien, uno de los problemas teológicos más constantes gira en torno al ser de Dios y sus atributos. En muchas ocasiones se entiende a Dios como una esencia o algún atributo carente de persona, lo cual lleva a un concepto totalmente distorsionado de Dios. Pero, como se mencionó en el primer capítulo, el ser de Dios es su ser-Padre:

Este esquema presenta en el círculo interno el ser-Padre de Dios, mientras que en el externo se tienen algunos de los atributos divinos. Trata de representar que los atributos dependen de su ser-Padre y evita entender a Dios como alguna esencia impersonal. Sin embargo, suele producirse cierta identificación de tal o cual atributo como el propio ser de Dios:

Al mismo tiempo que esto ocurre, se realiza un desplazamiento del ser-Padre de Dios.

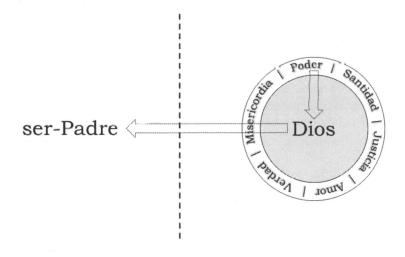

Como se ejemplificó antes, el atributo poder puede usurpar el ser de Dios, creando de esta manera al 'Dios todopoderoso' o al 'Dios poder'.

Esto se observa en diversas nociones acerca de Dios que se tienen en el evangelicalismo, en las que tal o cual atributo desvinculan el ser-Padre de su concepción de Dios. El 'Dios poder' precisamente puede hacer lo que le plazca sin importarle realmente el ser humano, lo cual resulta en el providencialismo, el predestinacionismo y la percepción pesimista del ser humano y de la historia.

El mismo proceso puede darse con cualquier otro atributo, creando un 'Dios amor', un 'Dios justicia' o un 'Dios paz', etc. El 'Dios amor' otorga completa libertad a cualquier relación emocional, sentimental e incluso sexual sin ningún margen ético o moral; las relaciones sexuales extramaritales, la homosexualidad, la pedofilia, todo está permitido en aras del "amor". El 'Dios justicia' retribuye según las obras realizadas, la salvación es obtenida por mérito propio, su juicio es inmisericorde, no hay esperanza para el pecador. El 'Dios paz' brindará esa emoción, esa sensación de ensueño, la paz mental al estilo de los monjes tibetanos obtenida por la meditación trascendental, la experiencia personal e individualizada de esa paz es el fin último. Sin embargo, todos estos dioses son creación a la imagen del ser humano. Y cabe señalar que estas concepciones acerca de Dios no son nuevas, sino que ya han estado presentes en la historia humana, así en el panteón grecorromano se encuentra el dios Eros y las diosas Dicea e Irene.

Por ello, es importante recalcar el ser-Padre de Dios. Al hacerlo se podrán corregir esas nociones idolátricas. Y la única manera de conocer a Dios Padre es por medio de su Hijo Jesucristo: "*A Dios nadie le ha visto nunca, pero el unigénito Dios, el que está en el seno del Padre, él lo ha revelado*" (Jn. 1:18).

APÉNDICE VII

Interpretaciones más importantes de la muerte de Jesús en el Nuevo Testamento (Adaptado de Karrer, 2002, p. 247):

	Mt	Mr	Lc/Hch	Es. Joan.	Pablo	Ef/Col	Pas	Heb	1Pe	Ap
'Aqedá	x				x			(x)		
Conducción a la vida /salvación				x				x		
Entrega	x	x	x		x	x			x	
Es preciso	x	x	x	Jn						
Exaltación				Jn						
Expiación (sentido estricto)	x	(x?)		1Jn	x	(x?)		x	(x)	x
Extinción del documento de deuda						x				
Is 53	(x?)	(x?)	x		(x?)			(x?)	n	
Maldición					x					
Morir por el género humano				Jn						
Morir por los amigos				Jn						
Pascua	x	x	x	Jn	x					x
Pasión	x	x	x		x			x	x	
Pasión del justo	x		x	1Jn					x	
Persecución como en el caso de los profetas	x	(x)	x		1Ts					
Reconciliación					x	x				
Rescate / redención	x	x			x	x	x		x	x

Quizá la interpretación que requiere explicación de entre todas estas sea la de *Aquedah*, pues el término no es tan conocido. Para ello, es necesario acudir a dos textos clave: Romanos 8:32 (*"el que no escatimó ni a su propio Hijo, sino que lo entregó por todos nosotros..."*) y compararlo con Génesis 22 (el cual narra cuando Dios le pide a Abraham sacrificar a Isaac), que es interpretado por Pablo según el rabinismo. El término *aquedah* significa "atadura", su significado lo encontramos en el Tárgum de Génesis 22:

> "'Isaac tomó la palabra y dijo a Abraham, su padre: Padre mío, átame bien de forma que no pueda dar patadas para que tu ofrenda no sea inválida... Los ojos de Abraham estaban fijos en los ojos de Isaac y los ojos de Isaac estaban dirigidos hacia los ángeles de lo alto. Isaac los veía, pero Abraham no los veía. En ese instante, bajó de los cielos una voz que decía: Venid, mirad a dos personas únicas en mi universo: una sacrifica y otra es sacrificada; la que sacrifica no duda y la sacrificada ofrece su garganta'. La *aquedah* que pide Isaac significa su ofrenda interior: no quiere, al agitarse, correr el riesgo de herirse, porque entonces no sería una víctima que pudiera ser ofrecida. En sus momentos de angustia, los judíos piden a Dios que se acuerde de esta *aquedah* y que, por ella, les perdone sus faltas y los salve" (Charpentier, 1993, p. 69).

Los cristianos confesamos que Dios ofreció a su Hijo, pero también que el Hijo se ofreció a sí mismo.

APÉNDICE VIII

Confesar el Credo en tiempos de COVID-19

La pandemia actual ha instado a los creyentes a reflexionar en su fe. Las temáticas giran principalmente en torno a la apología, la escatología y la eclesiología. Lamentablemente las respuestas más difundidas, como el mismo virus, son las menos correctas: "Dios mandó el Coronavirus como juicio contra los homosexuales", como expresó el rabino que posteriormente resultó positivo al COVID-19; los adeptos a las teorías conspiracionistas comparten publicaciones extensas en sus redes sociales: "Esta es la obra de los iluminati que preparan el camino del anticristo, mientras que la bestia, Bill Gates, impondrá su marca con la vacuna que está preparando, y el falso profeta, Bergoglio, reunirá a todas las religiones por medio de su movimiento ecuménico"; algunos creen que "la cuarentena es obra de satanás para cerrar las iglesias, pero como las puertas del Hades no podrán vencerla, entonces no se deben aceptar tales medidas", lo cual ha provocado el contagio de varios congregantes y, tristemente, su muerte también. Este intento por tratar de dar sentido a lo que ocurre desde la fe, demuestra una fe superficial, inmadura y, muchas veces, recalcitrante.

Por eso, a los escasos meses de haberse iniciado la Pandemia ya se han publicado varios ensayos y libros que buscan orientar mejor a los creyentes. El lector puede consultar, por ejemplo, el artículo de Rebeca Stam, *La pandemia, el Apocalipsis, y nuestra misión cristiana* (en juanstam.com), o el libro de N. T. Wright, *God and the Pandemic: A Christian Reflection on the Coronavirus and Its Aftermath* (solo en inglés por el momento). En este breve apéndice, relacionando nuestro estudio con la pandemia que nos aqueja, podemos señalar lo siguiente:

Creo en *Dios Padre todopoderoso*. Nuestro Dios Padre se encuentra en control absoluto de todo lo que ocurre. Que sea *creador del cielo y de la tierra* nos insta a confiar en él, pues él es creador de los gérmenes, las bacterias y, sí, también de los virus. En cuanto es *Padre*, cuida de su creación, de sus hijos e hijas. Como hijos de Dios podemos acercarnos a él en oración y expresar nuestras dudas y nuestros temores; él no se escandaliza ni se decepciona, sino que nos escucha atentamente.

Creer *en Jesucristo, su Hijo unigénito, Señor nuestro*, implica reconocer su dominio, pero también su comprensión absoluta de nuestra fragilidad humana, pues es el Dios encarnado, *que fue concebido por el Espíritu Santo y nació de la virgen María*. Él mismo sufrió, *padeció bajo Poncio Pilato, fue crucificado, muerto y sepultado*: en sus padecimientos llevó nuestro dolor y nuestra angustia, sufrió nuestra muerte. Dios se relaciona plenamente con nosotros al ser partícipe de nuestro dolor. El Hijo experimenta nuestro dolor, el Padre sufre la muerte de su Hijo. Quizás este enunciado del Símbolo sea el más pertinente, pues Dios en su silencio, que no responde al porqué de esta pandemia como nosotros quisiéramos, está con nosotros, no está distante, sino que bien nos comprende, nos acompaña y nos consuela. Que *descendió a los infiernos* expresa que asumió el destino que teníamos, allá en la separación de Dios; sin embargo, por eso mismo, abrió el camino desde el *sheol* hasta el *shalom* de Dios, pues *al tercer día resucitó de los muertos*. Con ello, y a pesar del sufrimiento, tenemos nuestra esperanza gloriosa. Que *ascendió a los cielos* y que *está sentado a la diestra del Padre* declara que Jesucristo vive, que la tumba no lo contuvo, y aun más, que reina habiendo acabado su obra salvífica. Con esto, una vez más, podemos descansar en él. Esperamos que *de ahí vendrá a juzgar vivos y muertos*. Su juicio es justo y nos insta a vivir practicando la justica y la misericordia; por eso, ante situaciones desconcertantes como la pandemia actual debemos también buscar oportunidades para llevar a cabo nuestra misión de hacer discípulos; es una oportunidad no para intentar establecer mapas del futuro e identificar a ciertas figuras clave aterrorizando a nuestros contactos en redes sociales, sino para examinarnos y vivir rectamente. *Creo en su Espíritu Santo* nos insta a considerar su obra, siendo que a cada instante infunde en nosotros vida, nos da salvación/salud, y ante la pérdida de nuestros seres queridos nos consuela y conforta, anima y alienta. Aun cuando por medidas sanitarias debemos distanciarnos, *la santa Iglesia católica* se mantiene como cuerpo de Cristo continuando tanto su misión como sus padecimientos, ofreciendo de esta manera al mundo muestras del amor del Padre: llevándonos a imaginar, idear, crear nuevas formas para cumplir con ello; *la comunión de los santos* se da no en virtud de nosotros mismos, ni por el templo en el que nos reunamos, ni siquiera por la plataforma virtual que empleemos, sino por la obra del Espíritu: continuar las reuniones ahora de manera virtual está bien, pero quizás esto nos lleva a reformular nuestro concepto de Iglesia-templo hacia una Iglesia-casa de mayor comunión, donde *el perdón de pecados* se experimente constantemente allí donde hay familias disfuncionales u hogares monoparentales, donde se necesita de cristianos que fielmente confiesen en pensamiento, palabra y obra su fe; tal vez los pastores necesitaban también esto: cuidar de sus familias primero. Finalmente, *la resurrección de la carne y la vida eterna* nos permiten reconocer que este no es el fin, nos alienta a afrontar la pérdida de nuestros seres amados con esperanza, incluso si nosotros mismos llegamos a enfermar de muerte, sabemos que estaremos con nuestro Dios:

Por lo cual estoy seguro de que ni la muerte, ni la vida, ni ángeles, ni principados, ni potestades, ni lo presente, ni lo por venir, ni lo alto, ni lo profundo, ni ninguna otra cosa creada nos podrá separar del amor de Dios que es en Cristo Jesús Señor nuestro (Romanos 8:38-39).

ABREVIATURAS USADAS EN EL TEXTO

BJ	Biblia de Jerusalén (1998)
BNP	La Biblia de Nuestro Pueblo (2008)
DHH	Dios Habla Hoy (1996)
LBLA	La Biblia de Las Américas (1986)
LXX	La Septuaginta o traducción griega del Antiguo Testamento
NVI	Nueva Versión Internacional (1999)
RVR60	Reina-Valera Revisión 1960

REFERENCIAS

Álvarez Gómez, Jesús (2001). *Historia de la Iglesia I. Edad antigua.* Madrid, España: BAC.

Alves, Herculano (2008). *Símbolos en la Biblia.* Salamanca, España: Sígueme.

Artola, A. M. (1994). *La Escritura inspirada. Estudios sobre la inspiración bíblica.* Bilbao: Universidad de Deusto y Ediciones Mensajero.

Bácz-Camargo, Gonzalo (1992). *Breve historia del canon bíblico.* México, D.F.: CUPSA.

Balz, Horst y Schneider, Gerhard, Eds. (2005). *Diccionario exegético del Nuevo Testamento.* Volumen I y II. 3ª edición. Salamanca, España: Sígueme.

Barret, Charles Kingsley (1968). *A Commentary on the First Epistle to the Corinthians.* Nueva York: Harper & Row.

Barth, Karl (2000). *Esbozo de dogmática.* Santander, España: Sal Terrae.

Bartley, James (1993). *Mateo. Comentario Bíblico Mundo Hispano. Tomo 14.* El Paso, Texas: Mundo Hispano.

Betz, Hans Dieter (1979). *Galatians. A Commentary on Paul's Letter to the Churches in Galatia.* Filadelfia, EE. UU.: Fortress Press.

Bezançon, Jean-Noël, Onfray, Jean-Marie y Ferlay, Philippe (1988). *Para decir el credo.* Estella, España: Verbo Divino.

Bock, Darrell L., Blaising, Craig A., Gentry Jr., Kenneth L., y Strimple, Robert B. (2004). *Tres puntos de vista del milenio y el más allá. La posición del creyente ante el retorno inminente del Señor Jesucristo.* Miami, Florida: Vida.

Boff, Leonardo (1982). *El ave María. Lo femenino y el Espíritu Santo.* Santander, España: Sal Terrae.

Boff, Leonardo (2000). *Jesucristo el liberador. Ensayo de cristología crítica para nuestro tiempo.* Santander, España: Sal Terrae.

Boff, Leonardo (1997). *Brasas bajo las Cenizas. Historias anticotidianas del mundo y de Dios.* México, D.F.: Dabar.

Bonhoeffer, Dietrich (2003). *Vida en comunidad.* Salamanca, España: Sígueme.

Brown, Raymond E., Fitzmyer, Joseph H. & Murphy, Roland E. Eds. (2004). *Nuevo comentario bíblico San Jerónimo. Nuevo Testamento.* Estella, España: Verbo Divino.

Bultmann, Rudolf (2001). *Teología del Nuevo Testamento.* Salamanca, España: Sígueme.

Charpentier, Etienne (1993). *Para leer el Antiguo Testamento.* Estella, España: Verbo Divino.

Charpentier, Ettiene (1981). ¡Cristo ha resucitado! *CB 4.* Estella, España: Verbo Divino.

Coenen, Lothar, Erich Beyreuther y Hans Bietenhard (1990). *Diccionario teológico del Nuevo Testamento.* 4 Volúmenes. 3ª edición. Salamanca, España: Sígueme.

Conzelmann, Hans (1975). *1 Corinthians. A Commentary on the First Epistle to the Corinthians.* Filadelfia, EE. UU.: Fortress Press.

Cullmann, Oscar (1970). *La fe y el culto en la Iglesia primitiva.* Madrid, España: STVDIVM.

Debergé, Pierré (2003). *La justicia en el Nuevo Testamento. CB 115.* Navarra, España: Verbo Divino.

Duch, Lluís (2001). *Antropología de la religión*. Barcelona, España: Herder.

Dunn, James D. G. (2006). *Redescubrir a Jesús de Nazaret. Lo que la investigación sobre el Jesús histórico ha olvidado*. Salamanca, España: Sígueme.

Durán, Shealtiel (Octubre de 2010). No es por curiosidad. *LEAN La Revista (1.8)*, pp. 9-13.

Recuperado de:https://issuu.com/leanlarevista/docs/lean1.8

Espeja, Jesús (1990). *Para comprender los sacramentos*. Estella, España: Verbo Divino.

Evans, Craig A. (2007). *El Jesús deformado. Cómo algunos estudiosos modernos tergiversan los evangelios*. Santander, España: Sal Terrae.

Fee, Gordon D. (1994). *Primera epístola a los Corintios*. Buenos Aires, Argentina: Nueva Creación.

Garrett, James Leo (2006). *Teología sistemática. Bíblica, histórica y evangélica*. Tomo 1. El Paso, Texas: Casa Bautista de Publicaciones.

Gibellini, Rosino (1998). *La teología del siglo XX*. Santander, España: Sígueme.

González, Carlos Ignacio (1998), *Él es nuestra salvación. Cristología y soteriología*. México, D.F.: Conferencia del Episcopado Mexicano.

González, Carlos Ignacio (1998). *El Espíritu del Señor que da vida*. México, D.F.: Conferencia del Episcopado Mexicano.

Gourgues, Michel (1993). *Rezar los himnos del Nuevo Testamento*. Estella, España: Verbo Divino.

Grau, José (1973). *Introducción a la teología*. Barcelona, España: Clie.

Green, Eugenio (1993). *Comentario bíblico hispanoamericano. 1 y 2 Pedro*. Miami, Florida: Caribe.

Harrison, Everett F. (1985). *Diccionario de teología*. Grand Rapids, Michigan: T.E.L.L.

Huber, Sigfrido (1949). *Los Padres Apostólicos*. Buenos Aires, Argentina: Desclée de Brouwer.

Ireneo de Lyon (2000). *Contra los herejes.* Edición y traducción de Carlos Ignacio González. México, D.F.: Conferencia del Episcopado Mexicano.

Javierre, José María (2002). *Busco a Jesús de Nazaret.* Salamanca: Ediciones Sígueme.

Karrer, Martin (2002) *Jesucristo en el Nuevo Testamento.* Salamanca, España: Sígueme.

Keil, Carl Friedrich y Delitzsch, Franz (2008). *Comentario al Texto hebreo del Antiguo Testamento.* Tomo 1. Barcelona, España: Clie.

Keller, Timothy (2009). *En defensa de Dios. Creer en una época de escepticismo.* Colombia: Norma.

Kelly, J. N. D. (1980). *Primitivos credos cristianos.* Salamanca, España: Secretario Trinitario.

Kittel, Gerhard, Friedrich, Gerhard y W. Bromiley, Geoffrey (2003). *Compendio del Diccionario teológico del Nuevo Testamento.* Grand Rapids, Michigan: Libros Desafío.

Küen, Alfred (2001). *Introducción a la eclesiología.* Barcelona, España: Clie.

Küng, Hans (1983). *¿Vida eterna? Respuesta al gran interrogante de la vida humana.* Madrid, España: Cristiandad.

Légasse, Simon (1981). *La carta a los Filipenses. La carta a Filemón.* Estella, España: Verbo Divino.

Léon-Dufour, Xavier (2002). *Diccionario del Nuevo Testamento.* Bilbao, España: Desclée De Brouwer.

Levoratti, A. (1997). *Hermenéutica y teología.* Buenos Aíres: Lumen.

Lindsey, Hal (1970). *The Late Great Planet Earth.* Grand Rapids, Michigan: Zondervan.

Lison, Jacques (2009). *¿Dios proveerá? Comprender la Providencia.* Santander, España: Sal Terrae.

Lochet, Louis (1980). *La salvación llega a los infiernos.* Santander, España: Sal Terrae.

Lochman, Jan Milič (1984). *The Faith We Confess*. Edinburgh, Inglaterra: Fortress Press.

Martín Descalzo, José Luis (2006). *Vida y misterio de Jesús de Nazaret. I. Los comienzos*. Salamanca, España: Sígueme.

Moltmann, Jürgen (1992). *La justicia crea futuro. Política de paz y ética de la creación en un mundo amenazado* Santander, España: Sal Terrae.

Moltmann, Jürgen (2006). *Teología de la esperanza*. Salamanca, España: Sígueme.

Moreschini, C. y Norelli, E. (2009). *Patrología. Manual de literatura cristiana antigua griega y latina*. Salamanca, España: Sígueme.

Parente, Pietro, Piolanti, Antonio y Garofalo, Salvatore Eds. (1955). *Diccionario de Teología dogmática*. Barcelona, España: Litúrgica Española.

Paul, A. (1985). *La inspiración y el canon de las Escrituras. Historia y teología*. Estella: Verbo Divino.

Pelikan, Jaroslav y Hotchkiss, Valerie R. (2003). *Creeds & Confessions of Faith in the Christian Tradition. Volumen I*. Estados Unidos de América: Yale University Press.

Platinga Jr., Cornelius (2001). *El pecado. Sinopsis teológica y psicosocial*. Grand Rapids, Michigan: Libros Desafío.

Plazaola, Juan (1996). *Historia y sentido del arte cristiano*. Madrid, España: BAC.

Preuss, Horst Dietrich (1999) *Teología del Antiguo Testamento*. Volumen I y II. Bilbao, España: Desclée De Brouwer.

Ramm, Bernard (2008). *Diccionario de teología contemporánea*. El Paso, Texas: Casa Bautista de Publicaciones.

Robertson, A. T. (1934). *Word Pictures in the Greek New Testament*. Broadman Press, Southern Baptist Sunday School Board. Versión electrónica en BibleWorks 7, CD-ROM (2006).

Robertson, A. T. (2003). *Comentario al texto griego del Nuevo Testamento*. Barcelona: Clie.

Roldán, Alberto Fernando (2001). *Do Terror á Esperança. Paradigmas para uma escatologia integral.* Brasil: Descoberta.

Rondet, Michel (2008). *La Trinidad narrada.* Santander, España: Sal Terrae.

Ryrie, Charles C. (1993). *Teología básica.* Miami, Florida: Unilit.

San Anselmo (1970). *Proslogion.* Buenos Aires, Argentina: Aguilar.

Schillebeeckx, Edward (1987). *Jesús en nuestra cultura.* Salamanca, España: Sígueme.

Schillebeeckx, Edward (2002). *Jesús la historia de un viviente.* Madrid, España: Trotta.

Schlier, Heinrich (1975). *La carta a los gálatas.* Salamanca, España: Sígueme.

Schreiner, Thomas R. (2003). *The New American Commentary. 1, 2 Peter, Jude.* Estados Unidos de América: B&H.

Segundo, Juan Luis (1991). *La historia perdida y recuperada de Jesús de Nazaret. De los sinópticos a Pablo.* Santander, España: Sal Terrae.

Sobrino, Jon (1992). *El principio-misericordia. Bajar de la cruz a los pueblos crucificados.* Santander, España: Sal Terrae.

Sobrino, Jon (1997). *Jesucristo liberador. Lectura histórico-teológica de Jesús de Nazaret.* Madrid, España: Trotta.

Stocker, A. (2013). 'Wrath of God' Keeps Popular Worship Song Out of 10,000-Plus Churches. *Christianity Today.* Recuperado de:

http://www.christianitytoday.com/gleanings/2013/august/wrath-of-god-in-christ-alone-blocked-pcusa-hymnal.html

Stott, John (2013). *Señales de una Iglesia viva.* Argentina: Certeza.

Swindoll, Charles R. (2010). *Comentario del Nuevo Testamento. Santiago y 1 y 2 de Pedro.* Miami, Florida: Vida.

Tamayo Acosta, Juan José (2000). *Para comprender la escatología.* Estella, España: Verbo Divino.

Testigos de Jehová (2019). ¿Qué creen los Testigos de Jehová? Pennsylvania, EE. UU.: JW. Recuperado de: https://www.jw.org/es/publicaciones/libros/buenas-noticias-de-parte-de-dios/quien-es-jesucristo/

Thiselton, Anthony C. (2000). *The First Epistle to the Corinthians.* Grand Rapids, Michigan: William B. Eerdmans.

Tornos, Andrés (1989). *Escatología I.* Madrid, España: Sal Terrae.

Vilanova, Evangelista (1987). *Historia de la teología cristiana. De los orígenes al siglo XV. Tomo 1.* Barcelona: Herder.

Von Rad, Gerhard (2008). *El libro del Génesis.* Salamanca, España: Sígueme.

Von Rad, Gerhard (2000). *Teología del Antiguo Testamento.* Tomo 1 y 2. Salamanca, España: Sígueme.

Von Rad, Gerhard (1967). *The Message of the Prophets.* EE. UU.: Harper San Francisco.

Wallace, Daniel B. (1996). *Greek Grammar Beyond the Basics.* Grand Rapids, Michigan: Zondervan.

Wenger, Irving (2010). "La ciencia y las Escrituras: la creación". Notas de la clase de Apologética. Guatemala, Guatemala: SETECA.

Whitcomb, John C. (1994). *La tierra primitiva.* Grand Rapids, Michigan: Portavoz.

Wright, N. T. (2008). *La resurrección del Hijo de Dios.* Estella, España: Verbo Divino.

Zias, Joseph y Zeckles, Eliezer (17 de Julio, 2011). "Roman Crucifixion Methods Reveal the History of Crucifixion". *Biblical Archeology Society Staff.*

Recuperado de:http://www.biblicalarchaeology.org/daily/biblical-topics/crucifixion/roman-crucifixion-methods-reveal-the-history-of-crucifixion/

Zizioulas, Ioannis (2003). *El ser eclesial.* Salamanca, España: Sígueme.

255

Vatican (S/F). Catecismo de la Iglesia católica. Recuperado de:

http://www.vatican.va/archive/catechism_sp/ p1s2c2a6_sp.html

[Clases de Biblia y Teología]. (14 de septiembre de 2018). Acerca del Génesis. [Archivo de video]. Recuperado de: https://youtu.be/ AsNszdzK3xs

[Gravitationalist]. (14 de abril de 2007). Origin of the Universe – Stephen Hawking (1 of 5). [Archivo de video]. Recuperado de:

http://www.youtube.com/watch?v=nFjwXe-pXvM.